mitmischen

1

Sven Christoffer
Guiskard Eck
Dirk Haupt
Helmut Heimbach
Dr. Christoph Kühberger
Klaus Leinen
Karin Maeusel
Harald Neumann
Dr. Antonius Wollschläger
Dirk Zorbach

Berater:
Dr. Christoph Kühberger
Dr. Ellen Schulte-Bunert

Ernst Klett Verlag
Stuttgart · Leipzig

mitmischen 1
Unterrichtswerk für den Geschichtsunterricht
an Haupt- und Gesamtschulen

1. Auflage   1 ⁵ ⁴ ³ ² ¹ | 2011 2010 2009 2008 2007

© Ernst Klett Verlag GmbH, Stuttgart 2007.
Alle Rechte vorbehalten.
www.klett.de

Autoren: Sven Christoffer, Guiskard Eck, Dirk Haupt, Helmut Heimbach, Christoph Kühberger, Klaus Leinen, Karin Maeusel, Harald Neumann, Dr. Antonius Wollschläger, Dirk Zorbach

Redaktion: Petra Bauersfeld, Christine Reinke

Layoutkonzeption und Umschlaggestaltung: know idea GmbH, Freiburg
Karten: Ingenieurbüro für Kartographie Joachim Zwick, Gießen und Kartografisches Büro Borleis & Weis, Leipzig
Grafiken: Rudolf Hungreder, Leinfelden-Echterdingen, Lutz-Erich Müller, Leipzig und Ursula Wedde, Göppingen
Satz: Druckmedienzentrum, Gotha
Herstellung: Katja Taubert
Reproduktion: Meyle + Müller, Medien-Management, Pforzheim
Druck: Firmengruppe APPL, aprinta druck, Wemding

Printed in Germany
978-3-12-431010-1

Hallo,

vor dir liegt „mitmischen" – dein neues Buch für das Fach Geschichte und Politik. „mitmischen" wird dich die nächsten Jahre lang begleiten. In „mitmischen 1" triffst du die ersten Menschen, die vor über 3 Millionen Jahren in Afrika gelebt haben. Danach kommst du zu den Pyramiden und Pharaonen in Ägypten. Von dort geht es weiter zu den Griechen und Römern vor 2 000 Jahren am Mittelmeer. Und schließlich landest du im Mittelalter. Hier erlebst du, wie die Menschen vor 1 000 Jahren auf dem Land, auf einer Burg, in einem Kloster und in der Stadt gelebt haben. In allen Zeiten wirst du sehen, wie die Menschen zusammenlebten, wie sie ihre Probleme lösten und wie Fürsten und Könige regierten.

„Und was hat das alles mit mir zu tun?", fragst du dich jetzt vielleicht. Lass dich überraschen! Du wirst viele Spuren aus der Vergangenheit in unserer Welt heute entdecken. Die Olympischen Spiele gab es zum Beispiel schon vor 3 000 Jahren. Zur Wahl sind die Bürger schon vor 2 500 Jahren in Athen und Rom gegangen. Und schon vor 1 000 Jahren begegneten sich Christen und Muslime und lernten vieles voneinander kennen.

Mit „mitmischen" lernst du aber nicht nur, sondern du kannst auch vieles selber machen und ausprobieren. Dafür gibt dir „mitmischen" viele Tipps. Außerdem kannst du auch immer wieder selbst in Geschichte und Politik mitmischen, indem du und deine Klasse eine Ausstellung macht, eure Stadt erkundet, Leute befragt oder euer Rathaus und den Bürgermeister oder die Bürgermeisterin besucht.

Viel Spaß dabei wünscht dir
Das „mitmischen"-Team!

So arbeitest du mit diesem Buch

**Hier erfährst du alles darüber, wie das Buch aufgebaut ist und
welche Elemente dir dabei helfen, die Texte und Materialien zu verstehen.**

Themeneinheit:
Dieses Buch hat sieben Themeneinheiten. Jede beginnt
mit einer Auftakt-Doppelseite. Jede hat auch eine spe-
zielle Farbe. Im Inhaltsverzeichnis kannst du die Farben
im Überblick sehen. Ein Zeitstrahl gibt dir einen kurzen
Überblick über die Abfolge der geschichtlichen Ereignisse und wo wir noch heute Spuren der Vergangenheit
entdecken.

Kapitelseiten:
Jede Themeneinheit ist unterteilt in Kapitel, die jeweils
auf einer Doppelseite behandelt werden.
Die Kapitel bestehen aus drei wichtigen Ebenen:
- Kopfzeile in der Farbe der Themeneinheit
- Inhalt: Texte, Bilder und Karten
- Aufgaben (unten, auf der gelben Fläche)

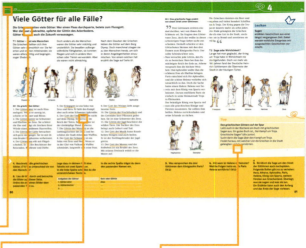

Die Kopfzeile in der je-
weiligen Kapitelfarbe und
die Kapitelnummerierung
zeigt dir, in welchem
Thema du dich befindest.

Unter der Überschrift
findest du einen kleinen
Einführungstext. So
kannst du schnell sehen,
worum es auf dieser
Seite geht.

Der Text, den die Autor-
innen und Autoren für
dich geschrieben haben,
ist durch Zwischenüber-
schriften gegliedert
und mit einem **T** gekennzeichnet.

Bilder, Karten und Quellen-
texte auf jeder Doppel-
seite sind durchnumme-
riert. Das sieht dann zum
Beispiel so aus: **M 3**

Textquellen sind in großen
Anführungszeichen ge-
setzt.

Wie du mit diesen
Materialien umgehst,
lernst du im Unterricht,
aber auch die Seiten
„Methode" helfen dir da-
bei.

Auf manchen Seiten fin-
dest du farbige Kästen, in
denen zusätzliche oder
wichtige Informationen
hervorgehoben sind wie
z. B. im Lexikon (blau) oder
wie hier im Tipp (orange).

Methodenseiten:

Wenn hinter der Kapitelzahl „Methode" steht, dann geht es auf dieser Doppelseite darum, mit bestimmten Materialien richtig umzugehen – z. B. Karten lesen, Bilder untersuchen und Textquellen verstehen.

Abschluss:

Hier geht's noch einmal ganz spannend zur Sache, denn für jede Themeneinheit gibt es ein großes Quiz, in dem du ordentlich punkten und zeigen kannst, wie fit du im Thema bist.

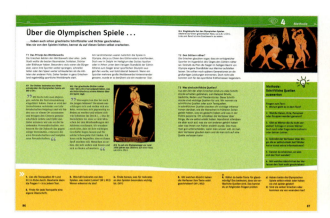

Symbole im Buch und was sie dir zeigen:

Tipp
Hier findest du Hinweise und konkrete Anleitungen zum Nacherleben von geschichtlichen Themen. Viel Spass dabei!

Lexikon
Hier werden wichtige oder schwierige Begriffe erklärt.

Aufgaben
Immer im unteren Feld, zeigt es dir, wo die Aufgaben beginnen.

Extra
Zusätzliche Materialien, wenn du im Unterricht gut vorangekommen bist.

Methode
Hier stehen die einzelnen Arbeitsschritte für eine bestimmte Methode.

Wichtige Begriffe
Auf der Abschlussseite stehen im unteren Feld Begriffe, die du kennen solltest.

Niveau/Schwierigkeitsgrad
Bei den Aufgaben zeigt das Sternchen, ob eine Aufgabe schwieriger ist. Wenn du sie lösen kannst, bist du richtig gut!

1 Einstieg in die Geschichte
Ab Seite 10

2 Ur- und Frühgeschichte
Ab Seite 24

3 Frühe Hochkulturen
Ab Seite 48

4 Griechen und Römer
Ab Seite 74

5 Allah ist groß
Ab Seite 132

6 Europa im Mittelalter
Ab Seite 154

7 Die Stadt im Mittelalter
Ab Seite 212

1 Einstieg in die Geschichte

Wie haben die Menschen wohl in früheren Zeiten gelebt? Leider ist es nicht möglich, einfach durch die Zeit zu reisen, um eine Antwort auf diese Frage zu erhalten. Trotzdem wissen wir heute schon eine Menge über unsere Vergangenheit. Das hat mit dem Fach Geschichte zu tun. Geschichtsforscher fragen, wie sich die Welt im Laufe der Zeit verändert hat. Sie erkunden auch, warum unser Leben heute so aussieht, wie wir es kennen. Und du – was würdest du gerne über die Vergangenheit herausfinden?

Bezug zu heute

 Eine Geschichtsforscherin gräbt ein altes Wagenrad aus.

 Ohne die Erfindung der Schrift wäre das Leben in der Schule viel leichter – oder?

Geschichte erleben

Chronologie

vor 500 000 – 40 000 Jahren
Die Menschen lernen Feuer zu machen.

vor ca. 5 000 Jahren
Die Menschen erfinden das Rad.

vor ca. 5 000 – 3 500 Jahren
In Ägypten, Mesopotamien, China und Indien werden die ersten Schriften entwickelt.

1 n. Chr. Christi Geburt
Unsere Zeitrechnung beginnt.

Die Einkaufsgeschäfte haben sich verändert.
Viele Lebensmittel gibt es aber schon
seit Tausenden von Jahren.

um 1450
Johannes Gutenberg
erfindet den Buchdruck.

1825
In England fährt
die erste Eisenbahn.

1885/1886
Carl Friedrich Benz und
Gottlieb Daimler bauen
die ersten Automobile.

1946
Die ersten Computer
werden eingesetzt.

Experten für die Vergangenheit

Auf diesen Seiten erfährst du viel über Menschen, deren Beruf es ist, die Vergangenheit zu erforschen und ihre Geheimnisse zu entschlüsseln.

T1 Quellen – Schlüssel zur Vergangenheit

Wer ein Tor aufschließen möchte, braucht einen Schlüssel. Auch Geschichtsforscher, die sozusagen das Tor zur Vergangenheit öffnen wollen, sind auf Hilfsmittel angewiesen. Ihre Schlüssel sind die „Quellen". Wer solche Quellen sorgfältig untersucht, erfährt viel über die Zeit, aus der sie stammen.

T2 Steine zum Sprechen bringen

Immer wieder werden im Boden Überreste aus vergangenen Zeiten gefunden: alte Mauersteine, Holzstücke, Knochen und Stofffetzen. Dann werden Archäologen und Archäologinnen gerufen. Ihr Beruf ist es, Bodenfunde auszugraben und sie zu untersuchen. Mit wissenschaftlichen Methoden finden sie auch heraus, wie alt die Funde sind und woher sie stammen. In Fachzeitschriften berichten sie schließlich über ihre Entdeckungen. Außerdem sorgen Archäologen dafür, dass die gefundenen Gegenstände erhalten und restauriert werden, um sie in Museen auszustellen.

T3 Der Vergangenheit auf der Spur

Historiker dagegen graben nicht im Boden, sondern spüren die Vergangenheit vor allem in Archiven und Bibliotheken nach. Ihr Beruf ist es, schriftliche Quellen zu entziffern und ihren Inhalt zu bewerten. Daneben untersuchen sie auch Bildquellen und Überreste, um herauszufinden, was diese Gegenstände über die Vergangenheit „erzählen". Dabei sammeln die Geschichtsexperten aus unterschiedlichen Quellen so viele Informationen wie möglich. Diese müssen sie dann wie die Teile eines Puzzles ordnen, damit am Ende ein möglichst genaues Bild von der Vergangenheit entsteht. Die Ergebnisse ihrer Forschungsarbeit veröffentlichen Historiker oft in Büchern, Ausstellungen oder Museen.

M2 Figur eines Schreibers aus dem alten Ägypten (bemalte Statue aus Kalkstein, um 2500 v. Chr.). Auf seinen Knien hat der Schreiber einen Papyrus aufgerollt. Sein straff gespannter Schurz dient ihm als Schreibunterlage.

M1 Eine Archäologin findet ein fast 5000 Jahre altes Wagenrad.

1. Textquelle, Bildquelle oder Überrest? Ordne M1–M5 jeweils einer Quellenart zu.

2. Archäologen haben die Steinfigur M2 in einem 4500 Jahre alten Grab gefunden.
Was verrät uns diese Quelle über die Schreibgewohnheiten der alten Ägypter?

3. Was musste Catos Sohn lernen? (M5)
Vergleiche dies mit deinem eigenen Zeugnis aus der Grundschule.

M 3 Eine Dorfschule von 1848 (zeitgenössisches Gemälde)

M 4 Schule vor über 500 Jahren: Ein Schüler muss als Strafe im Unterricht eine Eselsmütze tragen (Holzschnitt, Augsburg 1479).

Lexikon

Quellen
So wird alles, was von der Vergangenheit übrig geblieben ist, genannt. Das können Gegenstände, Schriftstücke oder auch mündliche Quellen sein.
Wir unterscheiden Textquellen (z. B. Urkunden, Verträge, Zeitungen), Bild- und Tonquellen (z. B. Höhlenmalereien, Fernseh- und Radiosendungen) sowie Überreste (z. B. Bauwerke, Kleidungsstücke, Waffen).

M 5 Der griechische Schriftsteller Plutarch berichtet darüber, wie der Politiker Cato (234 – 149 v. Chr.) im alten Rom seinen Sohn erzogen hat:

99 Sobald der Junge ins lernfähige Alter kam, nahm ihn Cato selbst in die Lehre und unterrichtete ihn im Lesen und Schreiben, obwohl er einen Sklaven namens Chilo hatte, der ein geschickter Lehrer war und viele
5 Schüler hatte. Aber Cato hielt es nicht für recht, wie er selbst sagt, daß sein Sohn von einem Sklaven gescholten oder am Ohre gezogen würde, wenn er nicht fleißig lernte (…) Daher war er selbst der Sprachlehrer, der Gesetzeslehrer und der Sportlehrer, indem er seinem Sohn
10 nicht nur beibrachte, mit dem Wurfspieß zu werfen, zu fechten und zu reiten, sondern auch, mit geballter Faust zu kämpfen, Hitze und Kälte zu ertragen und den Tiber zu durchschwimmen, trotz reißender Stellen und Strudel. Er schrieb, wie er sagt, mit eigener Hand Ge-
15 schichtsbücher in großen Buchstaben, damit sein Sohn von Kindheit an Gelegenheit hätte, die Taten und Sitten der Vorfahren kennenzulernen. In Gegenwart seines Sohnes hütete er sich vor unanständigen Reden. 66

4. Liste die Tätigkeiten eines Archäologen und eines Historikers in einer Tabelle auf. (T 2, T 3)

5. Stell dir vor, du könntest einem Archäologen oder einem Historiker einen Tage lang bei der Arbeit helfen.
Für welchen Bereich würdest du dich entscheiden? Begründe deine Meinung.

Einkaufen früher und heute

**Wer heute Lebensmittel oder Haushaltswaren benötigt,
fährt zum Supermarkt. Wo haben die Menschen früher eingekauft,
als es diese großen Einkaufsgeschäfte noch nicht gab?**

T1 Einkaufen um die Ecke

Verhungern musste auch vor
60 Jahren niemand. An fast jeder
Ecke gab es nämlich damals einen
„Tante-Emma-Laden". Das waren
kleine Geschäfte, die alles hatten,
was man zum Leben brauchte: Obst
und Gemüse, Wurst und Käse, aber
auch Schulhefte und Seife.

T2 Bei Tante Emma gehen die Lichter aus

Als dann die ersten Supermärkte
in Deutschland eröffneten, entschieden sich viele Kunden dafür,
dort einzukaufen. Denn das Waren-
angebot war größer und der Preis
für die Ware niedriger. Mit der
Zeit mussten deshalb immer mehr
„Tante-Emma-Läden" schließen.
Heute gibt es viele Ortsteile, die gar
keinen eigenen Laden mehr haben.
Die Menschen, die dort wohnen,
fahren mit ihren Autos zu Super-
märkten, die häufig am Stadtrand
liegen.

T3 Im „Tante-Emma-Laden" von Frau Ebert

Ursulas Oma erzählt:
„Wir hatten in unserem Ort über-
haupt nur einen einzigen kleinen
Laden. Er gehörte einer damals
schon recht alten Dame, die die
Kunden allein bediente. Wenn man

M1 Ein Lebensmittelgeschäft vor 60 Jahren

einkaufen ging, dauerte das schon
eine Weile, bis man drankam. Da
blieb immer Zeit für ein Gespräch
mit den anderen Kunden.
Frau Ebert, so hieß die Besit-
zerin, stand hinter einer großen
Ladentheke. Besonders wichtig war
eine große Waage. Fast alle Lebensmittel mussten erst gewogen
werden, bevor sie verkauft wurden.
Es gab kaum fertig verpackte
Waren, fast alles befand sich in
Behältern: die Kartoffeln in einem
großen Sack neben der Theke,

die Nudeln und der Reis in Glas-
behältern im Regal. Die Butter kam
aus einem Butterfass und wurde in
Pergamentpapier verpackt. Selbstverständlich waren auch Käse und
Wurst nicht verpackt, sondern
wurden von großen Stücken abgeschnitten, gewogen und anschließend in Papier eingeschlagen.
Auch Gemüse gab es. Es lag in
großen Regalen neben der Theke,
wurde abgewogen und in die mit-
gebrachten Taschen verstaut. Ach
ja, die Milch. Die Leute brachten

1. Berichte aus deiner Familie:
a) Wo, wann und wie oft kauft ihr
   ein?
b) Wie lange dauert etwa ein
   Einkauf?
c) Wie weit ist der Weg zu eurem
   Einkaufsgeschäft und wie
   kommt ihr dorthin?

2. M1 zeigt ein Einkaufsgeschäft,
wie es vor 60 Jahren ausgesehen
hat.
Trage alle Unterschiede zwischen
dem Einkaufen früher und heute in
eine Tabelle ein.

3. Schreibe alle Lebensmittel auf,
die …
a) auf M1 zu erkennen sind.
b) in dem Text „Im Tante-Emma-
   Laden von Frau Ebert" erwähnt
   werden.
c) Wie werden diese Lebensmittel
   heute verpackt.
   Vergleiche mit früher.

Milchkannen mit, in die die Milch mit einem Messbecher abgemessen und eingefüllt wurde. Wir hatten alle unseren Korb oder eine Tasche mit, Plastiktüten wie heute gab es nämlich noch nicht."

T4 Jede Ware ist verpackt

Wenn man dann von seinem wöchentlichen Großeinkauf nach Hause kommt, zeigt sich ein großer Unterschied zu früher: Alle Lebensmittel sind aufwändig verpackt: Gemüse in Plastikfolie, die Milch im Pappkarton, zum Gefrierfleisch gibt es eine Kältebox dazu. Das ist sehr bequem und schützt die Ware. Die Sache hat aber auch einen Haken: In jedem Haushalt entsteht ein Müllberg, der vor allem aus Verpackungsmaterial besteht.

M3 Einkaufen in der Zukunft? Internet-Seite eines Versandhauses. Werden wir in ein paar Jahren alles am Computer bestellen und nach Hause liefern lassen?

M4 Kühltruhe im Supermarkt. Schnell hat man alles ausgewählt und in seinen Einkaufswagen gepackt.

M2 Einkaufscenter am Rande der Stadt. Hier kaufen viele von uns heute nur noch ein.

4. Sammle eine Woche den Verpackungsmüll, der in deiner Familie anfällt und wiege ihn. Rechne aus, wie viel Müll das im Jahr ergibt. Lege dann die Verpackungen beiseite, auf die man verzichten könnte, und wiege sie. Berechne, wie viel Müll deine Familie dadurch im Jahr vermeiden würde.

5. M3 zeigt eine Möglichkeit, wie die Zukunft des Einkaufens aussehen könnte. Welche Vorteile hätte das? Gibt es auch Nachteile?

*6. Frage alte Leute aus deiner Familie oder in der Nachbarschaft, wo sie früher eingekauft haben. Erkunde, was heute aus den „Tante-Emma-Läden" geworden ist.

Eine Reise auf dem Zeitstrahl

Lebte Königin Kleopatra früher oder später als Alexander der Große?
Ist die Freiheitsstatue vor oder nach dem Eiffelturm erbaut worden?
Um knifflige Fragen wie diese zu beantworten, kann ein Zeitstrahl nützlich sein.

T1 Den Überblick behalten

Wer sich mit der Geschichte der Menschheit beschäftigt, stößt auf zahlreiche Personen, Orte und Ereignisse. Da kann es natürlich schnell passieren, dass man den Überblick verliert. Um das zu verhindern, wird die Geschichte in mehrere große Abschnitte unterteilt. Diese Zeitabschnitte nennt man Epochen. Mit ihrer Hilfe ist es leichter, sich in der Vergangenheit zurechtzufinden. Die vier großen Epochen unserer Geschichte findest du in dem Zeitstrahl (M 2).

M1 Unterschiedliche Zeitrechnungen

Kultur	Ausgangspunkt für die Zeitrechnung	Ereignis
jüdisch	3 761 v. Chr.	Erschaffung der Welt
griechisch	776 v. Chr.	erste Olympische Spiele
römisch	753 v. Chr.	Gründung der Stadt Rom
christlich	1 n. Chr.	Geburt Jesu Christi
islamisch	622 n. Chr.	Mohammeds Flucht nach Medina

M 2 Auf dem Zeitstrahl unten kannst du erkennen, dass unsere Zeitrechnung mit der Geburt von Jesus Christus beginnt.
Sie gilt aber nicht auf der ganzen Welt.
In anderen Ländern und zu anderen Zeiten haben die Menschen verschiedene Zeitpunkte für den Beginn ihrer Zeitrechnung festgesetzt (M1). Daher bestehen auch heute noch auf der Welt mehrere Zeitrechnungen nebeneinander.

T2 Wann endet eine Epoche?

Immer wieder gab es Ereignisse, die den Verlauf der Geschichte stark beeinflusst haben. Manche Entwicklungen waren so gewaltig, dass sie eine neue Epoche einläuteten. So endet die Ur- und Frühgeschichte um 3000 v. Chr., als die Menschen die Schrift erfinden. Damit beginnt das Altertum, das unter anderem die Zeit der Griechen und Römer umfasst. Das Altertum geht zu Ende, als sich die Völker in Europa neue Länder suchen. Es folgt um 500 n. Chr. das Mittelalter, das ungefähr 1000 Jahre andauert. Die Neuzeit, in der wir noch heute leben, wird gleich durch mehrere Ereignisse eingeleitet: Johannes Gutenberg erfindet etwa 1450 den Buchdruck und 1492 entdeckt Christoph Kolumbus Amerika.

T3 Alles klar?

Um sich zu orientieren, ist es sehr sinnvoll, die Geschichte in Epochen einzuteilen. Wir dürfen die Anfangs- und Enddaten der Epochen aber nicht zu starr sehen. Es haben immer mehrere Ereignisse dazu beigetragen, dass sich etwas in der Geschichte besonders stark verändert hat. Daher ist es schwierig zu sagen, wann genau eine Epoche endet und die nächste beginnt. Sogar Historikerinnen und Historiker sind sich darüber nicht immer einig. Deshalb spricht man auch von Übergangszeiten zwischen den Epochen.

3000
Ur- und Frühgeschichte
Erfindung der Schrift.
Staaten entstehen.

2000

1000
Altertum / Antike

1 nach Christi Geburt

1. Ordne die Berichte T4 – T9 richtig auf dem Zeitstrahl ein.

2. Vervollständige das Schaubild in deinem Heft:

Ur- und Frühgeschichte ← Entstehung erster Staaten
↓ ← Erfindung der ...
Altertum ← ...
↓
...

3. Rechne aus, in welchem Jahr du heute nach der jüdischen Zeitrechnung lebst.

T4 Eine Weltneuheit: Gedruckte Bücher!

Mainz, um 1450: Der Goldschmied Johannes Gutenberg erfindet den Buchdruck mit einzelnen Metallbuchstaben. In den Jahren 1452 bis 1454 entsteht in seiner Druckerei die „Gutenberg-Bibel", die noch heute zu den schönsten Büchern der Welt gehört.

T5 Sensation: Eine Frau ist Pharao!

Ägypten, um 1340 v. Chr.: Im alten Ägypten herrscht eine Frau als Pharao. Ihr Name ist Nofretete, das bedeutet: „Die Schöne ist gekommen". Im Ägyptischen Museum in Berlin kann sie noch heute bewundert werden – als eine 50 cm hohe Büste, die 1912 bei Ausgrabungen in Ägypten gefunden wurde.

T6 Germanische Völker in Bewegung!

Europa, im 4. Jahrhundert: Franken, Goten, Alemannen, Vandalen und Sueben verlassen ihre Siedlungsgebiete und ziehen kreuz und quer durch Europa. Einige Völker lockt der Reichtum in anderen Ländern, manche suchen besseres Land und wieder andere sind auf der Flucht vor einem asiatischen Reitervolk – den Hunnen.

T7 Ein Weltwunder!

Ägypten, um 2500 v. Chr.: In Oberägypten wird die Cheops-Pyramide erbaut. Sie hat eine Höhe von 145 Metern und gehört zu den Sieben Weltwundern der Antike. Ihren Namen erhielt sie von dem ägyptischen Pharao, der sie erbauen ließ.

Lexikon

Epoche
Das griechische Wort meint den Zeitpunkt eines wichtigen Ereignisses und den Zeitabschnitt, der auf dieses Ereignis folgt.

T8 Erster Mensch auf dem Mond!

Weltall, 1969: „Ein kleiner Schritt für mich, aber ein großer Schritt für die Menschheit." Diesen berühmten Satz sagte der Amerikaner Neil Armstrong am 21. Juli 1969, kurz nachdem er als erster Mensch den Mond betreten hatte.

T9 Griechenland im Olympia-Fieber!

Olympia, 776 v. Chr.: In dem griechischen Ort Olympia finden die ersten Olympischen Spiele zu Ehren des Gottes Zeus statt. Aus allen griechischen Städten kommen Athleten angereist, um miteinander um den Siegerpreis, einen Ölzweig, zu kämpfen.

Tipp

Ein eigener Zeitstrahl
Bastelt einen Zeitstrahl für euren Klassenraum. Im Laufe des Schuljahres könnt ihr ihn mit vielen Texten, Fotos und Zeichnungen zu den einzelnen Kapiteln der „Zeitreise" füllen.

500		1000			1500		heute
		Mittelalter				**Neuzeit**	
		Völkerwanderung. Zerfall des Römischen Reiches.			Buchdruck. Entdeckung Amerikas.		

4. Es lässt sich nie ganz genau sagen, wann eine Epoche endet und wann die nächste beginnt. Wie erklärst du das?

*5. Der Zeitstrahl enthält unterschiedliche Bildsymbole für die einzelnen Epochen. So stehen die ägyptischen Pyramiden beispielsweise für das Altertum.
Zeichne in dein Heft ein Bildsymbol, das zum 21. Jahrhundert passt.

Erkläre, deinen Mitschülerinnen und Mitschülern anschließend, warum du gerade dieses Bildsymbol ausgewählt hast.

Demokratie – Herrschaft des Volkes

**Wir leben in einer Demokratie. Demokratie bedeutet Herrschaft des Volkes.
Die Wurzeln dieser Regierungsform liegen im antiken Griechenland, in Athen.**

T1 Historische Texte lesen ...
Im hellgrünen Kasten findest du einen Text, der die
Vergangenheit beschreibt. Solche Texte sind oft schwer
zu verstehen, da viele Informationen enthalten sind.
Die Seite soll dir helfen, solche Texte zu durchschauen.

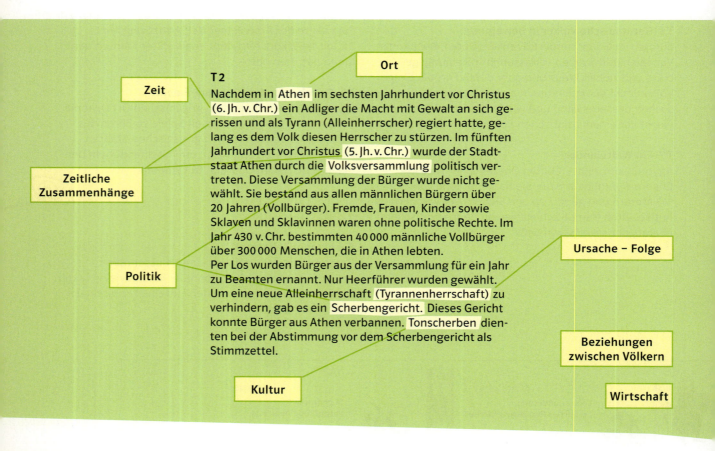

Ort

Zeit

T 2
Nachdem in Athen im sechsten Jahrhundert vor Christus
(6. Jh. v. Chr.) ein Adliger die Macht mit Gewalt an sich gerissen und als Tyrann (Alleinherrscher) regiert hatte, gelang es dem Volk diesen Herrscher zu stürzen. Im fünften
Jahrhundert vor Christus (5. Jh. v. Chr.) wurde der Stadtstaat Athen durch die Volksversammlung politisch vertreten. Diese Versammlung der Bürger wurde nicht gewählt. Sie bestand aus allen männlichen Bürgern über
20 Jahren (Vollbürger). Fremde, Frauen, Kinder sowie
Sklaven und Sklavinnen waren ohne politische Rechte. Im
Jahr 430 v. Chr. bestimmten 40 000 männliche Vollbürger
über 300 000 Menschen, die in Athen lebten.
Per Los wurden Bürger aus der Versammlung für ein Jahr
zu Beamten ernannt. Nur Heerführer wurden gewählt.
Um eine neue Alleinherrschaft (Tyrannenherrschaft) zu
verhindern, gab es ein Scherbengericht. Dieses Gericht
konnte Bürger aus Athen verbannen. Tonscherben dienten bei der Abstimmung vor dem Scherbengericht als
Stimmzettel.

**Zeitliche
Zusammenhänge**

Politik

Ursache – Folge

**Beziehungen
zwischen Völkern**

Kultur

Wirtschaft

1. Lies den Text über die Vergangenheit genau durch. (T 2)
Beachte dabei den ersten Schritt
der Methode.

2. Mit den folgenden Fragen sollst
du wichtige Informationen des
Textes herausfinden:
a) Ort: Wo fand das Erzählte statt?
b) Zeit: Wann fand das Erzählte
statt?

c) Zeitlicher Zusammenhang:
Welche Entwicklungen fanden vor
oder nach dem Erzähltem statt?
d) Ursache – Folge:
Welche Ursachen und welche
Folgen werden genannt?

T 3 ... und verstehen

Wenn du über die Vergangenheit nachdenkst oder einen Text über die Vergangenheit liest, musst du viele verschiedene Dinge beachten.

Die Kästen (M 2) helfen dir, geschichtliche Erzählungen besser zu verstehen. Oft werden diese Elemente nur kurz erwähnt, sind aber für das Verstehen wichtig.

Du solltest daher immer wieder auf diese Seite zurückkommen und überlegen, ob und wie diese verschiedenen Punkte bei anderen geschichtlichen Erzählungen vorhanden sind.

M 2

Zeit	Ort	Kultur	Politik
Menschen leben immer in einer bestimmten Zeit oder in einer geschichtlichen Epoche.	Menschen leben immer an einem bestimmten Ort. Was der Ort und die dortige Natur bietet, sollte mitbedacht werden.	Jede Gesellschaft hat ihre eigene Religion, Kunst, Architektur, Bräuche und Gebräuche. Diese Dinge machen gemeinsam die Kultur aus.	Menschen leben in Gruppen. Ihr Zusammenleben regeln sie über ein politisches System. Wer hat die Macht? Wer kann mitbestimmen?

Wirtschaft	Beziehungen zwischen Völkern	Ursache – Folge	Zeitliche Zusammenhänge
Menschen arbeiten, um ihr Überleben zu sichern. Durch ihre Aktivitäten nützen sie ihre Umwelt und ihre Mitmenschen. Dabei schaffen sie Produkte oder Leistungen und handeln mit ihnen.	Jede Gesellschaft tritt mit anderen Gesellschaften in Beziehung, um mit ihnen zusammenzuarbeiten oder um sie auszunutzen.	Es gibt immer Ursachen für einen geschichtlichen Verlauf. Hier will man eine erneute Alleinherrschaft verhindern (Ursache), weshalb man das Scherbengericht einführte (Folge).	Jedem Geschehnis sind andere Geschehnisse vorangegangen. So gab es im 6. Jh. v. Chr. eine Alleinherrschaft in Athen, im 5. Jh. v. Chr. eine Demokratie.

Methode: Lesen von geschichtlichen Erzählungen

Wenn du eine geschichtliche Erzählung (Text über die Vergangenheit) in einem Sachbuch oder im Schulbuch liest, dann solltest du folgende Schritte beachten:

1. Welche Wörter verstehst du nicht? Versuche ihre Bedeutung herauszufinden (Lexikon, Wörterbuch, Nachfragen bei Mitschülerinnen und Mitschülern oder Lehrerinnen und Lehrern, Eltern etc.)

2. Überlege dir die wichtigsten Punkte der Erzählung.

3. Lies nun den Text erneut. Versuche ihn mit eigenen Worten zusammenzufassen.

e) Politik: Wer hat die politische Macht? Wer hatte keine Macht? Wie kann man mitbestimmen?

f) Kultur: Was erfahren wir über das Alltagsleben und die Gebräuche der Menschen?

g) Wirtschaft: Mit was und wie handeln die Menschen?

h) Beziehungen zwischen Völkern: Werden Beziehungen zu anderen Völkern/Kulturen erwähnt? Wie sehen diese Beziehungen aus?

Die Klassensprecherwahl

**Betrifft Demokratie nur die Erwachsenen? Nein.
Die Klassensprecherwahl zeigt uns,
dass es Demokratie auch im Klassenzimmer gibt.**

M1 Deutschland ist eine Demokratie.
In europäischen Demokratien gelten heute meist fünf Grundsätze,
die das Wahlrecht genauer beschreiben:

allgemeines Wahlrecht:
Alle Menschen dürfen wählen und
gewählt werden. Dieses Recht ist
unabhängig von ihrem Geschlecht,
ihrem Beruf, ihrem Einkommen, ihrer
Bildung etc.

geheime Wahl:
Die Stimmabgabe erfolgt so, dass
niemand erkennen kann, wie sich die
Wähler und Wählerinnen entschieden haben. Deshalb gibt es Wahl-
kabinen, gleiche Wahlzetten („amtli-
che Wahlzettel") und Umschläge sowie Wahlurnen.

unmittelbare Wahl:
Die Wählerinnen und Wähler
bestimmen selbst, wen sie wählen.
Sie wählen daher niemanden, der für
sie als Stellvertreter die endgültige
Wahlentscheidung trifft.

gleiches Wahlrecht:
Jede Stimme hat den gleichen
Wert. Keine Stimme zählt in der Aus-
zählung mehr als die andere.

freie Wahl:
Die Wahlberechtigten können ihren Willen ohne Zwang oder unzulässige Beeinflussung äußern.

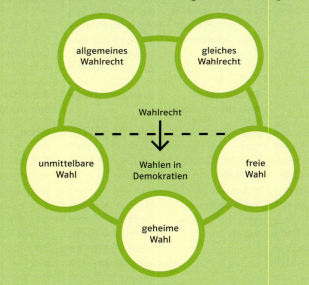

1. Bildet eine Diskussionsrunde
und besprecht mit euerer Klasse,
was eine gute Klassensprecherin
oder einen guten Klassensprecher
ausmacht. Achtet dabei auf die
Gesprächsregeln!

2. Vervollständige die Tabelle (M 2).
Vergleiche dazu auch noch einmal
den Text auf Seite 18.

T 1 Auch die Klassensprecherwahl hat etwas mit Demokratie zu tun. Die Klasse hat dabei die Möglichkeit, sich in wichtigen Angelegenheiten und schwierigen Situationen durch ein gewähltes Mitglied vertreten zu lassen.

T 2 Nun könnt ihr mögliche Kandidaten und Kandidatinnen fragen, ob sie dieses Amt ausüben möchten. Natürlich kann man sich auch selbst vorschlagen. Vereinbart auch, wie der Stellvertreter oder die Stellvertreterin gewählt wird. Hängt eine Kandidatenliste für einige Tage aus. So haben alle die Möglichkeit über ihre Stimmvergabe nachzudenken.
Die Klassensprecherwahl sollte gut vorbereitet sein. Man benötigt dazu gleiche Stimmzettel, eine Wahlurne und ein Wahllokal. Für die Auszählung der Stimmen benötigt ihr auch Wahlzeuginnen oder Wahlzeugen, die kontrollieren, dass richtig ausgezählt wird. Viel Spaß bei der Wahl!

Lexikon

Wahlberechtigte
Wahlberechtigte sind jene Bürgerinnen und Bürger, die eine Stimme bei den Wahlen abgeben durften.

M 2 Vergleich der Demokratie im antiken Griechenland und im heutigen Deutschland:

	Athen (5. Jh. v. Chr.)	Deutschland heute
Männer	Wahlrecht, wenn sie über 20 Jahre alt sind	
Frauen	keine politische Beteiligung an der Volksversammlung	
Kinder	keine politische Beteiligung an Volksversammlung	
Wie werden die Volksvertreter gewählt?	Volksvertreter werden per Los gewählt	Volksvertreterinnen und Volksvertreter …

**Methode:
Ein Gespräch führen**

a) **Bildet einen Sitzkreis.**
Im Sitzkreis kann man gut diskutieren.

b) **Legt gemeinsam Gesprächsregeln fest.**

 Gesprächsregeln
1. Es spricht nur eine oder einer.
2. Wer spricht, darf nicht unterbrochen werden. Jede oder jeder muss ausreden können.
3. Solange jemand spricht, hören die anderen zu.

4. Für die Diskussion sollte eine Gesprächsleiterin/ein Gesprächsleiter bestimmt werden.
5. Wenn zwei gleichzeitig reden, entscheidet die Diskussionsleiterin/der Diskussionsleiter wer dran ist.
6. Die Schüler kommen in der Reihenfolge ihrer Meldung dran.

7. Beleidigungen und Beschimpfungen gehören nicht in eine Diskussion.
8. Am Ende sollte über die verschiedenen Vorschläge abgestimmt werden.
9. Für eine Diskussion eignet sich besonders ein Sitzkreis.

Geschichte und mehr

1. Lauter Quellen

Entscheide, ob es sich bei M1–M5 um eine Textquelle, eine Bildquelle oder um einen Überrest handelt.

M1 Ein Familienfoto, etwa aus dem Jahr 1910.

DEM STAUBE DES
F. W. SCHNITGERS
GEBOHREN ZU PLEUHN IN
HOLSTEIN 31 MAY 1773
NACH VIELEN LEIDEN IN MACAO
GESTORBEN 30 MAY 1807
IST DIESE RUHESTÄTTE
UND
SEINEM ANDENKEN
DIESER STEIN
VON DANKBAREN FREUNDEN GEWIDMET

M2 Der Grabstein von F. W. Schnitger, aus dem Jahr 1807

M3 Kanonenkugel in der Wand der Burg Dankwarderode

Wichtige Begriffe:

Quellen

Textquellen   Bildquellen   Überreste

Archäologe/Archäologin

Epoche

Wahlberechtigte

Historiker/Historikerin

M 4 Puppe, von 1976

M 5 Mädchenkleidung, entstanden vor etwa 3 200 Jahren (in einem Baumsarg in Jütland, Dänemark, gefunden).

2. Begriff gesucht

Sie ist unsichtbar, und doch umgibt sie uns überall. Wir können sie nicht anfassen, trotzdem wissen wir, dass sie da ist. Eine Uhr können wir anhalten, vor- und zurückdrehen. Aber es ist unmöglich, den gesuchten Begriff zu stoppen.

3. Arbeit mit dem Zeitstrahl auf S. 16/17

Beantworte die Fragen.
Gib dazu immer die Epoche an.

– Wohin gehört unsere Gegenwart, auf die linke oder die rechte Seite des Zeitstrahls?
– Mit der Erfindung des Buchdrucks endete eine Epoche. Nämlich welche?
– In welche Epoche gehören die Anfänge der Menschheit? Findest du diese Epoche links oder rechts auf dem Zeitstrahl?
– Mit der Erfindung der Schrift beginnt eine neue Epoche der Menschheitsgeschichte. Auf dem Zeitstrahl findest du dazu ein berühmtes Bauwerk.

4. Eine Frage der Wahl

Ordne den fünf Grundsätzen zum Wahlrecht die richtigen Erklärungen zu.

1. gleiche Wahl
2. freie Wahl
3. unmittelbare Wahl
4. allgemeines Wahlrecht
5. geheime Wahl
a) Alle Menschen dürfen wählen und gewählt werden.
b) Die Stimmabgabe erfolgt so, dass niemand erkennen kann, wie sich die Wählerinnen und Wähler entschieden haben.
c) Alle Wähler verfügen über die gleiche Zahl von Stimmen, deren „Gewicht" ebenfalls gleich ist.
d) Die Wahlberechtigten können ihren Willen ohne Zwang oder unzulässige Beeinflussung zum Ausdruck bringen.
e) Die Wählerinnen und Wähler bestimmen selbst, wen sie wählen. Sie wählen niemanden, der für sie als Stellvertreter die Wahlentscheidung trifft.

Mittelalter

Ur- und Frühgeschichte

Demokratie

geschichtliche Erzählungen

Neuzeit

Altertum

Zeitrechnung

2 Ur- und Frühgeschichte

Länger als eineinhalb Millionen Jahre dauerte diese Epoche.
Sie beginnt mit den Vormenschen und führt bis in die Zeit
vor etwa 5 000 Jahren. Eine spannende Zeit.
Die Menschen kannten noch keine Schrift.
Deshalb müssen uns Funde ihrer Waffen, ihres Schmuckes, ihrer Gebeine
und ihrer Kunstwerke ihre Geschichte erzählen.

Bezug zu heute

Die Menschen interessieren sich für ihre Geschichte.
In Museen werden historische Funde und Ergebnisse der Forschung ausgestellt.

In der Jungsteinzeit entstehen die ersten Berufe.
Einige dieser alten Berufe haben sich bis heute erhalten.

Geschichte erleben

Chronologie

vor etwa
4,5 Mio. Jahren
entwickeln sich
die Vormenschen.
Um 3 Mio. Jahre v. Chr.
lebte „Lucy".

vor etwa
1,5 Mio. Jahren
beginnt die Altsteinzeit.

um 600 000 v. Chr.
Die ersten Frühmenschen
kommen nach Europa.

Schon damals gingen die Menschen
nicht immer sorgsam mit dem um,
was sie zum Leben brauchten:
mit der Natur.

Früh begannen sich die Menschen
Gedanken darüber zu machen,
was mit ihren Toten geschieht.
Schon damals ehrten sie ihre Toten.

um 9 000 v. Chr.
beginnen Menschen
Getreide anzubauen und
Vieh zu züchten.

um 5 000 v. Chr.
breitet sich diese neue
Lebensweise auch in
Europa aus.

um 4 000 v. Chr.
beginnt in Mitteleuropa
die Metallzeit.
Zunächst werden Geräte
aus Kupfer, dann aus
Bronze, schließlich aus
Eisen hergestellt.

Auf den Spuren der ersten Menschen

Lucy ist die bekannteste Vorfahrin der Menschen.
Sie bekam ihren Namen nach einem Musiksong.

M1 Eine Nachbildung von Lucy.
Als ihre Knochen 1974 entdeckt wurden,
konnte man häufig Titel der Beatles im
Radio hören. Die Forscher suchten nach
einem Namen für ihre Entdeckung.
Im Radio lief gerade der Beatles-Titel
„Lucy in the sky with diamonds" …

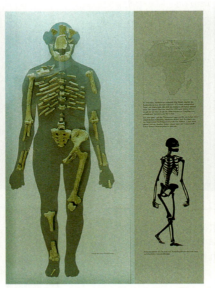

M2 Im Vergleich zu einem heutigen Menschen war Lucy recht klein. Sie war 1,10 m
groß und wog etwa 30 kg.

M3 Spezialisten können mithilfe der
gefundenen Knochen eine sehr genaue
Nachbildung des Körpers und des Gesichtes herstellen.

T1 Lucy – eine Vorfahrin

Lucy ist eine sehr berühmte Vorfahrin der Menschen. Nachdem 1974 Wissenschaftler Knochen ihres Skeletts in Äthiopien (Afrika), gefunden hatten, war bald klar, dass Lucy vor sehr langer Zeit gelebt haben musste. Wenig später wusste man es noch genauer: Lucy lebte vor etwa drei Millionen Jahren. Sie war lange Zeit die älteste uns bekannte Vorfahrin der Menschen.

T2 Lucy ist ein Vormensch

Lucy ist kein Mensch, aber auch kein Affe. Ihre Arme sind im Verhältnis zu den Beinen viel länger, ihr Kiefer steht weiter nach vorn, die Stirn ist flacher als beim heutigen Menschen. Sie ist auch viel kleiner. Aber sie ging aufrecht. Dies kann man an ihren Beckenknochen erkennen.

Der aufrechte Gang ist ein besonderes Kennzeichen der Menschen und Menschenähnlichen. Die Hände wurden nicht mehr zum Laufen

1. Was unterscheidet Lucy von den Menschenaffen? (T2)

2. Überlege: Du musst den ganzen Tag auf allen Vieren gehen. Was kannst du alles nicht tun?

3. Fertige einen Steckbrief von Lucy an (Name, Alter, Größe, Gewicht, Aussehen, Heimat). (T1, T2)

M 4 Frühmensch; hier: Homo erectus (homo – Mensch; erectus – aufrecht). Die Bezeichnung stammt aus einer Zeit als die älteren Vorfahren der Menschen noch nicht entdeckt waren.

M 5 So könnte der Neandertaler ausgesehen haben. Diese vor etwa 130 000 Jahren entstandene Menschenart ist mit den heutigen Menschen sehr nahe verwandt. Sie wurden etwa 1,60 m groß und 75 kg schwer.

M 6 Jetztmensch. Vor etwa 40 000 Jahren breitete sich der Jetztmensch auch in Europa aus. Er erweist sich als sehr anpassungs- und lernfähig. Wir sind seine direkten Nachfahren.

benutzt, sondern waren frei. Stöcke und Steine konnten als Waffen in die Hand genommen werden, Dinge genau untersucht und bearbeitet werden.

T 3 Lucy ist nicht mehr die Älteste
1994 haben Archäologen Knochen von anderen Vormenschen gefunden, die zur selben Zeit gelebt haben und von einigen, die noch älter sind. Viele Wissenschaftler suchen aber weiter. Sie möchten wissen, wie die menschenartigen Wesen ausgesehen haben, die an der Gabelung zwischen Menschenartigen und Menschenaffen stehen.

T 4 Alle Spuren führen nach Afrika
Lucy lebte in Afrika. Wahrscheinlich stammen alle Vorfahren des Menschen aus diesem Kontinent, denn bisher wurden nur dort die ältesten Knochen der Vormenschen gefunden.

In der Zeit, in der Lucy lebte, war es in Afrika warm und es regnete ausreichend. Es gab deshalb das ganze Jahr über reichlich Nahrung für Lucy und ihre Verwandten.
Während einige Arten der Vormenschen, wie Lucy, nur Pflanzen aßen, begannen andere auch Fleisch als Nahrung zu nutzen. Sie hatten es damit leichter, genug zum Essen zu finden.

T 5 Frühmenschen
Im Laufe der Jahrtausende entwickelten sich die verschiedenen menschenähnlichen Arten weiter. Einige sahen uns schon sehr ähnlich. Einen großen Schritt in diese Richtung stellt der Frühmensch dar, der vor etwa 1,8 Millionen Jahren auftrat. Einige von ihnen, wie der Homo erectus, waren etwa 1,65 m groß und 65 kg schwer.

T 6 Neandertaler
Im Jahr 1856 wurden im Neandertal bei Düsseldorf Knochen eines Menschen gefunden. Zunächst glaubten die Wissenschaftler, einen unserer direkten Vorfahren entdeckt zu haben. Inzwischen wissen wir, dass dies so nicht stimmt. Unsere direkten Vorfahren entwickelten sich bereits vor 150 000 Jahren in Afrika.

T 7 Jetztmensch
Als die Jetztmenschen vor 40 000 Jahren nach Europa kamen, hatten sie die Neandertaler als Nachbarn. Ob die Jetztmenschen den kräftigen und widerstandsfähigen Neandertaler verdrängten oder ob sie sich mit ihm vermischten, wissen wir nicht. Beides würde das Verschwinden der Neandertaler vor etwa 27 000 Jahren erklären.

4. Begründe, warum man Lucy schon als Mensch bezeichnen kann.

5. Nenne weitere Vorfahren des Jetztmenschen und beschreibe sie.

6. Wie erklärt man sich das Verschwinden der Neandertaler?

Ursprung in Afrika

Es besteht wohl kein Zweifel mehr: Unsere Vorfahren kommen aus Afrika.
In zwei großen Wanderzügen haben sich Frühmenschen und später Jetztmenschen
auf den Weg in andere Gebiete der Erde begeben.

T1 Die ersten Wanderzüge
Vor etwa 1,5 bis zwei Millionen Jahren verließen Frühmenschen ihren afrikanischen Heimatkontinent und begaben sich auf lange Wanderungen in Richtung Europa und Asien. Diese Wanderzüge des Homo erectus haben über mehrere Generationen gedauert.

T2 Funde
Es sind vor allem einfache Steinwerkzeuge und menschliche Knochen, die es den Wissenschaftlern möglich machen, den Weg der frühen Menschen annähernd zu verfolgen. Es bleiben aber noch viele offene Fragen. Warum haben sich Frühmenschen überhaupt auf solche gefährlichen Züge begeben?

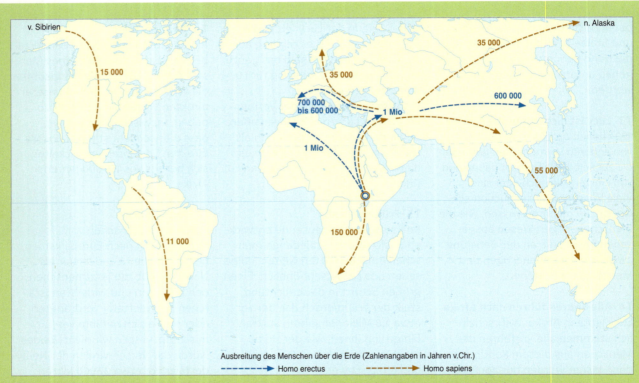

M1 Die Wanderungen der Frühmenschen (Homo erectus) und der Jetztmenschen (Homo sapiens sapiens)

1. Homo erectus waren die ersten Menschen, die Afrika verließen. In welchen Gebieten der Welt lassen sich ihre Spuren finden? Nutze einen Atlas.

2. Nenne eine Menschenart in Europa und Vorderasien, die sich aus diesen Wanderern entwickelte. (T3)

3. Wo hat sich der Jetztmensch entwickelt? (T4)

T3 Neandertaler

Aus den frühzeitlichen Menschen entwickelten sich neue Arten. Die berühmteste Menschenart und der wohl bekannteste ist der Neandertaler. Vor rund 150 Jahren wurden die ersten Überreste in der Nähe von Düsseldorf in einer kleinen Höhle entdeckt. Der Neandertaler war von kräftiger Gestalt und gut an das eiszeitliche Klima angepasst. Er ist die erste Menschenform, die auch in kalten Zeiten in Mitteleuropa lebte. Die Neandertaler traten vor etwa 130 000 Jahren als erste Menschen in dem damals sehr kalten Mitteleuropa auf. Vor etwa 40 000 Jahren starben sie aus.

T4 Die Jetztmenschen wandern

Im warmen Afrika hatte sich eine neue Menschenart entwickelt. Und auch sie begann den Kontinent zu verlassen. Anders als die Frühmenschen trafen sie nicht immer auf unbewohnte Gebiete. In Europa trafen sie auf die Neandertaler, in Süd- und Ostasien auf Nachfahren des Homo erectus.

Die Jetztmenschen breiteten sich dennoch aus und die anderen Menschenarten starben aus. Ob die Jetztmenschen sie verdrängten oder ob sie bereits vom Aussterben bedroht waren, ist nicht geklärt.

Ebenso wenig ist geklärt, warum die Jetztmenschen Afrika verließen und vor 40 000 Jahren selbst in das kalte und unwirtliche Europa einwanderten.

Eine Karte auszuwerten ist gar nicht so schwer:
Diese Karte stellt die Wanderungen der Frühmenschen und der Jetztmenschen dar. Das kann man hier der Bildunterschrift entnehmen. Damit die Wanderzüge unterschieden werden können, sind die Pfeile in der Karte mit zwei verschiedenen Farben gestaltet. Die Pfeile geben die Richtung der Ausbreitung an. Die Zahlen weisen auf die Zeit hin, wann dies passiert ist. Das alles versteht sich nicht immer von selbst. Deshalb gibt es bei allen Karten eine Zeichenerklärung. Bei dieser Karte gibt es nur wenig zu erklären. Bei anderen ist die Legende, so heißt die Zeichenerklärung bei einer Karte – viel größer.

Methode: Eine Geschichtskarte auswerten

1. Thema, Ort und Zeit
Kläre zunächst, um welches Thema es bei dieser Karte geht: Oft hat die Karte einen Namen, der weiter hilft. Stelle nun fest, welche Gebiete der Erde von der Karte erfasst werden. Die Frage nach der Zeit, um die es geht, ist oft in der Kartenerläuterung (Legende) angegeben.

2. Einzelheiten erfassen
Eine Karte bietet oft viele Informationen. Aus der Kartenlegende kannst du entnehmen, welche Bedeutung die Zeichen, Farben und andere Bezeichnungen haben.

***
4.** Fertige eine Tabelle an: Wann hat der Jetztmensch sich wo angesiedelt? (M1)

***
5.** Die Jetztmenschen gibt es noch heute. Was ist mit den anderen Menschenarten geschehen?

Jäger und Sammler in der Altsteinzeit

**Die Altsteinzeit ist die längste Epoche der Menschheitsgeschichte.
Sie beginnt mit den Frühmenschen vor etwa 1,5 Millionen Jahren und endet
vor 10 000 Jahren mit dem Ende der letzten Eiszeit.**

M1 Die Natur gut kennen – lebensnotwendiges Wissen für die Sammler der Altsteinzeit.

M2 Jagd in der Gruppe. Feuerspuren zeigen, dass die Menschen das Feuer bereits vor mehr als 500 000 Jahren für sich nutzten.

T1 ...
Wichtigstes Werkzeug war zunächst der Faustkeil. Mit ihm bearbeiteten die Frühmenschen andere Materialien wie Holz, Knochen und Fell, um daraus Waffen und Gebrauchsgegenstände herzustellen. Aus Funden wissen wir, dass die Menschen diese Steinwerkzeuge nicht nur gesammelt, sondern auch selbst hergestellt haben.

T2 ...
Die Menschen der Altsteinzeit lebten als Jäger und Sammler. Es wird angenommen, dass sie sich zunächst hauptsächlich von dem ernährten, was sie sammelten: Beeren, Früchte, Wurzeln, Körner, Nüsse, Pilze, aber auch Insekten und anderes Kleingetier, was wir heute wohl nicht so gerne essen würden. Im Laufe der Zeit entwickelten die Menschen der Altsteinzeit Jagdwaffen, wie Speere und Pfeil und Bogen. Auch verbesserten sie ihre Jagdtechniken. Damit wurde der Anteil an Fleisch bei der Nahrung deutlich größer.

T3 ...
Das Feuer erleichterte den Menschen der Altsteinzeit das Leben sehr. Zunächst lernten sie, das Feuer zu hüten, erst später, es auch selbst zu entzünden. Feuer bot ihnen Schutz vor Raubtieren und der Kälte, gab Licht, ermöglichte neue Jagdmethoden und machte es möglich, dass nicht mehr alle Nahrung roh gegessen werden musste.

T4 ...
Vor allem galt es Nahrung zu finden. Anfangs wurde alles roh gegessen und man konnte nichts aufbewahren. An jedem Tag begann deshalb die Nahrungssuche von Neuem und oft genug knurrte der Magen auch noch am Abend.

1. Wovon ernährten sich die Frühmenschen? (T2)

2. Zähle die Vorteile des Feuers für die Menschen der Altsteinzeit auf. (T3)

3. Welche Vorteile bot den Menschen der Altsteinzeit das Leben in der Gemeinschaft? Nenne Beispiele. (T8)

T5 ...

Über Jahrtausende hinweg ging die Entwicklung nur sehr langsam vor sich. Dies änderte sich mit dem Auftreten der Neandertaler und der Jetztmenschen. Sie waren geschickte Jäger, beobachteten ihre Umwelt sehr genau und waren deshalb sehr erfindungsreich.

T6 ...

Zu solchen Erfindungen gehören auch so scheinbar unbedeutende Dinge wie eine Kochmulde. Eine Grube wurde mit Tierhaut ausgelegt und mit Wasser gefüllt. In dieses Wasser wurden heiße Steine geworfen.
Damit wurde das Essen nicht nur schmackhafter und leichter verdaulich, Reste ließen sich auch etwas länger aufbewahren.
Die Erfindung der Nähnadel ermöglichte es Felle zusammen zu nähen und richtige Kleidung und wasserdichte Zeltbahnen zu nähen.

T7 ...

Die Menschen lernten auch, dass ein Tier mehr bot als das Fleisch. Es wurde fast alles genutzt. Aus Knochen, Sehnen, Fell und Innereien wurden die verschiedensten Werkzeuge, Jagdgeräte und andere wichtige Dinge hergestellt. Lederriemen zum Binden und Befestigen, Harpunen mit Widerhaken aus Knochen, Bohrer aus Stein oder hartem Holz sind nur einige Beispiele.

T8 ...

Von Anfang an lebten die Menschen in Gemeinschaften. So konnten sie sich besser vor Angriffen wilder Tiere schützen und leichter jagen. Wenn sie gemeinsam unterwegs waren, war die Wahrscheinlichkeit, etwas zum Essen zu finden, viel größer. Es war leichter, in der Gruppe die Kinder zu schützen und aufzuziehen. Und auch lernen kann man in der Gruppe viel besser.

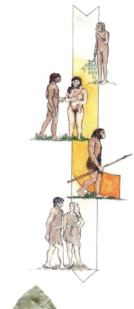

M4 Faustkeil aus Feuerstein

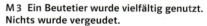

M3 Ein Beutetier wurde vielfältig genutzt. Nichts wurde vergeudet.
1 Fleisch: Nahrung; **2 Geweih:** Speerspitzen, Harpunen, Nadeln; **3 Schulterblatt:** Schaufeln gespalten, geschliffen, eventuell gerundet: Messer, Angelhaken, Kämme; **4 Langknochen:** Fellschaber, Darmschaber, Nadelbehälter, Nähnadeln; **Rippen:** Streichklingen für Fell, Darm und Magen; **Gelenkpfannen:** Fellschaber; **5 Sehnen, Nerven, Därme:** gespalten und getrocknet: Schnüre, Zwirne, Nähgarn; **6 Wadenbeine:** zugespitzte Dolche mit Griff; **7 Fell:** Zelte, Kleidung, Fell- und Lederflaschen, Lederriemen; **8 Magen und Darm:** aufgeblasen und getrocknet: Behälter; **Mageninhalt:** Gemüse aus Renmoos

4. Rollenspiel: Ihr seid Frühmenschen und könnt noch keine Sprache sprechen, sondern nur Laute ausstoßen. Macht einander klar, dass dies eine leckere Beere ist; jene Wurzel nicht schmeckt; dieser lecker aussehende Pilz lebensgefährlich ist.

5. Wie wurde ein Beutetier genutzt? Ordne nach Gruppen (Nahrung, Werkzeug, Waffen, Gebrauchsartikel)

***
6.** Finde passende Überschriften zu den einzelnen Abschnitten des Textes. (T1–T8)

Die Zeiten ändern sich

Mit dem Ende der Eiszeit vor etwa 10 000 Jahren wurde es wieder wärmer. In Europa taute das Eis und die Menschen fanden als Jäger und Sammler in den entstehenden dichten Wäldern Wildtiere und Früchte als Nahrung.

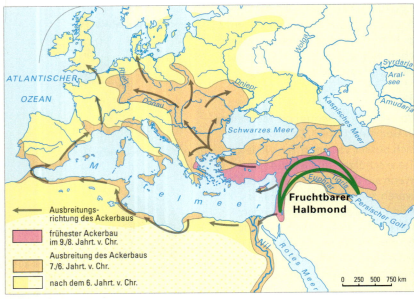

M1 Der Ackerbau breitet sich aus. Landwirtschaft wird zuerst im „fruchtbaren Halbmond" (Vorderasien) betrieben.

M2 Getreidesichel. Nachbau nach Steinfunden

M3 Frühe Getreidearten: Dinkel, Einkorn, Emmer

T1 Die ersten Bauern

In Vorderasien war das Ende der Eiszeit deutlicher zu merken. Hier gab es zu dieser Zeit ein Gebiet, das wegen seines besonders milden und günstigen Klimas als „fruchtbarer Halbmond" bezeichnet wird. Bisher hatten die Menschen die Körner der wild wachsenden Getreidegräser nur gesammelt. Jetzt fanden sie heraus, dass sie diese Körner zu nahrhaftem Mehl verarbeiten und gut über längere Zeit aufbewahren konnten. Dabei hatten sie vermutlich beobachtet, dass liegen gebliebene Körner im Frühjahr neu keimten. Sie begannen nämlich einen Teil der Körner aufzubewahren und im nächsten Frühjahr zu säen: Sie legten Getreidefelder an. Im Herbst konnten sie diese Felder abernten und wieder einen Teil des Getreides für die nächste Aussaat aufbewahren. Aus Sammlern und Jägern wurden nun die ersten Ackerbauern.

T2 Siedlungen entstehen

Die Menschen mussten die Felder, die sie anlegten, vor Wildtieren schützen, damit diese nichts weg fraßen. Es war also notwendig in der Nähe der Felder zu bleiben.

1. Nutze M1 und den Atlas. Welche heutigen Staaten liegen in dem Gebiet, in dem die Menschen zuerst mit dem Ackerbau begannen?

2. Wann wurden die Menschen in den Gebieten des heutigen Deutschland sesshafte Bauern? Nutze M1 und einen Atlas.

3. Betrachte M4 genau und beschreibe, was die Menschen in der jungsteinzeitlichen Siedlung tun. Fertige dazu eine Tabelle mit verschiedenen Lebensbereichen an: Wohnen, Kleidung, Ernährung, Werkzeuge, Aufbewahrung.

M 4 Siedlung der Jungsteinzeit (Rekonstruktionszeichnung)

M 5 Haustiere im Vergleich zu ihren wilden Verwandten. Oben: Wildschwein und Hausschwein; unten: Wildschaf und Hausschaf

Außerdem war es auch nicht mehr erforderlich umher zu ziehen, um Nahrung zu finden, wenn man gelernt hatte, die Nahrung „vor der Haustür" anzubauen.

Die Menschen wurden sesshaft. Sie bauten feste Häuser aus Holz, Stroh und Lehm, die mehr Schutz boten als die Zelte. Und sie rodeten Wälder für weitere Felder, bauten Zäune zum Schutz vor Wildtieren und legten Vorräte an.

T 3 Nutztiere züchten

Die Menschen benötigten aber auch Fleisch. Wahrscheinlich hatten sich bisher regelmäßig Jäger aus den Dörfern auf den Weg gemacht, um für Fleisch zu sorgen. Jetzt begannen die Menschen, Nutztiere zu halten. Wir wissen nicht, ob sie dafür Jungtiere, die sie gefunden hatten, bei sich aufzogen oder ob sie Tiere zusammentrieben und in Gehegen hielten, um Fleisch zu

haben, wenn sie es brauchten. Auf jeden Fall entwickelten sich aus den wilden Tieren allmählich Haustiere. Diese Haustiere lieferten nicht nur Fleisch, sondern auch Milch und Wolle. Außerdem konnten sie als Zugtiere eingesetzt werden.

T 4 Ein neues Zeitalter

Der Ackerbau und die Viehzucht machten die Menschen unabhängiger von den Jahreszeiten und der Witterung. Diese Wirtschaftsweise war so erfolgreich, dass sie sich schnell ausbreitete. Hinzu kam, dass die Menschen Zeit gewannen. Sie mussten nicht mehr umherziehen und sie legten Vorräte an. Sie nutzten diese Zeit und erfanden Verbesserungen für ihre Ackergeräte und andere Arbeitsgeräte, für Vorratsbehälter, Lebensmittelverarbeitung und für die Herstellung von Kleidung. Mit der Erfindung des Rades verbesserten sie den Transport.

4. Vergleiche dieses Leben mit dem einer Gruppe von Jägern und Sammlern der Altsteinzeit. Welche Vorteile bringen Ackerbau und Viehzucht den Menschen?

5. Vergleiche die Wild- und Haustiere miteinander. Worin liegen die Vorteile der Haltung und Zucht von Haustieren für den Menschen? (M 5)

*
6. Ein neues Zeitalter? Begründe.

Zeit für Erfindungen

**Zunächst dauerte es Jahrtausende, später nur Jahrhunderte:
Immer aber versuchten die Menschen ihre Lebensverhältnisse zu verbessern.
Sie haben viele Erfindungen über diese lange Zeit hinweg gemacht.**

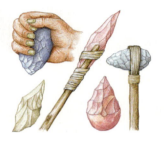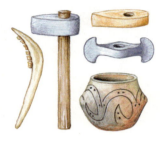

M1 Werkzeuge der Altsteinzeit, Jungsteinzeit und Metallzeit

T1 Eine neue Zeit beginnt

Immer weniger Menschen müssen in mühevoller Suche nach Nahrung umherziehen. Sie werden im Laufe der Jungsteinzeit – einige früher, andere später – als Bauern sesshaft, sie legen Vorräte an und halten Nutztiere. Sie erfinden einen Pflug, um die Felder besser nutzen zu können, sie erfinden das Rad, um schwere Sachen leichter transportieren zu können, sie bauen Häuser und brennen Tongefäße für ihre Vorräte. Ihr Leben verändert sich dadurch so sehr, dass wir heute von einer Revolution sprechen, von der jungsteinzeitlichen Revolution.

T2 Zeit für Erfindungen

Sie haben sogar Zeit, diese Tongefäße sorgfältig zu verzieren, sie haben Zeit Schafe zu scheren, Wolle zu spinnen und Webstühle zu erfinden, auf denen sie ihre Kleidung weben.Sie bauen Flachs an, weil sie erkennen, dass sich hieraus ein noch festerer Stoff – das Leinen – weben lässt.
Zwar gab es immer noch oft Hunger, wenn das Wetter schlecht gewesen war und die Ernte schlecht aus-

fiel, und die Arbeit war immer noch schwer. Trotzdem scheint es, dass mit dem Ackerbau, der Vorratshaltung und der Viehzucht wirklich Zeit gewonnen wurde.

T3 Arbeitsteilung

Die Bauern produzierten so viele Nahrungsmittel, dass sie mit dem Überschuss handeln konnten. Sie begannen ihre Produkte gegen Dinge zu tauschen, die geschickte Leute mithilfe ihrer besonderen Begabung herstellten.
Brauchte zum Beispiel ein Bauer ein Beil, so stellte er es nicht mehr selbst her, denn er kannte jemanden, der das viel besser konnte. Zu diesem ging er und tauschte etwas Getreide oder Brot gegen solch ein Beil ein.
Das meiste, was die Menschen zum Leben brauchten, stellten sie zwar noch selbst her, aber mehr und mehr Dinge überließen sie Menschen, die dies besonders gut konnten: Spezialisten für Beile, für Steinklingen oder Tongefäße, für Räder und Wagen. Auf diese Weise entwickelten sich verschiedene Handwerke.

1. Zähle die wichtigen Erfindungen der Jungsteinzeit auf. Beschreibe dabei auch die Verbesserung der Steinbeile und der Geräte zum Ackern. (T1, M1)

2. Begründe, warum man mit Recht von einer jungsteinzeitlichen Revolution sprechen kann. (T1)

3. Welche Vorteile bot die Arbeitsteilung den Menschen der Jungsteinzeit? (T2, T3)

M2 Eine Steinbohrmaschine aus der Jungsteinzeit (Rekonstruktionszeichnung aus dem 19. Jh.)

M3 Beilklingen und Axtklingen

T4 Besitz

Mit der Sesshaftigkeit und der Arbeitsteilung verteilte sich der Besitz deutlich ungleicher. Einige Menschen waren geschickter, sie hatten vielleicht auch etwas mehr Glück oder tauschten ihre Waren günstiger. Früher hatte eine ganze Gruppe gemeinsam für die tägliche Nahrung sorgen müssen, und die Menschen mussten froh sein, wenn sie genug fanden. Jetzt besaßen die Menschen in einer Siedlung unterschiedlich viel. Dies veränderte ihr Zusammenleben vermutlich sehr.

T5 Die Metallzeit beginnt

Man weiß nicht, wie die Menschen darauf kamen, aus Steinen Metall herauszuschmelzen. Sicher dagegen weiß man, dass um 2000 v. Chr. die Kunst der Metallherstellung aus dem Vorderen Orient nach Nordeuropa kam. Kupfer und Bronze waren die ersten Metalle, die die Menschen gewinnen konnten. Beide sahen sehr schön aus. Kupfer verbog aber schnell. Bronze war härter, schärfer und leichter als Stein.

T6 Eisen

Mehr als tausend Jahre dauerte die Bronzezeit. Um 800 v. Chr. lernten die Menschen ein Erz zu schmelzen, das viel häufiger gefunden wurde und deshalb billiger war. Außerdem war es noch härter als Bronze: Eisen. Allerdings liegt die Schmelztemperatur von Eisen bei 1400 °C. Das war mit den bisherigen Schmelzöfen nicht zu erreichen. Erst als die Menschen gelernt hatten, mit einem geschlossenen Schmelzofen und mit Holzkohle zu arbeiten und das Feuer mithilfe von Blasebälgen gezielt anzufachen, konnten sie so hohe Temperaturen erreichen.

T7 Ein weiteres Zeitalter

Mit den Metalltechniken veränderte sich die Welt erheblich. Stein hörte auf der wichtigste Rohstoff für Werkzeuge und Waffen zu sein. Neue Berufe wie der des Schmiedes entstanden. Händler sorgten für die Verbreitung der kostbaren Waffen, Werkzeuge und Schmuckstücke aus Metall in ganz Europa. Es verschwanden aber auch große Waldgebiete in Norddeutschland, weil der Bedarf an Holzkohle so groß war.

4. Es gibt ab jetzt Ungleichheit zwischen den Menschen. Erkläre diese Behauptung. Überlege, welche Folgen dies für das Zusammenleben haben konnte.

5. Sich einen Überblick verschaffen: Fertige dir eine Übersicht über die Entwicklung der Geräte und Waffen von der Altsteinzeit bis zur Metallzeit. Nutze auch den Zeitstrahl von Seite 26/27.

Glaube und Hoffnung

Was die Menschen in jener Zeit dachten, hofften und glaubten, ist nur schwer zu ermitteln. Manche Vermutung ergibt sich aus den Bildern, den Gräbern und den Grabbeigaben, die wir heute noch finden.

T1 Die Toten ehren
Schon im Laufe der Altsteinzeit begannen die Menschen ihre Toten ehrenvoll zu begraben. Wissenschaftler vermuten, dass die Menschen noch nicht an ein Jenseits glaubten. Doch erwiesen sie ihren Toten die Ehre und betteten sie oder Teile von ihnen in besondere Gräber.

T2 Der Glaube an eine Wiederkehr
Viele Wissenschaftler vermuten bei den Gräbern der beginnenden Jungsteinzeit, dass die Menschen an eine Wiederkehr glaubten. Die Menschen zogen nicht mehr als Jäger und Sammler umher, sondern betrieben Landwirtschaft. Deshalb war ihnen der Kreislauf der Natur sehr nahe: Sie sahen, wie im Herbst und Winter die Pflanzen absterben. Und sie sahen, wie im Frühling und Sommer alles wieder auflebt und aus ihrer Aussaat frisches Getreide sprießt. Deshalb könnten sich die Menschen damals Leben und Sterben als einen ständigen Kreislauf vorgestellt haben.

T3 Eine Stätte für den Schlaf
Vermutlich glaubten die Menschen zu dieser Zeit daran, dass der Tod eine Art Schlaf sei, denn oft findet man in Gräbern die Toten in Hockerstellung und in Seitenlage – als ob sie schliefen.
Den Toten wurden kostbare Geschenke mitgegeben. So wurde in einem Grab eines Kleinkindes eine sehr sorgfältig gearbeitete Steinklinge gefunden. In vielen Steinzeitgräbern findet man auch Spuren von gelbem Ocker oder rote Erdspuren: Das Grab sollte festlich geschmückt sein.

M2 Grabfund aus der Jungsteinzeit. Der Tote wurde in Hockerstellung in das Grab gebettet. Man hatte ihm Schmuck mit gegeben. Auch Gefäße wurden in dem Grab gefunden (etwa 4 500 v. Chr.).

M1 Ein Hünengrab.
Weil die meisten dieser Steingräber so groß sind und die Steine so schwer, glaubten manche Menschen früher, dass hier Riesen (Hünen) ein Grab für einen anderen Riesen gebaut hätten.

1. Was haben die Menschen wohl geglaubt, wenn sie einen ihrer Toten begruben und ihm Geschenke mitgaben? (T3)

2. Warum hängt die bäuerliche Lebensweise wahrscheinlich sehr eng mit dem Glauben einer Wiederkehr zusammen? (T2)

3. Beschreibe das Fürstengrab. Woran kann man erkennen, dass es sich um ein Fürstengrab handelt? (M3)

M 3 Die Grabkammer eines Fürstengrabes.
In Hochdorf (Baden-Württemberg) wurde 1978 das Grab eines keltischen Fürsten gefunden. Die Kelten waren ein Volk, dessen Stämme Gebiete des südwestlichen Deutschland, Frankreichs und Großbritanniens bewohnten. Das Grab stammt aus der Zeit um 550 v. Chr. Das Hügelgrab hatte außen eine Höhe von 6 m und einen Durchmesser von 62 m. Das Bild zeigt eine Rekonstruktion des Grabes: (1) Wagen mit Bronzegeschirr; (2) Trinkhörner; (3) Bronzekessel mit Met (alkoholisches Getränk); (4) Bronzeliege mit dem verstorbenen Fürsten; (5) Köcher mit Pfeilen. Bronze war damals sehr kostbar.

T 4 Ein Leben nach dem Tod

In späterer Zeit begannen die Menschen zu glauben, dass es ein Leben nach dem Tode gibt. Es wurden nicht nur Geschenke mitgegeben, wie früher. In entdeckten Fürstengräbern wird dies besonders deutlich: Der verstorbene Fürst wurde zusammen mit kostbaren Geräten, Waffen und Schmuck in eine festlich eingerichtete Grabkammer gebracht. Dort wurde sein Leichnam auf eine Liege gebettet. Es war alles vorhanden, was auch ein Lebender brauchte. Man geht davon aus, dass in den Gefäßen auch Getränke und Nahrungsmittel mitgegeben wurden.

T 5 Fürstengräber

Nun waren Fürstengräber sicher besonders kostbar und reichhaltig ausgestattet. Sie sollten die Macht und die Bedeutung des Verstorbenen noch einmal deutlich werden lassen. Aber man kann davor ausgehen, dass auch viele andere, nicht so reiche Menschen, mit der beginnenden Metallzeit daran glaubten, dass es ein Leben nach dem Tode gibt. Auch sie werden ihren Toten so viel wie möglich an nützlichen Gebrauchsgegenständen, Nahrung und Waffen mitgegeben haben.

✳
4. Die Ausstattung des Fürstengrabes macht deutlich, wie sich die Menschen zu jener Zeit ein Leben nach dem Tode vorstellten. Beschreibe ausführlich und begründe.

✳
5. Auch die Hünengräber waren wahrscheinlich Gräber für Häuptlinge und andere wichtige Menschen des Stammes. Wie kann man diese Vermutung begründen?

Detektive bei der Arbeit

Archäologen sind Detektive der Geschichte. Sie sichern Spuren.
Sie versuchen das Alter der Spuren und Überreste mit modernsten Methoden zu bestimmen.
Doch nach der Bergung ist die Arbeit nicht getan.

T1 Rekonstruieren

Es ist nicht einfach, aus alten Tonscherben wieder ein vollständiges Gefäß zusammen zu bauen, um sehen zu können, wie es aussah und zu überlegen, welche Aufgabe es hatte. Sehr oft fehlen Teile. Sie sind verloren gegangen. Noch häufiger fehlen sie, weil das Material, aus dem sie waren, im Laufe der Jahrtausende vergangen ist. Holz und Stoff verrotten sehr schnell, wenn sie nicht in einem Moor liegen, wo das nicht geschehen kann. Dann muss aus der Form der übrigen Teile und dem, was man über diese Gegenstände schon weiß, darauf geschlossen werden, wie das verlorene Teil ausgesehen haben könnte.

M1 Am Fund des kleinen Stücks Leinenstoff kann die Art des Webens erkannt werden.

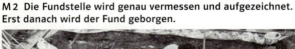

M3 Auf Grund dieser Erkenntnisse wurde ein Webstuhl nachgebaut und probiert, ob er auch so funktioniert.

M2 Die Fundstelle wird genau vermessen und aufgezeichnet. Erst danach wird der Fund geborgen.

T2 Nachbauen

Noch schwieriger ist es, wenn fast nichts mehr vorhanden ist. Manchmal sind z. B. von einem jungsteinzeitlichen Haus nur noch wenige Überreste von Pfählen und Balken vorhanden. Dann ist man bei der Rekonstruktion (dem Wiederaufbau) auf ziemlich viele Vermutungen angewiesen. Haben die Menschen die Pfähle in die Erde versenkt? Haben sie sie vorher mit Feuer „gehärtet"? Wie und mit welchem Material haben sie die auf den Pfählen aufliegenden Querbalken befestigt? Mit welchem Material haben sie die Wände abgedichtet? Wie haben sie das Dach gebaut?

1. Bei vielen alten Funden müssen Teile ergänzt werden. Warum eigentlich? Wie nennen die Archäologen diese detektivische Arbeit?

2. Alles ganz einfach? – Nimm eine alte Tasse, packe sie gut in ein Tuch ein und zerschlage sie vorsichtig mit einem Hammer. Lass drei Scherben verschwinden und setze die Tasse nun vorsichtig zusammen. Denk daran: Du weißt sogar, wie die Tasse ausgesehen hat – und die Archäologen?

3. Erläutere, in welchen Fällen Archäologen darauf angewiesen sind alte Werkzeuge, Geräte und Häuser nachzubauen.

M 4 Die Überreste der Pfähle einer jungsteinzeitlichen Siedlung am Bodensee. Die Pfähle wurden vor etwa 6 000 Jahren in den Boden gerammt um darauf die Querbalken als Fußboden zu befestigen. Auch von diesen wurden Reste gefunden.

M 5 So sieht der Nachbau aus.
Selbst bei Werkzeugen, Baumaterial und Bautechnik wurde darauf geachtet, dass sie in die Jungsteinzeit passen.

T 3 Experimentieren

Das Experimentieren ist nicht ein einfaches Ausprobieren. Da wird auf alles geachtet. Wie sehen die Schlagspuren bei gefunden Holzresten aus? Wie muss also die Steinklinge ausgesehen haben? Wie hat der Bauer die Axt geführt ? Wie lange hat er dazu gebraucht? Hat er immer nur von einer Seite geschlagen oder hat er von zwei Seiten her den Baum gefällt? Auch: Wie lange hält eigentlich so ein Nachbau eines jungsteinzeitlichen Hauses Wind und Wetter stand? Wann sind die ersten Ausbesserungen notwendig? Das alles wird genau beobachtet und notiert.

Tipp

Arbeiten wie ein Archäologe: ein Gefäß nachtöpfern
Der Ton soll feucht sein. Gutes Durchkreten macht den Ton geschmeidig. Dann einfach „Würstchen" ausrollen, die nicht zu dünn sein sollten. Auf die Bodenplatte kommt der erste Tonstrang, der vorsichtig festgedrückt wird. Zum Schluss werden die Stränge miteinander verstrichen. Feuchte Finger helfen dabei. Verzierungen können mithilfe von Zahnstocher angebracht werden. An der Luft getrocknet sollten die Schälchen nicht nass werden. Haltbarer werden sie im Brennofen. Fragt die Kunstlehrer.

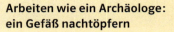

M 6 Ein Fundstück aus der Jungsteinzeit: eine Steinklinge.
Form und Bearbeitung weisen den Weg zur Rekonstruktion des dazugehörigen Holzgriffes.

4. Nenne die auf dieser Seite zu findenden Nachbauten und beschreibe sie.

5. Begründe, warum Experimente in der Archäologie wichtig sind.

* **6.** Bei welchen Arbeiten sind die Wissenschaftler am meisten auf Vermutungen angewiesen? Nenne Beispiele.

* **7.** „Das ist doch alles nur Erfindung. Das kann man gar nicht wissen." Diskutiert diese Aussage. Findet Begründungen für eure Meinung.

Mensch und Natur in der Steinzeit

Alle Menschen brauchen Luft, Wasser und gesunde Böden.
Das alles bietet die Natur. In früheren Jahrtausenden hatten die Menschen
ein anderes Verhältnis zur Natur als heute.

M1 Diese Bilder sind über 30 000 Jahre alt. Steinzeitliche Künstler haben sie mit Erdfarben gemalt, die sie mit Asche oder Beeren- und Pflanzensäften mischten. Die Höhle liegt bei Chauvet (sprich: schoweh) in Südfrankreich. Bis heute ist nicht ganz klar, ob es sich um einen Jagdzauber handelt oder ob die Menschen damit auch die Tiere ehren wollten, die sie jagten.

T1 In der Altsteinzeit

Die Jäger und Sammler der Altsteinzeit lebten von dem, was ihnen die Natur gab. Nur, was sie an Beeren und Pflanzen in der Natur fanden und was sie an jagdbaren Tieren erbeuteten, war ihre Nahrung und Rohstoff für Kleidung, Jagdwaffen und andere Geräte. Sie beobachteten deshalb alles sehr genau: Wo gibt es im Sommer dicke süße Beeren? Wann kommen die Fische den Fluss hinauf gezogen? An welchen Plätzen im Wald findet man nahrhafte Wurzeln? Welche Wege nehmen die Rentiere auf ihren Wanderungen?

Das Überleben der Menschen hing davon ab, wie genau sie sich in der Natur auskannten. Forscher nehmen an, dass diese enge Bindung an die Natur auch das Denken dieser Menschen beeinflusste: Sie selbst waren Teil der Natur.

T2 In der Jungsteinzeit

Mit dem Aufkommen von Landwirtschaft und Viehzucht änderte sich das Verhältnis der Menschen zur Natur.

Als um 5 500 v. Chr. die Kenntnisse des Getreideanbaus Deutschland erreichten, suchten die Menschen nach möglichst fruchtbaren Böden. Deutschland war zu jener Zeit von großen Wäldern bedeckt. Entdeckten die Menschen einen fruchtbaren Boden für ihre Felder, dann trotzten sie dem Wald den Boden geradezu ab. Sie fällten viele Bäume, um daraus ihre Häuser zu bauen und sie rodeten den Wald. Sie bauten Zäune aus Holz, um ihre Felder und Gärten vor wilden Tieren zu schützen. Sie zähmten wilde Tiere, um sie als Nutzvieh zu halten und zu züchten.

1. Du gehörst zu einer Familie von Jägern und Sammlern. Beschreibe einen Tag in deinem Leben. (T1)

2. Ein Bauer der Jungsteinzeit begegnet einem Sammler und Jäger. Worauf ist er dem Jäger gegenüber stolz? (T2)

3. Fertige eine Tabelle an: Wasser, Luft, Boden. Trage ein, wofür wir Menschen sie brauchen und warum sie für uns lebenswichtig sind. Vielleicht sammelt ihr auch gemeinsam Ideen.

Zwar lebten die Menschen noch immer mit dem Kreislauf der Jahreszeiten, doch hing jetzt ihr Überleben eher davon ab, wie gut sie den Wäldern fruchtbaren Boden abringen konnten und sich und ihre Felder gegen wilde Tiere schützten. Sie lebten nicht mehr als Teil der ganzen Natur, sondern versuchten so viel wie möglich von ihr zu beherrschen.

T3 Folgen

Wenn das Getreide oder Gemüse nicht mehr genug wuchs, weil die Böden verbraucht waren, dann rodeten die Menschen weitere Teile des Waldes. Große Waldflächen wurden verbrannt. Die großen Lindenwälder, die es früher in Deutschland gab, sind auf diese Weise verschwunden. Dort fanden die jungsteinzeitlichen Bauern nämlich den für sie besten Ackerboden.

T4 Und heute?

Im weiteren Verlauf der Geschichte hat der Mensch es immer besser gelernt, der Natur viele Schätze abzugewinnen, die er gut brauchen konnte: Bauholz, Erze, riesige Ackerflächen, Wasser nicht nur zum Trinken, sondern auch zur Kühlung und Reinigung in der Industrie. Während sich die Menschen der Altsteinzeit der Natur anpassten, scheinen wir heute die Natur zu beherrschen. Wir nutzen, was uns die Natur gibt: das Wasser, den Boden, die Luft.
Und wir gehen oft nicht sorgfältig damit um: Wälder sterben, weil die Luft verschmutzt ist, wir verunreinigen und vergeuden Wasser, wir machen Böden unbrauchbar durch Überdüngung. Die Böden versalzen, wenn wir sie ständig künstlich bewässern.
Das ist gefährlich, denn ohne sauberes Wasser, reine Luft und gesunde Böden können die Menschen auf Dauer nicht leben.

M2 Modell einer Siedlung aus der frühen Jungsteinzeit im Merzbachtal bei Düren (etwa 5 300 v. Chr.). Die Siedlungsinseln im Laubwald sind gut zu erkennen.

M3 Modelle von Langhäusern mit den Gärten für das Gemüse (Jungsteinzeit). Archäologen haben im Boden die Pfostenlöcher der tragenden Balken gefunden. Daher weiß man, dass die Häuser über 20 m lang und 6 m breit waren.

4. Wie veränderte sich das Verhältnis der Menschen zur Natur von der Altsteinzeit zur Jungsteinzeit? Beschreibe genau und nenne Beispiele. (T1, T2)

5. Alles Fortschritt? Nenne Nachteile und Gefahren unseres jetzigen Umgangs mit der Natur. (T4)

*
6. Informiere dich über Naturschutz- und Umweltschutzorganisationen im Internet. Gib die Begriffe in eine Suchmaschine (z. B. google, yahoo) ein.

Spuren

**Wie die altsteinzeitlichen Jäger und Sammler dachten, darüber gibt es nur wenige Funde.
Doch gibt es auch heute noch Menschen, die uns darüber Auskunft geben können.**

**T1 Jäger und Sammler in der Altsteinzeit –
Wildbeuter heute**

Vor allem in Teilen Afrikas, Südamerikas und Australiens leben Menschengruppen, die so leben wie in Europa die steinzeitlichen Jäger und Sammler.
Sie erzählen Wissenschaftlern, wie sie denken, was sie fühlen und welche Vorstellungen sie über das Leben und die Welt haben. Die Wissenschaftler vergleichen diese Kenntnisse mit dem, was sie über die Steinzeitmenschen wissen und lernen dabei auch sehr viel über die Wildbeuter.
Diese wissen sehr viel über die Natur und erkennen kleinste Veränderungen. Die Wildbeuter beobachten die Natur genau. Dadurch wissen sie sehr früh, ob sich das Wetter ändert oder ob es nicht weit entfernt eine Quelle gibt. An den Spuren erkennen sie, ob ein Raubtier in der Nähe ist.

T2 Gefahren

Diese Menschen sind in ihrer Lebensweise ebenso gefährdet, wie die steinzeitlichen Jäger und Sammler in Europa.
Früher rodeten die Bauern immer mehr Wald und verscheuchten die Tiere, von denen die Jäger und Sammler lebten. Heute wird durch die Rodung von Urwald, das Abholzen von Wäldern, der Lebensraum der Wildbeuter ständig kleiner.

M1 Die Frau eines Buschmannstammes in Südafrika ist als Sammlerin unterwegs.

M2 In Ozeanien leben die Riffinselbewohner noch genau so wie ihre Vorfahren vor tausenden von Jahren.

1. Suche im Atlas die Regionen auf, in denen die hier vorgestellten steinzeitlich lebenden Menschen leben.

2. Lies die Geschichte M4. Was kann die Familie des Jungen ohne Namen besonders gut?

3. Wie lebt diese Familie? Ist sie zufrieden?

M 3 Die Bambuti leben in Afrika. Werkzeuge und Waffen stellen sie aus Stein her. Sie leben als Jäger und Sammler. Finden sie an ihrem Lagerplatz keine Nahrung mehr, ziehen sie weiter und schlagen dort ein neues Lager auf, wo sie Nahrung finden.

< Extra >

M 4 Das Buch von Peter Seeber „Der Junge ohne Namen" erzählt von der Begegnung einer kleinen Familie von Jägern und Sammlern mit den Bauern: Längst sind der Ackerbau und die Viehzucht auf dem Vormarsch. Viele Wälder wurden bereits gerodet. Die Nahrung wird für die Jäger und Sammler knapp. Deshalb gibt es nur noch wenige Menschen vom Stamm der „Baummarder" ...

„Ach, wie geschickt die Mutter doch war, jedes Mal fand sie etwas. Sogar im tiefsten Winter scharrte sie an bestimmten Stellen, die sie genau kannte, den Schnee weg und fand irgendwelche Beeren. Sie war so
5 geschickt, und die Schwester stand hinter ihr und sagte nichts, denn was hatte sie gefunden?
Sie hatte unter der Kiefernrinde sieben flache Käfer gefunden.
„Aber die habe ich gleich gegessen", sagte die Mutter
10 und lachte breit. Doch dann wurde sie aufgeregt.
Sie hatten Hirschspuren entdeckt. Es musste ein großer Hirsch sein, denn die Spuren waren tief und breit.
Der Vater hörte zu und wandte sich ab.
„Hirsche sind zu groß", sagte er, als die Mutter drängte.
15 „Viele Tagemärsche gehen sie, quer über die Felder der Bauern, der Hirsch kann laufen, wo er will, wir nicht mehr."
Unsicher schaute er den Jungen an, und der Junge sah die Trauer in seinem Blick.
20 „Kleine Hasen", sagte der Vater, „kleine Hasen in Schlingen und Fallen und Vögel, aber Hirsche ..."
Er wandte sich ab.
Sie waren auch auf Menschenspuren gestoßen, waren ihnen unauffällig gefolgt bis zu einem Acker, wo sie ei-

25 nen Bauern gesehen hatten, eingehüllt in sein Wams und mit einer Kapuze auf dem Kopf war er auf dem Weg zum Dorf, wo der Rauch aus allen Dächern aufstieg. Er hatte sie nicht gehört. Es war so einfach, einen Bauern zu überlisten.
30 „Sie haben Ohren wie wir", sagte die Schwester, „aber sie hören nichts."
„Sie verlieren von dem Gebrüll ihrer Tiere das Gehör", sagte der Vater, „sie riechen nicht mehr den Duft der Blumen und erkennen nicht den Geruch des Wilds,
35 weil sie in Rauch- und Mistgestank leben. Keiner von ihnen versteht es, mit einem Vogel zu sprechen, keiner kann einen Fisch anrufen. Für Brot und Käse mühen sie sich ab und lassen einander schuften und wissen nicht, was die Welt ist."
40 Sie schauten den Vater an und wollten mehr hören.
„Sie haben uns aus unseren Jagdgründen vertrieben. Sie brennen den Wald ab um des Brotes willen und vermehren sich und zeugen und schaffen riesige Sippen. Und wo bleiben wir? Wo haben wir Verwandte,
45 wo sind die anderen von unserem Volk? Zur Zeit meiner Eltern waren wir viele, zur Zeit meiner Großeltern gab es noch dichte Wälder, und die Hirsche tranken im Sommer in den Waldniederungen. Früher, als unser Clan entstand, waren wir hier die Menschen. Aber die
50 Bauern lassen uns nicht leben. Welche Absprachen wir auch treffen, sie brechen alle. Sie brennen die Wälder nieder und für die Nester der Vögel gibt es bald keinen Zweig mehr ..."

4. Warum ist es für sie so einfach einen Bauern zu überlisten? Wie hat sich sein Leben gegenüber dem der Jäger und Sammler verändert?

*
5. Können die Sammler und Jäger wirklich mit den Fischen und Vögeln sprechen? Was könnte gemeint sein?

*
6. Was halten die Jäger von den Bauern?

Erste Städte entstehen

Während sich Ackerbau und Viehzucht allmählich in Europa verbreiteten, entstanden in den Gebieten des „fruchtbaren Halbmonds" die ersten Städte.

T1 Das Zwei-Strom-Land
Zwischen der Wüste der arabischen Halbinsel und den Gebirgen im Nordosten fließen die Flüsse Euphrat und Tigris in Richtung Persischer Golf. Das Wasser dieser beiden Flüsse sorgt dafür, dass die Menschen in dieser sonst trockenen Gegend sehr fruchtbare Äcker anlegen konnten. Bereits um 10 000 v. Chr. begannen hier die Menschen mit dem Feldbau, züchteten Tiere und wurden sesshaft.

T2 Die Sumerer
Um 3 500 v. Chr. wanderten Völker unbekannter Herkunft in das Land der Bauern und Nomaden ein. Sie übernahmen deren Kenntnisse der Töpferkunst, der Landwirtschaft und der Viehzucht und entwickelten sie weiter. Sumer bedeutet „Kulturland". Und wirklich haben die so bezeichneten Sumerer große Fortschritte in der Bewirtschaftung des Ackers gemacht.

T3 Zusammenarbeit ist wichtig
Die Flüsse brachten zwar viel Wasser, doch kamen die Überschwemmungen durch die Schneeschmelze nicht regelmäßig. Deshalb bauten die Sumerer große Rückhaltebecken und ein verzweigtes Netz von Bewässerungsgräben.

Die Planung, der Bau und die regelmäßige Reinigung der Kanäle erforderte eine genaue Zusammenarbeit der Menschen. Es war deshalb günstig, wenn die Menschen an einem Ort zusammen lebten, um die notwendigen Arbeiten gemeinsam zu verrichten.

T4 Eine Kultur entsteht
Die Sumerer machten die Erfahrung, dass es leichter ist Dinge zu behalten, Aufträge weiter zu geben und Wissen aufzubewahren, wenn man dieses aufzeichnet. Sie entwickelten nämlich eine Schrift, aus der sich später die Buchstabenschrift entwickelte. Sie erfanden viele technische Geräte, so auch das Rad und nutzten Haustiere als Zug- und Arbeitstiere.
Sie beobachteten den Sternenhimmel genau und brachten die ersten Mathematiker hervor. Sie hatten eine eigenständige Religion, auf die spätere Völker aufbauten. Sie bauten zwar fast ausschließlich mit Lehm, doch gelangen ihnen damit große mehrstöckige Bauten. Sie waren es auch, die zuerst Gewölbe bauten.

M1 Das Zwei-Strom-Land im fruchtbaren Halbmond (um 2 000 v. Chr.)

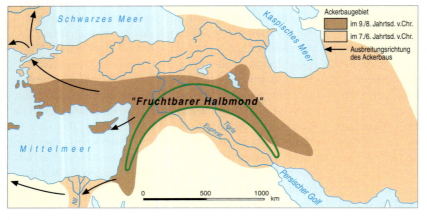

1. Arbeite mit der Karte: Zu welchen Staaten gehört das Zweistromland heute?

2. Erkläre, warum es in einem solchen trockenen Gebiet fruchtbares Land geben kann.

3. Welche Arbeiten mussten die Sumerer in gemeinschaftlicher Arbeit leisten, um ausreichend Nahrung zu haben?

M 2 Die Entdeckung der Milchverarbeitung war den Sumerern so wichtig, dass sie sie auch kunstvoll abbildeten. Hier wurden das Melken und die Milchverarbeitung in Kalkstein gemeißelt (um 3 000 v. Chr.).

T 5 Städte entstehen

Die Siedlungen wurden größer und ihre Bewohner bildeten durch ihre Zusammenarbeit einen engen Zusammenhalt. Es gab jetzt nicht nur Bauern, Hirten und Fischer in den Städten. Auch Handwerker stellten aus den verschiedensten Materialien Gebrauchsgegenstände, aber auch Schmuck, Mosaike und Figuren her. Händler kauften und verkauften Waren. Verwaltungsbeamte sorgten für die Organisation der Bewässerung, der Ernte und der Verteilung der Nahrungsmittel. Priester sollten für das Wohlwollen der Götter sorgen.

Im Vergleich zu den Hirten der Umgebung waren diese Städte sehr reich. Um sich vor möglichen Eindringlingen und Überfällen zu schützen umgaben sich die Städte mit festen Mauern und ließen sie von Soldaten bewachen.

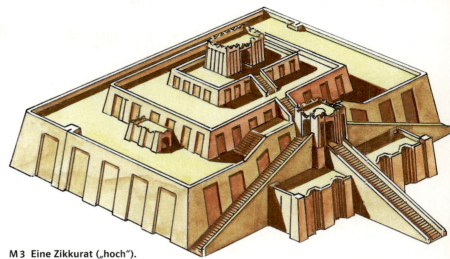

M 3 Eine Zikkurat („hoch"). Rekonstruktionszeichnung. Ganz oben in der Mitte steht der eigentliche Tempel. Eine solche Zikkurat hat man in Ur freigelegt und restauriert. Später wurde von einer riesigen achtstufigen Zikkurat in Babylon berichtet.

T 6 Mittelpunkt der Stadt

Im Mittelpunkt jeder Stadt stand der Tempel. Es war dies ein mehrstufiger Tempelturm aus Lehm. Bereits in den Anfängen war er oft mehr als 20 Meter hoch: die Zikkurat. Diese Tempel waren aber nicht nur das Zentrum der Religion, in dem der jeweilige Stadtgott neben den anderen Göttern verehrt wurde. Hier wurden auch die Ernteerträge gesammelt und aufbewahrt und an die Menschen in der Stadt verteilt. Vom Tempel aus wurde die Stadt auch regiert. Der Stadtfürst war zugleich oberster Priester.

Bedeutung	Sumerisch	
Kopf		
Pfeil		
Rind		
Korn		
Erde, Land		
Himmel, Gott		

M 4 Keilschriftzeichen der Sumerer

4. Wir kennen heute viele Lebensmittel, die man aus Milch herstellen kann. Finde so viele Milchprodukte wie möglich und schreibe ihre Namen auf.

∗
5. Nenne die kulturellen Leistungen der Sumerer. Dazu gehören auch technische Leistungen.

∗
6. Beschreibe Aussehen und Bedeutung des Mittelpunktes einer alten sumerischen Stadt.

Wie war das nochmal?

1. Begriffe zuordnen

Schreibe die Sätze ab und setze richtig ein.

Lucy ist ein … .
Ein wichtiges Kennzeichen hierfür ist der … .
Den nächsten Entwicklungsschritt in Richtung des Jetztmenschen stellen die … dar.
Sie sehen uns noch ähnlicher und stellten schon … her.
Das Material dafür bestand hauptsächlich aus … .
Eine bekannte Art der frühzeitlichen Menschen ist nach einem Tal in der Nähe von Düsseldorf benannt.
Sie heißen … .

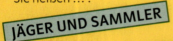

JÄGER UND SAMMLER

VORMENSCH

FEUERSTEIN

FRÜHMENSCHEN

WAFFEN UND WERKZEUGE

NEANDERTALER

AUFRTECHE GANG

2. Wörter versteckt

a) Richtige Bezeichnung für einen „Geschichtsdetektiv".
b) So etwas wird gebaut, um sich Geräte, aber auch Häuser der damaligen Zeit besser vorstellen zu können.
c) Wichtiges Metall, glänzt wie Gold und ist härter als Kupfer.
d) Älteste Frau der Welt.
e) Ein Beruf, der erst in der Metallzeit entstand.
f) Dieser Werkstoff, der erst bei etwa 1400 °C schmilzt, eroberte und veränderte die Welt.
g) „Geschichtsdetektive" sichern Spuren, bauen Sachen nach und führen … durch.
h) Wahrscheinlich glaubten viele Menschen schon jener Zeit, dass der Tod wie ein … sei. (Achtung! Rückwärts lesen.)

A	B	C	K	L	U	C	Y	R	T	I
R	O	P	A	D	S	M	U	N	X	K
C	S	H	C	R	C	E	L	S	H	O
H	M	E	B	T	H	X	V	C	P	O
Ä	Ä	D	R	M	F	A	L	H	C	S
O	E	M	O	D	E	L	L	M	U	R
L	D	P	N	L	H	U	W	I	N	D
O	G	L	Z	E	U	N	L	E	S	R
G	H	O	E	I	S	E	N	D	E	U
E	X	P	E	R	I	M	E	N	T	E

Wichtige Begriffe:

Werkzeuge

Neandertal

Faustkeil

Lucy

Jäger und Sammler

46

3. Silbenrätsel

Finde die richtigen Begriffe.

a) Wichtiges Werkzeug der Menschen der Altsteinzeit.
b) Es erleichterte den Menschen dieser Zeit das Leben sehr.
c) Dieser lange und schreckliche Winter dauerte etwa 100 000 Jahre.
d) Dieser nahe Verwandte des Jetztmenschen lebte auch in einem Tal in der Nähe von Düsseldorf.
e) Dieses große Tier war eines der bevorzugten Beutetiere der Menschen damals.
f) Später wurden die Menschen sesshaft. Sie wurden … .
g) In dieser Epoche wurden wichtige Dinge wie das Rad, der Webstuhl und das Töpfern erfunden.
h) In dieser Zeit entstanden auch die ersten verschiedenen Berufe. Bezeichnung für diese Entwicklung.

an – ar – bau – beits – der – eis – er – er – faust – feu – jung – keil – ler – lung –mam – mut – ne – stein – ta – tei – zeit –zeit

4. Bilderrätsel

Löse das Bilderrätsel und erkläre den gesuchten Begriff.

a)

b)

c)

Kulturen

Altsteinzeit

Vormenschen

Arbeitsteilung

Zwei-Strom-Land

Jungsteinzeit

3 Frühe Hochkultur

An den Ufern des Nils, des längsten Flusses der Erde, entstand vor mehreren tausend Jahren das Reich der Alten Ägypter. Auch wenn die Pharaonen schon lange nicht mehr regieren, sind viele Menschen noch immer davon beeindruckt, was an Resten aus dieser Zeit zu bestaunen ist. Sicher denken viele von euch sofort an Pyramiden und Mumien. Heute kann man in Museen die kostbaren Schätze der Ägypter bewundern und noch immer erscheinen die Schriftzeichen der Ägypter spannend und geheimnisvoll.

Bezug zu heute

Sehenswürdigkeiten wie die ägyptischen Tempel ziehen heute Touristen an.
Der Tourismus ist wichtig für Ägypten.

Geschichte erleben

Chronologie

ca. 5 000 v. Chr.
Menschen siedeln im Niltal.
Ägypten ist eine Flussoase.

ca. 3 000 v. Chr.
Die Ägypter entwickeln eine Schrift.
Schreiber war ein wichtiger Beruf.

Mumien stehen
für den Totenkult
in Ägypten.

Der Nil sichert
heute wie früher
die Ernten
der Menschen.

ca. 2 500 v. Chr.

Die Pyramiden von Gise
werden erbaut.
Die Pharaonen
erhalten prachtvolle
Grabstätten.

**ca. 1 600 –
1 000 v. Chr.**

Mächtige Pharaonen
regieren im Neuen Reich.
Der Pharao stand
an der Spitze
der Gesellschaft.

Hieroglyphen – geheime Zeichen

**Ein Schreiber war in Ägypten ein sehr angesehener Mann.
Schon als Schüler musste er viele geheimnisvolle Zeichen, die Hieroglyphen, erlernen.**

T1 Eine Schrift wird notwendig

Vor 5000 Jahren entwickelten die Ägypter ihre Schrift.
Dies war eine enorm wichtige Erfindung: Die Bevölkerung wuchs und viele Dinge mussten geplant und
schriftlich festgehalten werden. Es war nun möglich,
genaue Listen über die Ernte, die Vorräte und die
Abgaben der Bauern zu erstellen. Auch für die Bau-
planung großer Gebäude war die Schrift von Nutzen.
Befehle des Pharaos konnten leichter verbreitet werden.

T2 Hieroglyphen – „heilige Zeichen"

Durch die Schrift sind wichtige Aufzeichnungen der
Ägypter bis heute erhalten. Neben einer einfacheren
Schrift gab es eine Bilderschrift. Hieroglyphen – „heilige
Zeichen" nannten die Griechen diese Zeichen: Sie selbst
konnten sie nicht verstehen. Erst 1822 wurde die Bilderschrift von einem französischen Wissenschaftler ent-
schlüsselt. Mit dem Namen „Hieroglyphen" lagen die
Griechen gar nicht so falsch: Vieles, was mit der Religion der Ägypter zu tun hatte, wurde in der Bilderschrift aufgezeichnet.

T3 Die Schreiber und ihre Schule

Für die einfachere Alltagsschrift wurde Papyrus als
Schreibmaterial benutzt. Der Schreiber war in Ägypten
ein besonders erstrebenswerter Beruf. Jeder durfte
diesen Beruf erlernen. Wer aber zum Schreiber ausgebildet wurde, musste eine besondere Schule besuchen.
Diese Schule war sehr streng. Wer nicht gehorchte,
wurde sogar geschlagen. Ein ausgebildeter Schreiber
war in Ägypten ein wichtiger und angesehener Mensch,
dem es gut ging: Schreiber hatten meistens große
Häuser, gute Kleidung und mussten nur selten Hunger
leiden. Auch wenige Frauen erlernten das Schreiben.

M1 Figur eines Schreibers (bemalter Kalkstein, um 2500 v. Chr.).
Auf seinen Knien hält der Schreiber eine Papyrusrolle.

M2 Gemalte Hieroglyphen aus einem Pharaonengrab.
Lange Zeit blieben solche Zeichen ein Geheimnis.
1822 konnte ein französischer Gelehrter sie entschlüsseln.

1. Schreibe mit dem Hieroglyphen-
alphabet deinen Namen. (M3)

2. Schreiber war ein sehr ange-
sehener Beruf.
Welche Vorteile hatte es, ein
Schreiber zu sein?

3. Entschlüssele die Geheim-
botschaften. (M4)

Zeichen	Dargestellter Gegenstand	Aussprache	Zeichen	Dargestellter Gegenstand	Aussprache
	Geier	a (kurz)		Löwe	l
	Bein	b		Eule	m
	Tierleib mit Ziffern	ch		Brettspiel	mn
	Hand	d		Wasser	n
	unbekannt	ch		Seil	o
	Unterarm	e		Hocker	p
	Schlange (Hornviper)	f		Abhang	p (auch k)
	Krugständer	g		Mund	r
	Hof	h		gefalteter Stoff	s (stimmlos)
	Docht	h		Teich	sch
	Schilfblatt	i oder j		Brotlaib	t
	Korb	k		Wachtel-küken	w oder u
	Wörter, die mit Bewegung zu tun haben			Deutzeichen Mann-Frau	

M 3 Hieroglyphenalphabeth für die Schule

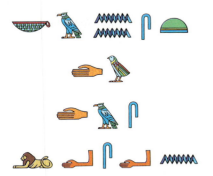

M 4 Ihr könnt auch selbst kleine geheime Botschaften schreiben. Falls euch Zeichen für bestimmte Laute fehlen, dann sucht in der Tabelle Laute, die so ähnlich klingen. Die ägyptischen Schreiber haben es genauso gemacht.

Lexikon

Hieroglyphen

Es war nicht einfach, die Bedeutung der Bildzeichen herauszufinden: Die Zeichen können für das stehen, was sie abbilden oder aber für einzelne Buchstaben. Es gibt keine Satzzeichen. Es konnte von links nach rechts, von rechts nach links und sogar von oben nach unten geschrieben werden. Als Hilfe dienen die gezeichneten Menschen und Tiere: Sie blicken immer zum Wortanfang.

M 5 Das Zeichen für „Schreiber" oder „schreiben" erinnert an das Werkzeug eines Schreibers.

M 6 Die Deutzeichen wurden bei Namen oder Berufsbezeichnungen hinzugefügt. So konnte man erkennen, ob ein Mann oder eine Frau gemeint war. Der Name eines Pharaos wurde immer mit einem Ring umgeben. Auch Zahlen wurden in Hieroglyphen geschrieben.

***
4.** Schreibt mit Hieroglyphen geheime Briefe und tauscht sie untereinander aus. Versucht dann, die Briefe zu lesen! (M 3)

***
5.** Erkläre, warum sich in Ägypten die Schrift entwickelte. (T 1, T 2)

Ägypten – Leben am Nil

**Der Nil ermöglichte es den Ägyptern, auf ihren Feldern Nahrung anzubauen.
Der Fluss brachte aber auch neue und schwere Aufgaben mit sich.**

T1 Der Nil – eine Flussoase
Das Leben der Menschen in Ägypten wurde bestimmt durch den größten Fluss Afrikas: Der Nil ist in Ägypten noch heute wichtig für Landwirtschaft und Energiegewinnung. Vor 10 000 Jahren wurde die Sahara zur Wüste. Den Menschen blieb aber inmitten dieser Wüste eine fruchtbare Flussoase an den Ufern des Nils. Zunächst mussten die Bewohner Ägyptens Sümpfe trocken legen, um überhaupt etwas anbauen zu können. Lange Zeit bestand die Bevölkerung Ägyptens vor allem aus Bauern.

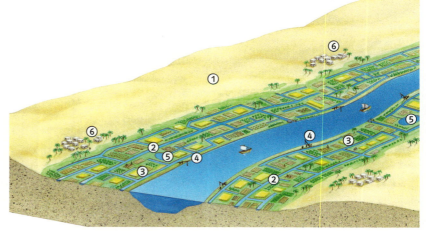

M2 Der Nil nach der Flut
1 Wüste
2 In Kanälen wird das Wasser aus dem Nil oder den Vorratsbecken zu den Feldern transportiert
3 bewässerte Felder
4 Schöpfwerke werden benutzt, um Wasser in höher gelegene Kanäle zu befördern
5 Wasservorratsbecken
6 Dörfer liegen zum Schutz vor dem jährlichen Hochwasser höher und hinter den Feldern

M1 Aus Wandbildern, Aufzeichnungen und Grabbeigaben wissen wir heute, was die Ägypter anbauten: Getreide, Zwiebeln, Datteln, Trauben und Palmfrüchte. Aus Getreide wurde Brot, aber auch Bier hergestellt. Die Früchte wurden sowohl frisch als auch getrocknet gegessen.

T2 Der Nil sichert die Nahrung
Die Bauern benötigten in der trockenen Umgebung Wasser, um ernten zu können, was sie angebaut hatten. Wir wissen heute, dass die Menschen Getreide, Zwiebeln, Datteln, Trauben und Palmfrüchte anbauten. Auch Fisch stand auf der Speisekarte, während Fleisch wohl seltener gegessen wurde. Um eine reiche Ernte zu sichern, musste den Feldern regelmäßig Wasser zugeführt werden. Dieses Wasser bot der Nil mit seinem jährlichen Hochwasser. Es gelang den Ägyptern, dieses Wasser in Vorratsbecken zu sammeln und es über Kanäle mit Schöpfwerken zu den Feldern zu bringen. Solche Schöpfwerke, die Shadufs, werden in Ägypten heute noch genutzt. Doch nicht nur das Wasser war wertvoll: Mit dem Hochwasser gelangte schwarzer Nilschlamm auf die Felder. Dieser Schlamm war ein sehr guter Dünger.

1. Beschreibe, warum der Nil für die Ägypter von so großer Bedeutung war. (T1–T3)

2. Schlage im Atlas nach, wo die Quellen des Nils liegen.

3. Erkläre, wie das Wasser vom Nil auf die Felder gelangt. (T2, M2)

M3 **Das Wandgemälde aus dem Grab des Ipui zeigt ein Shaduf.** Mit diesem Gerät konnten Gärten und Felder bewässert werden.

T3 Die Menschen erwarten das Hochwasser

Das Hochwasser des Nils fiel jedes Jahr mit dem Auftauchen eines bestimmten Sterns zusammen. Erschien der Sirius am Himmel, konnten die Menschen bald mit dem Hochwasser rechnen. Die Ägypter gestalteten sogar ihren Kalender nach dem Auftauchen dieses Sterns. War das Wasser nicht so hoch wie erwartet, drohten den Menschen schlechte Ernten und Hungersnöte.

Konnte das Hochwasser dagegen gut genutzt werden, wurde auf dem fruchtbaren Land so viel angebaut und geerntet, dass nicht mehr so viele Menschen in der Landwirtschaft tätig sein mussten und andere Berufe ergreifen konnten. Mit dem Wissen um das regelmäßige Hochwasser konnten die Menschen planen: Felder mussten vermessen und Vorräte angelegt werden. Außerdem konnte man die Dörfer vor gefürchteten Überschwemmungen schützen.

M4 **Noch heute wird das Shaduf zum Wasserschöpfen benutzt.**

4. Erstelle zwei Listen:
Welchen Nutzen hatte das Hochwasser?
Welche Gefahren waren mit dem Hochwasser verbunden?
(T2, T3)

***
5.** Du berätst den König.
Durch den Kalender weißt du, dass das Hochwasser bevorsteht. Berichte dem König, was für die nächsten Monate geplant werden muss.

Der Nil stellt Aufgaben

**Wenn heute ein Fluss über seine Ufer tritt, sind die Menschen sehr besorgt.
Für die Ägypter hatte das Hochwasser des Nils eine ganz andere Bedeutung.**

T1 Das Hochwasser
Im März beginnt in Ostafrika die Regenzeit. Die Quellflüsse des Nils bringen dann große Wassermassen mit sich. Der Sirius erscheint um den 15. Juni. Der Nil schwillt an und führt ab Mitte Juli Hochwasser. Dieses Hochwasser bleibt bis Ende September. Mit dem Hochwasser brachte der Nil etwas, was den Ägyptern sehr wertvoll war: den schwarzen Nilschlamm. Dieser sehr fruchtbare Schlamm blieb nach dem Absinken des Wassers zurück. Um möglichst viel davon zu halten, wurden schon vor dem Hochwasser Erdwälle um die Felder angelegt. Die Ägypter nannten ihr Land „kehmet" – schwarzes Land, da dieser Schlamm die Felder dunkel färbte.

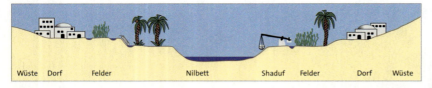

M1 Der Nil im März (oben) und der Nil im August (unten)

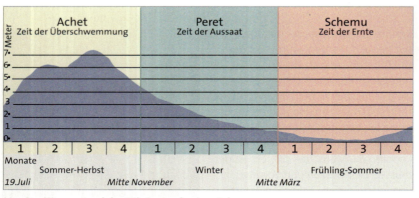

M2 Der Wasserstand des Nils im Laufe eines Jahres.

M3 Der Nil hat die Felder überschwemmt. Zurück bleibt fruchtbarer schwarzer Schlamm.

1. Beschreibe, wie sich der Nil im Laufe des Jahres verändert. (T1, M1, M2)

2. Welche Aufgaben der Bauern kannst du auf M4 erkennen? Welche dieser Aufgaben sind mit harter körperlicher Arbeit verbunden?

3. Die Statistik zeigt dir, wie hoch der Nil in den unterschiedlichen Monaten stand.
Finde heraus:
a) Wann stand der Nil am höchsten?
b) Wann war der Wasserstand am niedrigsten?
(M2)

4. Mit welchen Arbeiten waren die Monate verbunden?

5. Beschreibe mit eigenen Worten, wie der Grieche Herodot die Feldarbeit der Ägypter beurteilt. (M6) Wie schildert der ägyptische Schreiber das Leben der Bauern? (M5)

M 4 Bauern bei der Feldarbeit. Ausschnitt eines Grabgemäldes aus Theben (um 1600 v. Chr.).

T 2 Nach dem Hochwasser

Nach dem Rückgang das Wassers begann die Arbeit auf den Feldern: Ab Oktober mussten die Bauern säen und die Felder bewässern. Ab Mitte März konnte mit der Ernte gerechnet werden. Der Unterschied zwischen dem niedrigsten und dem höchsten Stand des Nils betrug etwa fünf Meter. Die Ägypter wussten um den Nutzen des Wassers, waren sich jedoch auch der Gefahren durch die Überschwemmung bewusst. Es galt also, eine möglichst große Ernte zu erzielen, gleichzeitig aber die Häuser vor dem Wasser zu schützen.

T 3 Planen und organisieren

Nahrung für alle – den Bauern kam hier die größte Bedeutung zu. Sie konnten die Vorzüge des Nilhoch-wassers nutzen, waren aber auch stark vom Wasser abhängig. Blieb das Wasser aus, war mit schlechten Ernten und Hunger zu rechnen. Ihr Leben war geprägt von harter Arbeit, und einen großen Teil der Ernte erhielt der Pharao.

M 5 Ein ägyptischer Schreiber schildert das Leben der Bauern:

99 Der Wurm hat die eine Hälfte des Korns geraubt, das Nilpferd hat die andere gefressen. Viele Mäuse gibt es auf dem Felde, die Heuschre-
5 cke ist niedergefallen, das Vieh hat gefressen, die Sperlinge stehlen. Oh, wehe den Bauern! Der Rest, der auf der Tenne liegt, dem haben die Diebe ein Ende gemacht. (…) Da lan-
10 det der Schreiber am Uferdamm und will die Ernte eintreiben. (…) Sie sagen: „Gib Korn her!" Ist keins da, so schlagen sie den Bauern. 66

M 6 Der griechische Geschichtsschreiber Herodot (ca. 485 – 425 v. Chr.) besuchte Ägypten und äußerte sich über das Leben der Bauern:

99 Es gibt kein Volk auf Erden, auch keinen Landstrich in Ägypten, wo die Früchte des Bodens so mühelos gewonnen werden wie hier. Sie
5 haben es nicht nötig, mit dem Pfluge Furchen in den Boden zu machen. Sie warten einfach ab, bis der Fluss kommt, die Äcker bewässert und wieder abfließt. Dann besät jeder
10 sein Feld und treibt die Schweine darauf, um die Saat einzustampfen, wartet ruhig die Erntezeit ab, drischt das Korn mithilfe der Schweine aus und speichert es auf. 66

---

*
6. Fertige eine einfache Tabelle an, die mit dem Monat Januar beginnt und mit dem Monat Dezember endet. Übernimm dann die Werte aus der Statistik. (M 2)

*
7. Was hätte wohl ein ägyptischer Bauer dem Griechen Herodot geantwortet?

*
8. Betrachte die Grabmalerei (M 4). Was fällt dir auf, wenn du die Darstellung der Menschen beschreiben sollst? Wie sind sie abgebildet?

Anchu ist ein Sklave

**Der Arbeitstag eines Sklaven in Ägypten beginnt früh und endet spät.
Wie wird es Anchu ergehen?**

T1 Anchu

An einem glühend heißen Sommertag im Jahre 1370 v. Chr. kann der Junge Anchu eine kleine Pause bei seiner staubigen Arbeit einlegen. Er gehört zur Dienerschaft des reichen Händlers Ramoses und geht den älteren Hausdienern bei den Reinigungsarbeiten zur Hand. Er muss arbeiten, obwohl er noch ein Kind ist – und er weiß, dass er für diese Arbeit niemals bezahlt werden wird. Anchu ist ein Sklave und er gehört seinem Herrn, so wie die Waren, die Ramoses mit von seinen Reisen bringt. Sein Herr hat seine Mutter Dinihetiri auf dem Sklavenmarkt gekauft. Da sie Sklavin ist, werden auch ihre Kinder als Sklaven geboren.

M1 Der Pharao nahm in der Gesellschaft den wichtigsten Platz ein. Er stand an der Spitze. Alle anderen Untertanen dienten dem Pharao und standen unter ihm.

T2 Itjai

Anchu weiß auch, dass er fleißig sein muss. Er kann verkauft, vererbt oder sogar verschenkt werden. Er hat aber keine Wahl, wegzulaufen hätte keinen Sinn. Sicher würde er wieder eingefangen und hart bestraft. Wohin sollte er auch gehen? Seine Schwester Itjai hat die Hoffnung auf ein freies Leben: Heiratet ein freier Bürger die Sklavin, wird auch sie frei. Und einem Neffen von Ramoses gefällt sie sehr gut. Dennoch hört man von Anchu nicht viele Klagen: Er wird gut behandelt, sein Herr schlägt seine Sklaven nicht so, wie andere Herren das tun. Bald darf Anchu sogar das Schreiben erlernen, um die Warenlisten seines Herrn führen zu können.

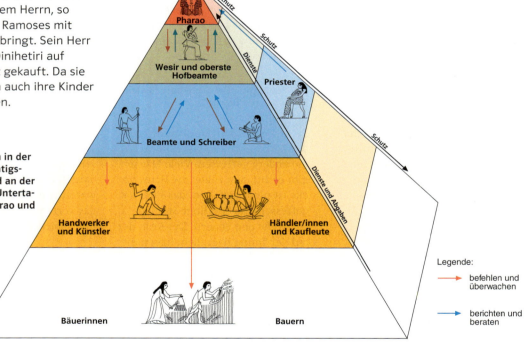

Legende:

→ befehlen und überwachen

→ berichten und beraten

---

1. Beschreibe das Leben Anchus: Welche Arbeiten muss er machen? Was kann ihm geschehen, wenn er nicht fleißig ist? Wie geht es ihm bei Ramose?

2. Sklaverei ohne Ende? Erkläre, wie Anchu zum Sklaven wurde und welche Möglichkeit es gibt, wieder ein freier Mensch zu werden

3. Liste die verschiedenen Gruppen der Bevölkerung in einer Tabelle auf. (M1)

M 2 Sklaven mussten auch mit Strafen rechnen.

T 3 Dinihetiri

Seine Mutter Dinihetiri hat dagegen schlimme Dinge hinter sich gebracht: Sie wurde von einem Sklavenhändler aus Syrien nach Ägypten verschleppt und mit einem Brandmal als Sklavin gekennzeichnet, bevor Ramoses die Frau auf dem Markt gekauft hat. Nun arbeitet sie für ihren Herrn in der Küche. Dinihetiri weiß, dass viele Sklaven ein schlimmeres Leben führen müssen und zu harter

und gefährlicher Arbeit, etwa im Bergbau, gezwungen werden. Doch auch sie ist von ihrem Herrn abhängig und hat nur sehr eingeschränkte Rechte.

Lexikon

Hierarchie
Jeder Ägypter hatte in der Gesellschaft seinen Platz. Ob er viel oder wenig Macht hatte, hing von der Rangordnung ab. Die Griechen nannten so eine Ordnung „Hierarchie", eine heilige Ordnung. Der Rang wurde in der Gesellschaft dadurch bestimmt:
– ob man arm oder reich war
– ob man viele oder wenige Rechte hatte,
– ob man hohes oder niedriges Ansehen hatte.

M 6 Viele Sklaven waren im Bereich der Landwirtschaft tätig.

M 3 M 4 M 5

M 3 In diesem Gefäß wurde ägyptische Salbe oder Creme aufbewahrt. Das Gefäß zeigt die Gestalt einer Dienerin.

M 4 Reiche und mächtige Mitglieder der Gesellschaft hatten viele Diener und Sklaven, die für alle Arbeiten herangezogen wurden.

M 5 Korn mahlende Dienerin

---

* **4.** Stelle mithilfe von Pfeilen in der Tabelle dar, wer über wen in Ägypten Macht hatte. Unterstreiche die mächtigste Person rot.

* **5.** Erläutere, warum die Gesellschaft des Alten Ägypten oft in der Form einer Pyramide dargestellt wird.

* **6.** Die Sklaven erscheinen in dieser Pyramide nicht einmal. Erläutere.

Frauen in Ägypten

**Frauen hatten in Ägypten viele Aufgaben zu erledigen.
Sie hatten aber auch mehr Rechte als Frauen in anderen Ländern.**

T1 Herodot ist erstaunt

Den griechischen Geschichtsschreiber Herodot hast
du schon kennen gelernt. Als er das Alte Ägypten
besuchte, verglich er vieles mit seiner Heimat und war
erstaunt über die Unterschiede. Auch über das Leben
der ägyptischen Frauen war Herodot verwundert.
Er fand es merkwürdig, Frauen an Marktständen zu
sehen, die Männer aber im Haus beim Weben von
Stoffen vorzufinden. Tatsächlich hatten die ägyptischen
Frauen damals mehr Rechte und Möglichkeiten als die
griechischen Frauen.

T2 Arbeit der Frauen

Texte und Bilder aus Ägypten zeigen, dass Frauen zahlreiche Berufe ausüben: Sie waren Händlerinnen, Schrei-
berinnen, Priesterinnen, Handwerkerinnen, Brauerinnen,
Bäckerinnen und Weberinnen. Sogar eine Wesirin ist
überliefert. Wir wissen heute, dass Frauen oft einfach
nur nach dem Beruf ihres Mannes bezeichnet wurden.
Die Hauptaufgabe der Frau war die Arbeit im Haus. Als
„Herrin des Hauses" war sie verantwortlich für den Haushalt und die Erziehung der Kleinkinder. Weil meistens
der Mann für den Lebensunterhalt sorgte, war die Ehefrau abhängig von ihm. Die Frau eines Bauern musste
natürlich neben den Aufgaben im Haus bei der Feldarbeit helfen. Nur wohlhabende Frauen konnten sich
Diener und Dienerinnen im Haus leisten.

T3 Rechte der Frauen

Frauen in Ägypten hatten in vielen Bereichen die gleichen Rechte wie Männer: Sie hatten eigenen Besitz
und konnten diesen vererben, sie konnten vor Gericht
auftreten und eigene Geschäfte abschließen. Dies war
bei vielen anderen Kulturen nicht möglich.

M1 Die Abbildungen zeigen Frauen, die als
Handwerkerinnen arbeiteten, etwa als Bierbrauerin oder
Parfumherstellerinnen.

M2 Um kleine Kinder kümmer-
ten sich die Frauen. In diesem
Behälter wurde Milch für ein
neugeborenes Kind aufbewahrt.

M3 Der Vorsteher Kaemheset
mit seiner Familie.
Grabstatuen wollten Paare
möglichst ideal darstellen.

1. Berichte: Welche Aufgaben und
Rechte hatten die Frauen?
Beachte dabei auch die Bilder.
(T2–T4)

2. Bearbeite die Quelle des
Gelehrten Ptahotep: Wende dabei
die W-Fragen an, die im Tipp-Kasten
stehen.

3. Erkläre aus dem Text mit
deinen eigenen Worten:
a) Was soll ein Ehemann für seine
Frau tun? (M5)
b) Was deutet im Text darauf hin,
dass dieser Umgang mit Frauen
der Normalfall war?

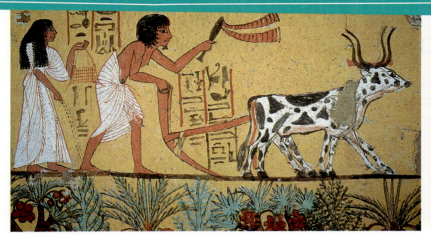

M 4 Ausschnitt aus der Malerei aus dem Grab des Sennedjem.
Das Ehepaar teilt sich die Arbeit auf dem Feld. Dieses Bild sollte dafür sorgen, dass das Paar auch im Leben nach dem Tod genug zu Essen hatte.

M 6 Diese Grabbeigabe zeigt Frauen bei der Arbeit im Haus.

‹ Extra ›

M 5 Der Schreiber Ani hat ca. 1500 v. Chr. für seinen Sohn eine Lehre verfasst:

> 99 Nimm dir eine Frau solange du jung bist; sie soll dir einen Sohn bringen und Kinder bekommen, solange du noch ein junger Mann bist. (…) Glücklich der Mann, der viele Kinder hat; er wird entsprechend seiner Kin-
> 5 derzahl geachtet. (…) Du sollst nicht deine Frau im Haus beaufsichtigen, wenn du weißt, dass sie tüchtig ist. Sage nicht: „Wo ist denn das? Bring es her!", wenn sie es an die richtige Stelle gelegt hat. Lass dein Auge sie beobachten und schweige, dann wirst du ihre Ge-
> 10 schicklichkeit kennen lernen. 66

M 7 Der Gelehrte Ptahhotep gab den Männern Ratschläge für eine Ehe:

> 99 Wenn es dir gut geht, gründe ein Haus und liebe deine Frau, fülle ihren Bauch und kleide ihren Rücken, Salben sind ein Heilmittel ihrer Glieder, erfreue ihr Herz, solange du lebst (…). Streite nicht mit ihr vor Ge-
> 5 richt. Halte sie fern, Macht zu haben. 66

Tipp

Detektive der Geschichte
Überlieferte Texte können uns helfen zu verstehen, wie Menschen früher gelebt haben. Historiker untersuchen diese Texte und stellen den Texten viele Fragen. Als Detektive der Geschichte solltet ihr zunächst folgende Fragen stellen: Wer hat den Text verfasst? Wann wurde der Text geschrieben? Was verrät dir der Text über die Vergangenheit? Warum wurde der Text geschrieben?

T 4 Mann und Frau
Eine Hochzeit wurde mit einem Fest gefeiert. Die Ehe wurde aber nicht vor einem Beamten oder in einem Tempel geschlossen. Bei einer Scheidung konnte die Frau ein Drittel des gemeinsamen Besitzes für sich beanspruchen. Darstellungen von Ehepaaren zeigen Mann und Frau oft als Partner. Ob das auch in Wirklichkeit so war, können wir nur vermuten.

4. Bilder für das Jenseits sollen die Frau als Partnerin darstellen. Woran kannst du das in den Bildern und Statuen erkennen? Welche Funktion konnten solche Darstellungen für die Lebenden haben? (M 3, M 4)

5. Lies dir M 5 durch.
Was findest du durch den Text über die Aufgaben einer Frau im Alten Ägypten heraus?

Geheimnisvolle Pyramiden?

Um 2 500 v. Chr. begannen die Ägypter die ersten Pyramiden
als Grabstätten für ihre Könige zu errichten. Viele Menschen haben seither
diese Bauwerke bestaunt und bewundert.

**T1 Zum Schutz und Ruhm
des toten Pharao**
Die Ägypter glaubten, dass sie nach
dem Tode weiterleben können,
wenn ihr Körper unversehrt bleibt.
Wer es sich leisten konnte, sorgte
deshalb bereits zu seinen Lebzeiten
für eine möglichst prächtige und
sichere Grabkammer.
Die ägyptischen Könige wollten auch
im Tod ihren Ruhm und ihre Macht
zeigen. Jede Pyramide ist ein riesiges
und beeindruckendes Königsgrab.
In ihrem Inneren versteckt liegt die
Grabkammer des Königs.

Starb ein Pharao, wurde sein ein-
balsamierter und mumifizierter
Leichnam in prächtige Särge gelegt.
Die Mumie wurde dann in die mit
kostbaren Gerätschaften, Schmuck
und Wandmalereien ausgestattete
Grabkammer gebracht. Danach
wurden die Zugänge mit tonnen-
schweren Steinen verschlossen.

T2 ...
Schon früh wurden die Pyramiden
als Weltwunder bezeichnet. Wohl
nicht zu Unrecht: Die verbauten
Steinblöcke wiegen im Durchschnitt

2,5 t, etwa so viel wie zwei mittel-
große Pkw. In der größten Pyramide,
der Cheops-Pyramide, wurden etwa
2,6 Mio. Steine in 201 Schichten ver-
baut. Die Pyramide war ursprünglich
147 Meter hoch und hat eine Sei-
tenlänge von etwa 230 Metern. Die
Grundfläche ist trotz dieser Größe
nahezu quadratisch.

M1 Die Pyramiden von Gise.
In der Nähe der heutigen Hauptstadt
Ägyptens Kairo erheben sie sich am
Westufer des Nil. Sie werden jährlich von
Millionen Touristen besichtigt.

M 2 Bau an einer Pyramide (Rekonstruktionszeichnung)

1. Erkundige dich nach der Höhe
der höchsten Gebäude in eurem Ort
oder in der Nähe. Vergleiche diese
Höhe mit der Höhe der Cheops-
Pyramide.

2. Vergleiche das Gewicht eines
Steinblockes mit verschiedenen
schweren Gegenständen aus deiner
Umgebung. Fertige eine Tabelle an.

3. Wie viele Fußballfelder (etwa
105 mal 70 Meter) hätten auf der
Grundfläche der Cheops-Pyramide
Platz?

An dem Bau einer solchen Pyramide, der bis zu 30 Jahren dauern konnte, waren tausende Menschen beteiligt. Es muss deshalb eine schwierige Aufgabe gewesen sein, die Arbeit für diese Menschen zu planen und zu organisieren. Denn die Arbeiter mussten täglich mit Werkzeugen, Nahrung und anderen Gegenständen des täglichen Bedarfs versorgt werden.

T5 Noch ist vieles unklar

Die Arbeiten an den Pyramiden waren geheim. Die Ägypter selbst haben deshalb kaum etwas über den Bau berichtet. Früher ging man davon aus, dass das Volk oder Sklaven die Pyramiden unter Zwang errichtet hätten. Heute denken die meisten Forscher, dass es ägyptische Arbeiter, Handwerker und Bildhauer gewesen sind, die die Pyramiden errichtet haben. Der Bau einer Pyramide sicherte über Jahre einen festen Arbeitsplatz. Wahrscheinlich haben auch die Bauern während der Zeit der Überschwemmung auf den Grabbaustellen gearbeitet, weil sie darauf vertrauten, dass ihr Gottkönig sie dann weiterhin beschützen werde. Auch die Frage, welche Form der Rampen die Ägypter genutzt haben, um die schweren Steine in solche Höhen zu bringen, ist noch ungeklärt. Sicher aber ist, dass allein für diese Rampen kaum vorstellbare Mengen an Erde und Steinen bewegt werden mussten.

T4 Erstaunliche Leistungen

Die schweren Steinblöcke mit Kantenlängen von 1 bis 1,5 Meter wurden mit Kupfermeißeln und Beilen so genau bearbeitet, dass zwischen die einzelnen Steinblöcke nicht einmal die Klinge eines Messers passt. Die Felsblöcke für die Grabkammer und die äußere Verkleidung wurden über hunderte von Kilometern auf dem Nil transportiert. Die Ägypter kannten zu jener Zeit noch keine Räder. Deshalb transportierten sie die etwa 2500 Kilogramm schweren Steine vermutlich auf großen Holzschlitten. Abgerundete Holzbohlen, die in kurzen Abständen in die Rampe eingegraben waren, erleichterten den Transport.

T3 Zum Segen des Volkes

Die Ägypter glaubten, dass der Pharao nach seinem Tode ein Gott wurde. Er werde sie dann im Leben und im Tod beschützen und für sie sorgen. Die Arbeit an einer Pyramide war deshalb auch Vorsorge für das eigene Leben. Darum haben die Ägypter die schwere und gefährliche Arbeit beim Bau einer Pyramide auf sich genommen.

---

4. Berichte als Reporterin oder Reporter über den Bau der Pyramide.
Was würde dir ein Arbeiter erzählen, wenn du ihn befragen könntest?
Nutze die Zeichnung. (M1)

*
5. Wir wissen nicht alles über den Bau der Pyramiden. Wo sind wir auf Vermutungen angewiesen? Beziehe auch die Zeichnung mit ein.

*
6. Warum wurden die Pyramiden gebaut? (T1, T3)

Ein Dorf der Arbeiter

Zwischen 1500 und 1000 v. Chr. lebten in einem Tal nahe der Stadt Theben
bis zu 120 Männer mit ihren Familien. Die Männer arbeiteten an den Grabstätten
der ägyptischen Königsfamilien.

M1 Das Dorf Deir el-Medina (Rekonstruktionszeichnung)

T1 Ein Dorf in der Wüste

In einem abgelegenen Tal fanden Archäologen die
Überreste eines kleinen Dorfes. Das Dorf heißt Deir
el-Medina. Ihm gegenüber liegt heute die Stadt Luxor.
Früher war Deir el-Medina von einer hohen Mauer
umgeben. Diese schützte die Menschen vor dem Sand
der Wüste und vor wilden Tieren. Es gab aber nur einen
einzigen bewachten Zugang. Das hatte seinen besonderen Grund.

T2 Das Tal der Könige

Die ägyptischen Könige ließen zu jener Zeit zwar keine
riesigen Pyramiden bauen, doch auch ihre Gräber
sollten prachtvoll gestaltet sein. In unterirdischen
Grabkammern, die tief im Fels versteckt waren, wurden
sie bestattet. Um vor Grabräubern sicherer zu sein,
war ein Tal in der Wüste ausgesucht worden, das von
Felshängen umgeben ist. Es ließ sich deshalb leichter
bewachen.

1. Arbeite mit dem Atlas und
finde die Stadt Luxor.
Wie viele Einwohner hat sie?
Findest du auch Theben?
Nutze das Namensverzeichnis und
die Legende.

2. Beschreibe die Häuser in
Deir el-Medina. (M1, M2)
Kannst du dir vorstellen, warum
die Häuser so wenige Fenster
hatten und sich die Menschen gern
auf dem Dach aufhielten?

3. Begründe, warum die Küchen
der Häuser fast vollständig im
Freien lagen.

T3 Ein Leben in Abgeschiedenheit

Deir el-Medina war das Dorf der Arbeiter, die in jahre-langer mühsamer Arbeit die Stollen in den Fels gruben und die unterirdischen Grabkammern kostbar aus-schmückten. Zusammen lebten bis zu 700 Menschen in dieser Abgeschiedenheit. Wegen der Grabräuber sollte möglichst wenig an Informationen über die Lage und Ausstattung der Gräber an die Öffentlichkeit dringen.

T4 Spezialisten am Werk

Die Arbeit war hoch angesehen. Es war etwas Beson-deres an den Grabstätten der ägyptischen Könige, ihrer Familien und der höchsten Beamten zu arbeiten.
Es war zunächst schwere Arbeit die Stollen und Kam-mern in das Gestein zu hauen. Kupfermeißel und Holz-schlegel waren dabei die einzigen Werkzeuge. Der Schutt musste mit Körben weggeschafft werden. Danach wurden die Wände verputzt und sorgfältig bemalt. Selbst die Inneneinrichtung der Grabkammern wurde genau geplant. Für alle diese Arbeiten wurden die Spezialisten des Dorfes benötigt. Viele der Arbeiter konnten lesen und schreiben.

T5 Gut bezahlt?

Den Arbeitern sollte es wegen der Bedeutung ihrer Tätigkeiten möglichst an nichts mangeln. Nach zehn Arbeitstagen gab es einen freien Tag. Hinzu kamen Feiertage und andere Freizeiten, über die Buch geführt wurde. Für die Bezahlung, die im Verhältnis sehr gut war, sorgte im Auftrag des Pharao der zweitmächtigste Mann im Staat: sein Wesir.

T6 Streik?

Die Menschen in Deir el-Medina bekamen mehr Getreide und andere Waren, als sie zum Leben brauchten. Trotzdem wird in einem Papyrus darüber berichtet, dass die Arbeiter von Deir el-Medina sich über mangelhafte Bezahlung beklagten. Schließlich legten sie ihre Arbeit so lange nieder, bis der Wesir per-sönlich dafür sorgte, dass sie ihre Bezahlung erhielten. Manche Forscher bezweifeln, dass es den Arbeitern so schlecht ging, wie sie berichteten. Da ihre Arbeit so wichtig war, konnten sie ihre Forderungen auch durch-setzen. Andere Untertanen des Pharao hätten sich dies wohl nicht erlauben können.

‹ Extra ›

M2 Die Häuser in Deir el-Medina waren durchschnittlich 4 x 20 m groß. Die eingeschossigen Häuser sahen alle fast gleich aus. Von der breiten Straße kam man über zwei bis drei Stufen in die Eingangshalle. Dort befand sich in der linken Wand eine breite Nische. Dies war wahrscheinlich ein Schlafplatz.

Die Küche lag teilweise unter freiem Himmel. In den Vorrats-kammern konnten Lebensmittel kühl gelagert werden. Neben der Küche führte eine Treppe auf das flache Dach. Toiletten und Waschgelegenheiten gab es nicht. (Rekonstruktionszeichnung)

4. Ein Dorf in der Wüste, von einer Mauer umgeben: Warum wurde Deir el-Medina gerade dort gebaut?

* 5. Manche Wissenschaftler behaupten, dass die Arbeiter in Deir el-Medina gut bezahlt waren. Erläutere, aus welchen Gründen sie zu einer solchen Annahme kommen.

* 6. Überlege mit welchen Waren die Einwohner des Dorfes versorgt werden mussten.

Der Glaube der Ägypter

Die Ägypter glaubten an ein Leben nach dem Tod.
Man gab deshalb den Toten möglichst viel von dem mit, was auch die Lebenden benötigen:
Möbel, Essen, Werkzeuge, Waffen, Schmuck.

T1 Die Seele braucht einen Körper

Die wichtigste Voraussetzung für ein Leben nach dem Tode war, dass die Seele immer wieder in ihren Körper zurückkehren konnte. Deshalb musste der Leichnam möglichst unversehrt bleiben. Damit der tote Körper erhalten blieb, wurde er langsam ausgetrocknet und einbalsamiert. Diesen Vorgang nennt man Mumifizierung. Er war damals nur den Ägyptern bekannt.

T2 Mumifizierung

Der Vorgang der Mumifizierung dauerte etwa 70 Tage. Er wurde von besonderen Priestern durchgeführt. Diese trugen dabei oft die Maske eines Schakalkopfes. Dies sollte an Anubis, den Schutzgott der Toten, erinnern.

Nachdem der Leichnam gewaschen worden war, wurden die inneren Organe entfernt. Sie wurden in besonderen Gefäßen mit ins Grab gegeben.

Das Herz galt als Sitz der Seele. Es blieb im Körper, damit es mit dem Toten die Reise in das Totenreich antreten konnte.

Die Bedeutung des Gehirns war den Ägyptern nicht bekannt. Es wurde nicht einmal aufbewahrt.

Nun wurde der Körper etwa 40 Tage in Natronsalz gelegt. Hierdurch trocknete der Körper aus. Das Körperinnere wurde danach mit Füllmaterial wie Sägespänen, Tüchern und Sand, sowie Gewürzen ausgestopft. Der Körper behielt damit seine Form. Die Gewürze sollten Pilze und Bakterien abhalten, die den Leichnam zerstören konnten. Abschließend wickelte man den Leichnam kunstvoll mit Binden ein, die mit Ölen und Harzen getränkt waren.

Zwischen diese Binden wurden Zaubersprüche und Berichte über das untadelige Leben des Verstorbenen gelegt. Sie sollten den Toten auf seiner Reise in das Totenreich schützen.

M1 Die Mumie Ramses II. ist fast 3 000 Jahre alt: Damit die Nase ihre Form behält, hatte man sie mit Pfefferkörnern ausgestopft. Pfeffer und andere Gewürze hindern Bakterien und Pilze daran, die Mumie zu zerstören.

1. Erläutere den Vorgang der Mumifizierung. (T2)

2. Erkläre, warum die Ägypter diesen hohen Aufwand für ihre Toten betrieben. (T1)

3. Welcher Zusammenhang besteht deiner Meinung nach zwischen dem Osiris-Mythos und der Mumifizierung Gestorbener? (T4, T6)

M 2 Auf dem Deckel eines Sarges ist der Vorgang der Mumifizierung dargestellt worden. Die Mumie ist fertig eingewickelt.

Unter dem Tisch stehen vier Eingeweide-kanopen (Gefäße), rechts sind zwei Säcke mit Natronsalz zu sehen, das zum Austrocknen des Leichnams benutzt wurde.

Der Anubispriester beugt sich über den Toten, um das vollendete Werk der Mumifizierung zu überprüfen und zu segnen.

T 4 Die Sage über die erste Mumie

Osiris und Seth waren zwei Brüder. Der Sonnengott Re schickte die beiden auf die Erde. Sie sollten die Menschen lehren, ein gerechtes Leben zu führen.

Osiris wurde so zum ersten göttlichen Herrscher über Ägypten. Doch sein neidischer Bruder Seth tötete ihn. Die Göttin Isis war die Gattin des Osiris. Sie besaß Zauberkräfte. Seth fürchtete diese Zauberkräfte und zerstückelte deshalb den Leichnam und verteilte die Leichenteile über ganz Ägypten.

Isis aber fand alle 14 Teile wieder. Anubis fügte die Teile zusammen und wickelte sie in Binden. Danach verwandelte sich Isis in ein Falkenweibchen. Mit ihren Flügeln wedelte sie Osiris Luft zu und dieser kam ins Leben zurück.

T 5 Die Sage über den ersten Pharao

Isis und Osiris hatten zusammen einen Sohn, Horus. Ihn bestimmte ein Göttergericht zum Nachfolger auf dem Thron des Herrschers von Ägypten. Alle späteren Pharaonen beriefen sich deshalb auf Horus und

sahen sich als direkte Nachfahren. Seth aber wurde der Sage nach verbannt. Er musste Herrscher über die unfruchtbaren roten Wüstegebiete längs des Niltals sein.

T 6 Die Sage vom Hüter des Totenreichs

Osiris wurde zum Herrscher des Totenreiches. An ihn knüpften sich alle Hoffnungen der Ägypter auf ein Leben nach dem Tod. Er hatte den Ägyptern, so glaubten sie, die Nilschwemme geschenkt und war der Herr der Wiedergeburt und des Lebens. So wie er wieder ins Leben zurückgekommen war, so sollte es allen Menschen gehen. Sein Gesicht ist das der Freude, des Fruchtbaren und des Lebens – und deshalb grün. Wie er jedes Jahr durch das Wasser des Nils das Getreide, die Früchte und die Wiesen neu entstehen lässt, so wird er alles Leben wieder erstehen lassen. So glaubten es die Ägypter.

M 3 Ägyptische Götter

4. Warum trugen die Priester bei der Mumifizierung oft die Maske eines Schakals? (T 2)

* **5.** Beschreibe Osiris möglichst genau: Aussehen, Besonderheiten, Aufgaben. (T 6)

* **6.** Woran könnte es gelegen haben, dass sich die Ägypter davor fürchteten, in fremden Ländern zu sterben?

Bilder erzählen Geschichten

Vieles, was wir über das Leben im Alten Ägypten wissen,
haben Wissenschaftler aus den Bildern in den Tempeln und Grabstätten „herausgelesen".
Aber man muss Bilder „lesen" lernen.

T1 Beschreiben und untersuchen

Dieses Bild erzählt eine Geschichte in verschiedenen Stationen von links nach rechts.
- Ganz links: Hunefer wird von Anubis zum Totengericht geführt.
- Die Waage: Anubis hat Hunefers Herz auf eine der beiden Waagschalen gelegt. Da das Herz Sitz der Seele ist, bedeutet dies, dass Hunefers Gewissen geprüft wird. Dies tut die Göttin Maat, die Göttin der Gerechtigkeit. Sie ist auf der anderen Waagschale als Feder zu sehen. Hat Hunefer ein ehrliches Leben geführt, bleibt die Waage im Gleichgewicht. Erweist sich sein Herz aber von Sünden schwer, dann wird es sofort von Ammit, dem krokodilköpfigen Ungeheuer

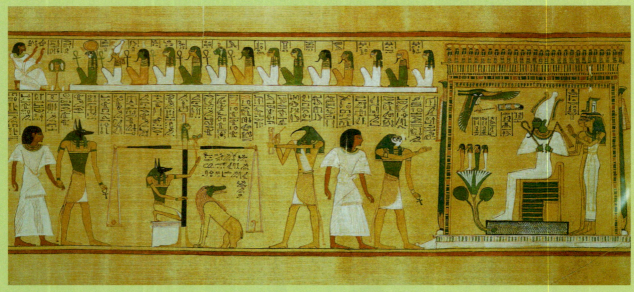

M1 Auf einem Papyrus ist das Totengericht des Schreibers Hunefer dargestellt (um 1285 v. Chr). Der königliche Schreiber Hunefer ist gestorben. Nachdem sein mumifizierter Körper in der kostbar ausgestatteten Grabkammer bestattet worden ist, werden die Türen der Kammer verschlossen. Nach dem Glauben der Ägypter beginnt nun das Totengericht der Götter. Es entscheidet, ob Hunefer im Reich der Toten weiter leben darf oder für immer sterben muss.

1. Wie oft taucht Hunefer auf dem Bildausschnitt auf? Betrachte das Bild genau. Der Text hilft dir. (T1, M1)

2. Maat, die Göttin der Gerechtigkeit, ist auf dem Bild zweimal zu sehen. Achte auf ihr Kennzeichen.

3. Gliedere die „Bildergeschichte" in verschiedene Abschnitte. Gib diesen Abschnitten passende Überschriften.

gefressen. Der Tod wäre damit endgültig und es gäbe keine Hoffnung auf ein ewiges Leben. Doch Hunefers Herz ist nicht zu schwer.

- Thot, der ibisköpfige Gott: Thot, der Gott der Schreiber und der Weisen, hält das Ergebnis der Prüfung schriftlich fest.
- Horus, der falkenköpfige Gott: Der Sohn des Osiris und erster Pharao der Ägypter führt Hunefer zum Thron des Osiris.
- Osiris, Herrscher über das Totenreich: Er entscheidet endgültig darüber, ob der Tote in seinem Reich bleiben darf und damit das ewige Leben erhält. Er wird Hunefer das Urteil verkünden.

T2 Erklären
Die Ägypter hatten vor dem Totengericht große Angst. Aber ohne geglückte Prüfung gab es kein Leben nach dem Tod. Deshalb trafen die Ägypter Vorbereitungen, um die prüfenden Götter von ihrer Unschuld zu überzeugen. Sie legten Zaubersprüche oder ein Buch mit Verteidigungsreden zwischen die Binden der Mumie. Auch das dargestellte Totengericht wurde dem toten Hunefer mitgegeben. Es sollte die Götter davon überzeugen, dass Hunefer ein untadeliges Leben geführt hatte und es verdiente, das ewige Leben im Reich des Osiris zu erlangen. Schließlich hat er auf dem Bild die Prüfung bereits glänzend bestanden!

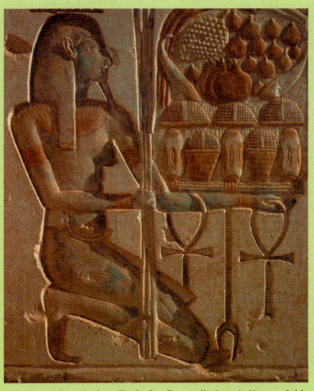

M2 Ein reich gedeckter Tisch: Der Tote soll niemals Hunger leiden.

Methode:
So kannst du Bilder betrachten und verstehen

1. Beschreiben:
Was wird dargestellt? Wer oder was ist abgebildet? Was geschieht auf dem Bild?

2. Untersuchen:
Wie wird das Geschehen dargestellt? Was steht im Mittelpunkt des Bildes? Was sind wichtige, was weniger wichtige Bildinhalte? Wird etwas besonders groß, hell oder farbig dargestellt? Welche Haltung nehmen die Personen ein?

3. Erklären:
Warum wird es so dargestellt? Wer hat das Bild in Auftrag gegeben? Wer sind die Betrachter? Was soll mit dem Bild erreicht werden?

4. An wen ist das Bild, das der Mumie des Schreibers Hunefer mit ins Grab gegeben wurde, gerichtet?

5. * Was sollte das Bild bewirken?

6. * Betrachte weitere Bilder der Ägypter. Nutze die drei Schritte, um die Bilder besser „lesen" und verstehen zu können.

Schön sein und noch mehr

Kleidung und Schmuck dienten in Ägypten nicht nur dem Schönsein.
Vielmehr konnte man an der Kleidung erkennen,
wer Handwerker, Bauer, Sklave oder hoher Beamter des Pharao war.

M1 Die Gäste eines großen Festmahles sind vornehm gekleidet und tragen vielfältigen Schmuck.
Auf den kostbaren Perücken tragen die Frauen Duftkegel aus kostbaren Ölen und Harzen, die beim langsamen Schmelzen einen angenehmen Duft verbreiten. Den Gästen wird von einer Dienerin eine Wasserschale gereicht, damit sie sich die Hände waschen können. Die Dienerin ist nackt, während die Damen kostbare Gewänder aus hauchdünn gewebten Stoffen tragen.
(Grabgemälde aus einer Grabkammer in Theben)

T1 Kleider machen Leute
Einfache Leute trugen grobes Leinen, manche gingen nackt. An der Kleidung konnte man sofort erkennen, wer eine angesehene und wichtige Stellung hatte. Die Kleider besonders hoch gestellter Leute waren aus feinem „Königsleinen", einem weichen, leicht durchsichtigen Stoff, der sich an den Körper anschmiegte. Andere Beamte und Priester trugen Kleider aus Leinen, das in der Sonne extra gebleicht worden war. Farbige Stoffe waren ebenfalls den höher gestellten Leuten vorbehalten.

T2 Schmuck
Frauen und Männer trugen gerne Schmuck. Armbänder, Ringe und Ketten waren sehr beliebt. Aber auch sie sollten nicht nur schmücken. Je reichhaltiger und kostbarer der Schmuck, desto bedeutender war die Person, die ihn trug. Bestimmte Schmuckformen waren oft auch ein Kennzeichen für eine ganz bestimmte Stellung innerhalb der ägyptischen Hierarchie. So kennzeichneten bestimmte Halsketten die Beamten des Pharao, ein Stirnband mit Geier und Schlange durfte nur der Pharao tragen.

Außerdem wurde Schmuck eine schützende Bedeutung zugeschrieben. Die Ägypter glaubten, dass das Tragen von bestimmten Edelsteinen oder Figuren sie vor Unglück, Krankheit, Unfällen oder wilden Tieren schütze. Ein Beispiel ist der große Mistkäfer, der Skarabäus. Er galt als Glücksbringer.

T3 Frisuren und Duft
Über Frisuren machten sich nur die wenigen reichen Ägypter Gedanken. Da es oft heiß war, trugen alle das Haar kurz geschnitten oder ließen sich den Schädel kahl rasieren. Bei festlichen Anlässen wurden Perü-

1. Ein Festessen steht bevor. Beschreibe, wie sich die Gastgeberin in Sachen Kleidung, Schmuck und Körperpflege darauf vorbereitet. (M1)

2. Unterscheide die Kleidung der Arbeiter und Bauern von der einfacher Beamter und hoher Würdenträger.
Nutze dazu M1 bis M4, aber auch andere Bilder aus diesem Kapitel.

3. Beschreibe die Frisuren der Menschen. Denk auch an die Kinder und nutze alle Bildmaterialien dieses Kapitels. (T3)

M 2 In der Hitze bequem und doch ein deutliches Zeichen: Hier kommt ein Beamter des Pharao, erkennbar an seinem Wickelrock aus feinem Leinen und dem Halsschmuck, den nur diese Beamten tragen durften.

M 3 Ganz anders als die Darstellung der reichen Leute: Handwerker und Bauern wurden auf Bildern oft sehr realistisch dargestellt. Dieser Zimmermann arbeitet auf einem Baugerüst – unrasiert und ungekämmt. Er trägt einen kurzen Lendenschurz aus grobem Leinen. Handwerker und Bauern wurden oft auch nackt dargestellt. (Bruchstück aus einer Wandmalerei, um 1400 v. Chr., Fundort unbekannt.)

M 4 Reiche Frauen und Männer trugen kostbaren Schmuck: Brustschmuck des Pharao Tutanchamun, der ihm mit auf die Reise ins Jenseits gegeben wurde. In der Mitte ist ein Skarabäus mit ausgebreiteten Flügeln dargestellt. Er ist Sinnbild des Sonnengottes und Glücksbringer. Darüber ist das Auge des Horus (Falkenauge) zu sehen, darüber die Mondscheibe (etwa 1330 v. Chr.)

cken aus Menschenhaar getragen. Vor allem die Perücken der Frauen wurden kunstvoll gestaltet: gelockt, gekräuselt, in kleine Zöpfe geflochten und mit Bändern und Blumen geschmückt.
Kinder hatten einen fast kahl geschorenen Kopf, auf dem ein paar Haarsträhnen blieben, die kunstvoll geflochten wurden. Außerdem wollten die reichen Ägypterinnen gut duften. Oft sieht man sie deshalb auf Bildern mit einem Salbkegel auf dem Kopf. Dieser schmolz

langsam und gab damit seinen Duft über eine lange Zeit hin ab. Gegen schlechten Atem lutschte man Pillen, die aus stark duftenden Kräutern hergestellt wurden.

T 4 Make-up
Männer und Frauen schminkten sich. Besonders beliebt war es, die Augen zu betonen. Deshalb wurden vor allem die Augenbrauen und die Wimpern, oft auch die Augenlider mit dunkler Farbe bemalt. Auch das Färben der Lippen war bekannt.

M 5 Perücke aus menschlichem Haar, um 1550 bis 1185 v. Chr.

4. Erläutere die Bedeutung von Schmuck. (T 2) Nutze auch M 1, M 2, M 4 und andere Bildquellen dieses Kapitels.

5. Welche Funktion hat Schmuck in unserer Kultur?

*6. Kleidung und Schmuck sollten den Unterschied zwischen einfachen und hoch gestellten Leuten deutlich machen. Welche Gründe kann es dafür gegeben haben?

Hochkulturen

Wasser ist die Grundlage des Lebens. Dort, wo es Wasser, fruchtbares Land und hinreichend Wärme gab, haben die Menschen sehr früh damit begonnen Ackerbau zu betreiben und größere Gemeinschaften zu bilden.

T1 Wasser ist lebenswichtig

Wir wissen, dass das Wasser des Nil für die Ägypter und das Entstehen ihres großen ägyptischen Reiches wichtig war. Dies war aber nicht nur in Ägypten so und auch kein Zufall. Wo Wasser war, es ausreichend fruchtbaren Boden und keine langen und kalten Winter gab, da konnten die Menschen große Ernten einbringen. Voraussetzung dafür war, dass sie Kanäle, Dämme, Schöpfwerke und Vorratshäuser anlegten und diese Arbeiten miteinander absprachen und organisierten.

T2 Hochkulturen entstehen

Lernten sie, Dinge aufzuschreiben und zu berechnen, dann konnten sie noch einfacher planen und organisieren und ihr Wissen bewahren. Durch die geplante und gemeinsame Arbeit wurde der Überschuss an Ernteerträgen auch regelmäßig erarbeitet. Es mussten nicht mehr alle Menschen als Bauern arbeiten. Einige entwickelten ihre besonderen Fähigkeiten weiter und arbeiteten als Handwerker, Händler, Wissenschaftler oder Verwalter.
Eine Hochkultur entstand. Damit einher gingen aber auch das Ent-

stehen einer Hierarchie und eines größeren Unterschiedes zwischen armen und reichen Menschen.

T3 Mesopotamien

Die ältesten bekannten Städte entstanden zwischen 4 000 und 3 000 Jahren v. Chr. in den feuchten Gebieten zwischen Euphrat und Tigris. Etwa 500 Jahre früher als die Ägypter entwickelten die Sumerer dort eine Hochkultur mit Keilschrift und großen Kenntnissen in der Baukunst und der Metallverarbeitung.

Regiert wurden die kleinen verschiedenen Stadtstaaten von Fürsten. Diese wurden von vielen Verwaltungsbeamten unterstützt.

T4 Industal

Auch am Indus waren reiche Ernten Ausgangspunkt für die Entwicklung einer Hochkultur. Die Menschen lebten in Stadtstaaten. Bei Ausgrabungen fand man Bäder und auch eine ausgeklügelte Kanalisation. Die Menschen entwickelten eine hohe Handwerkskunst. Neben der Bear-

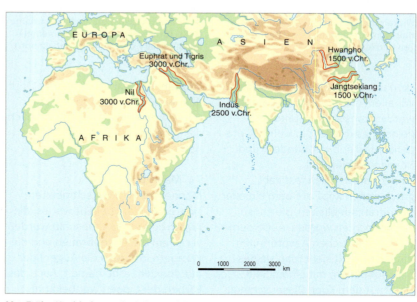

M1 Frühe Hochkulturen in Asien und Afrika entstehen an großen Flüssen.

---

1. Nenne die frühen Hochkulturen in Afrika und Asien. (T3 – T5)

2. Erstelle Steckbriefe zu den Hochkulturen und benenne Gemeinsamkeiten.

3. Ordne die Abbildungen (M 2 – M 5) der jeweiligen Hochkultur zu.

M 2 **Die ältesten Schriftzeichen der Menschheit, die wir kennen**
(Tafel mit Keilschrift, gefunden in der Stadt Uruk am Euphrat, etwa 5 000 Jahre alt).

M 5 **Eine Saatmaschine** (Mesopotamien, etwa 3 000 v. Chr.). In festgelegten Abständen wurden Samenkörner in einen Trichter geworfen, durch den sie in den gerade gepflügten Boden fielen.

beitung von Metall wurden Stoffe gewebt, Boote gebaut und Tongefäße hergestellt. Auch die Goldschmiedekunst und die Elfenbeinschnitzerei wurden betrieben. Auch hier wurde eine Schrift entwickelt. Diese konnte bis heute nicht entziffert werden.

M 3 **Eingeritzte Schriftzeichen auf einem Schildkrötenpanzer.**
Es ist die älteste uns bekannte Schrift.

M 4 **Specksteinfigur aus dem Industal.**
Es ist nicht bekannt, ob es sich um einen Gott oder einen Herrscher eines Stadtstaates handelt.

T 5 China
Etwa um 1500 v. Chr. begannen sich Hochkulturen im fruchtbaren Hwangho-Becken und am Jangtsekiang zu entwickeln. Die Menschen im Hwangho-Becken bauten aufwändige Deiche und konnten reiche Ernten vor allem an Weizen und Hirse erzielen. Am Jangtsekiang legten die Menschen die Felder terrassenförmig an. Sie konnten dadurch gut bewässern und Reis in großer Menge ernten. Nicht mehr alle Menschen mussten als Bauern arbeiten. Es entwickelten sich Städte mit Handwerkern, Wissenschaftlern, Künstlern und Beamten. Um 1500 v. Chr. entstanden die ersten Schriften in China. Sie wurden 221 v. Chr., als China zu einem Großreich vereinigt wurde, zu einer Schreibweise vereinheitlicht.

4. Welche Bedeutung hat das Wasser beim Entstehen früher Hochkulturen?
Beziehe deine Kenntnisse über Ägypten mit ein.

5. Nenne wichtige Kennzeichen einer Hochkultur und ihre Bedeutung. Nutze auch dein Wissen über das Reich der Pharaonen.

* **6.** Schau im Atlas nach:
In welchen Staaten befinden sich die Gebiete der Frühen Hochkulturen? Informiere dich über diese Staaten.

Pyramiden und Götter

1. Bilderrätsel

Löse das Bilderrätsel und erkläre den gesuchten Begriff.

a)

2,3   +Y

b)

1,2,4,5,6,3

1-4

c)

F=H

2. Text zum Nil

Schreibe den Lückentext ab und setze die angegebenen Wörter an den richtigen Stellen ein.

Der Nil überschwemmte … das Land. Er brachte nicht nur das … Wasser, sondern auch … Schlamm aus den Bergen mit.
Dieser Schlamm lagerte sich auf den Feldern ab und machte sie … .
Wenn die Überschwemmung zu niedrig blieb, mussten die Menschen … .
Kam die Flut zu heftig, überschwemmte sie alles und … Felder und Häuser.
Die Ägypter teilten das Jahr in … Jahreszeiten, die Zeit der … , der … und der … .

LEBENSNOTWENDIGE
AUSSAAT   ERNTE
SCHWARZEN   ZERSTÖRTE
JÄHRLICH   HUNGERN
FRUCHTBAR   DREI
ÜBERSCHWEMMUNG

3. Richtig oder falsch?

1. Das Reich der Ägypter entstand entlang der Flussoase des Nil.
2. Ab etwa 1999 begannen die Ägypter sesshaft zu werden und Landwirtschaft zu betreiben.
3. Wenn alle Menschen gleich mächtig sind, dann besteht eine Hierarchie.
4. Frauen konnten in Ägypten eigenen Besitz haben und selbst Geschäfte und Verträge abschließen.
5. In Deir el-Medina lebten Handwerker, die die Bewässerungskanäle bauten.
6. Schon an der Kleidung konnte man sehen, welche Stellung ein Mensch in Ägypten hatte.

Wichtige Begriffe:

Pharao

Flussoase

Hieroglyphen

Nil

4. Begriffe zuordnen

Ergänze die Sätze.

Die Ägypter glaubten an ein … .
Dafür musste ihr … unversehrt
bleiben.
Deshalb verwandelten Priester den
Leichnam in einem langwierigen
Prozess in eine … .
Um das ewige Leben erreichen zu
können, so glaubten die Ägypter,
musste ihr Herz leichter sein als
eine … .
Die großen Grabstätten der Pharao-
nen bei Giseh sind die … .
Die Schriftzeichen der Ägypter
bezeichnet man als … .

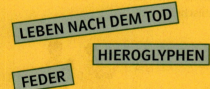

5. Wörter versteckt

a) Lebensader Ägyptens.
b) Fruchtbarer schwarzer Schlamm.
   (So bezeichneten die Ägypter ihr
   Land).
c) Jahreszeit der Ernte.
d) Schrift und gemeinsame
   planvolle Arbeit sind Kennzeichen
   einer …

e) Diese hatten einen fast kahl
   geschorenen Kopf mit ein paar
   kunstvoll geflochtenen Strähnen.
f) Der Sage nach der erste Pharao
   (ein Gott).
g) Gerät zum Wasserschöpfen.
h) Menschen, die in Ägypten kein
   freies Leben hatten, verkauft und
   verschenkt werden konnten.

B	R	N	U	H	O	R	U	S	E	H	L
U	K	R	A	E	E	L	M	L	S	O	V
E	E	E	T	E	G	I	E	K	N	C	N
K	H	D	A	K	N	R	L	H	N	H	O
U	M	N	S	I	Z	A	U	C	I	K	E
S	E	I	L	N	V	N	E	I	H	U	E
W	T	K	E	E	I	D	T	G	O	L	N
E	R	N	N	R	F	I	O	R	D	T	T
D	E	U	M	E	H	C	S	E	E	U	H
E	H	I	S	H	O	Z	I	M	B	R	F
L	I	N	K	E	D	E	B	E	T	H	E
S	B	N	S	H	A	D	U	F	N	H	R

Hierarchie

Pyramiden

Mumie

Hochkultur

73

4 Griechen und Römer

Englisch ist heute eine Weltsprache. Fast zwei Milliarden Menschen verstehen diese Sprache. Auch vor 2 000 Jahren gab es schon Weltsprachen, nämlich Griechisch und Latein. Latein war die Sprache der Römer. Ganz Süd- und Westeuropa gehörte vor 2 000 Jahren zum Römischen Reich. Unser Monat August ist nach dem römischen Kaiser Augustus benannt. Die Demokratie haben die alten Griechen erfunden. Wo entdecken wir sonst noch Spuren der Griechen und Römer?

Bezug zu heute

A α	a	Alpha	
B β	b	Beta	
Γ γ	g	Gamma	
Δ δ	d	Delta	
E ε	e	Epsilon	
Z ζ	th	Zeta	

H η	e	Eta
Θ θ	th	Theta
I ι	i	Iota
K κ	k	Kappa
Λ λ	l	Lambda
M μ	m	My

Die Vorläufer unserer Buchstaben kommen aus dem Griechischen.

Geschichte erleben

Chronologie

um 1000 v. Chr.

Die Griechen leben in vielen Kleinstaaten auf dem griechischen Festland, auf den Inseln im Mittelmeer und in Kleinasien.

um 1000 v. Chr.

Am Fluss Tiber entsteht die Stadt Rom.

Die Olympischen Spiele begeistern die Menschen in der ganzen Welt.

Die Bauten der Griechen und Römer werden immer wieder nachgeahmt.

um 500 v. Chr.

In Athen wird die Demokratie eingeführt.

27 v. Chr.

Augustus ist der erste Kaiser in Rom. Mit ihm wird aus der römischen Republik ein Kaiserreich.

117 n. Chr.

Das Römische Reich hat seine größte Ausdehnung erreicht.

Wer waren die „alten" Griechen?

**Griechenland wird oft die „Wiege der europäischen Kultur" genannt.
Was verbindet uns mit einem Volk, das lange vor uns lebte?**

T1 Wir reisen nach Griechenland

„Eine Reise nach Griechenland – das bedeutet Sonne, Meer und traumhafte Landschaft". So preist ein Reiseprospekt das Land am Mittelmeer an, das auch deutsche Touristen gerne besuchen. Sie genießen das warme, trockene Klima an den Stränden des Festlandes oder auf einer der vielen Inseln. Aber sie besichtigen auch Tempel, Theater und Sportstätten, die die Griechen vor rund 2 500 Jahren gebaut haben.

T2 Viele hundert Staaten

Um 800 v. Chr. gab es auf dem griechischen Festland und an der Westküste Kleinasiens sowie auf den Inseln dazwischen viele hundert Kleinstaaten. Einen solchen Kleinstaat nannten die Griechen Polis. Wir sprechen von einem Stadtstaat. In den meisten griechischen Stadtstaaten waren die Bürger an der Regierung beteiligt. Sie fassten Beschlüsse, die für das gemeinsame Leben wichtig waren. So regelten sie die Angelegenheiten in ihrer Polis.

M1 Landschaft und Besiedlung in Griechenland und Kleinasien (um 800 v. Chr.).

1. Betrachte die Karte M1. Beschreibe, wo Gebirge, Ebenen, Küsten und Inseln liegen. Warum hat die Natur des Landes dazu beigetragen, dass viele einzelne Kleinstaaten entstanden sind?

2. Erkläre, was eine „Polis" war. (T2, Lexikon) Welcher heutige Begriff stammt von „Polis"ab? Worin besteht der Zusammenhang?

3. Manche alten Städte gibt es heute nicht mehr. Dazu gehört zum Beispiel die Polis Sparta. Wo lag sie? Welcher heutige Staat liegt auf dem Gebiet, das man in der Antike Kleinasien nannte? (M1) Nimm einen Atlas zu Hilfe.

M 2 **Bauern oder Sklaven ernten Oliven** (Vasenmalerei aus dem 7. Jahrhundert v. Chr.). Olivenöl brauchte man in der Küche, für Lampen sowie zur Körper- und Schönheitspflege.

M 3 **Eine Handwerkerin fertigt eine Vase an** (Vasenmalerin auf einem Tongefäß aus dem 5. Jahrhundert v. Chr.). Gefäße aus Ton wurden gebraucht, um a le möglichen Waren aufzubewahren und zu transportieren, zum Beispiel Öl, Getreide und Wein.

T 3 Griechische Leistungen

Wenn wir heute von Atom, Grammatik oder Alphabet sprechen, benutzen wir Wörter aus der griechischen Sprache. Auch sonst ist vieles von den Griechen geblieben: Die Griechen erfanden das Theater, die Demokratie und die Olympischen Spiele. Ihre Bauwerke haben später auch die Römer bewundert und nachgebaut.
Schon im 6. Jahrhundert v. Chr. machten sich kluge Männer über die Natur und den Menschen Gedanken. Sie wurden Philosophen genannt. Die Philosophen fragten zum Beispiel: „Warum gibt es Tag und Nacht?" oder „Was macht das Wesen des Menschen aus?"

T 4 War alles demokratisch?

In den Stadtstaaten regierten die Bürger zwar mit, aber es waren längst nicht alle Menschen gleich. Frauen durften in der Politik nicht mitreden. Und selbst in den freiesten Staaten war es selbstverständlich, dass es rechtlose Sklaven gab.
Jede Polis wollte frei und unabhängig von den anderen Stadtstaaten sein und sich allein um ihre Angelegenheiten kümmern. Deshalb bildete sich auch kein größerer griechischer Staat. Vielmehr kam es häufig zu Kriegen, wenn eine Polis versuchte, mehr Macht zu gewinnen und über eine andere Polis zu herrschen.

Lexikon

Polis
bedeutete ursprünglich Burg oder Stadt. Später nannten die Griechen ihre Stadtstaaten so. Eine Polis bestand aus der Stadt und ihrem Umland. Diese Stadtstaaten waren politisch unabhängig. Von Polis leitet sich unser Wort „Politik" ab.

Philosoph
heißt im Griechischen „Freur d der Weisheit". Die Philosophen forschten über die Natur unc die Welt und dachten über das Zusammenleben der Menschen nach.

4. Griechisches Olivenöl und Tongefäße (Vasen, Krüge, Schalen, Becher) aus Athen waren für ihre hervorragende Qualität bekannt. Warum waren sie begehrte Handelswaren? (M 2, M 3)

* **5.** Du willst als Kaufmann von Athen nach Milet reisen. Wie lang ist die Reisestrecke ungefähr? (Dazu brauchst du den Maßstab auf der Karte.) Bei gutem Wind schafft das Schiff etwa 10 Kilometer pro Stunde. Wie lange dauert die Reise?

* **6.** An welche Dinge denken wir, wenn wir Griechenland als „Wiege der europäischen Kultur" bezeichnen? (T 3)

Griechen siedeln an fremden Küsten

„Wir sitzen um unser Meer wie die Frösche um einen Teich."
So beschrieb ein Grieche um 500 v. Chr. den Siedlungsraum seines Volkes.
Was meinte er damit?

T1 Die Griechen und das Meer

In Griechenland waren die meisten Wege über Land beschwerlich und zeitraubend. So nahmen die Menschen schon früh den Weg über das Meer. Anfangs steuerten die Seefahrer ihre Schiffe nur bei Tageslicht entlang der Küste, oder sie wagten sich in Sichtweite des Landes zur nächsten Insel. Eine ideale „Brücke" zwischen dem griechischen Festland und der heutigen Türkei waren die Inseln des Ägäischen Meeres. So besiedelten die Griechen bis etwa 800 v. Chr. die gesamte Westküste von Kleinasien.

T2 Griechen suchen eine neue Heimat

Im 8. Jahrhundert v. Chr. fuhren griechische Seefahrer bereits alle Häfen des Mittelmeeres und des Schwarzen Meeres an. Kaufleute gründeten Handelsorte, und bald folgten auch Bauern und Handwerker. Diese neuen Städte nannten die Griechen Tochterstädte, oder auch Kolonien.
Viele Menschen verließen ihre alte Polis, weil die Bevölkerung wuchs und die Ackerflächen nicht mehr reichten, um die Menschen zu ernähren. Andere gingen aus Abenteuerlust von zu Hause weg oder weil sie in der Fremde bessere Geschäfte machen konnten. Manche gingen auch nicht freiwillig, sondern wurden als Strafe dazu verurteilt auszuwandern.

M1 Zwischen 750 und 550 v. Chr. gründeten Griechen an den Küsten vom Mittelmeer und Schwarzen Meer Kolonien.

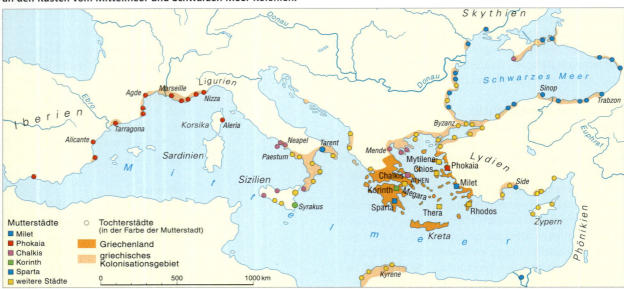

Mutterstädte
- ■ Milet
- ■ Phokaia
- ■ Chalkis
- ■ Korinth
- ■ Sparta
- ■ weitere Städte

○ Tochterstädte (in der Farbe der Mutterstadt)

Griechenland

griechisches Kolonisationsgebiet

0   500   1000 km

1. Betrachte die Karte auf dieser Seite und auf der Seite 76.

💡 Geschichtskarten lesen
Du kannst folgende Fragen beantworten:

a) Wie heißen die beiden Meere, an denen die Griechen Kolonien gründeten?
b) In welchen heutigen Ländern lagen diese Kolonien? Nimm deinen Atlas zur Hilfe.
c) Wie heißen die Mutterstädte, aus denen Auswanderer kamen?

2. Beschreibe, wo die griechischen Tochterstädte lagen. (M1) Was haben diese Städte gemeinsam?

M 2 Der Geschichtsschreiber Herodot lebte im 5. Jh. v. Chr. Er berichtet, wie die Bürger der Insel Thera (heute Santorin) um 630 v. Chr. eine Tochterstadt gründeten:

99 Nun aber blieb sieben Jahre lang der Regen in Thera aus; während dieser Zeit verdorrten alle Bäume der Insel. Da befragten die Theraier das Orakel von Delphi, und die Pythia (eine Priesterin des Heiligtums) erinnerte sie an das Gebot des Gottes Apollon, eine Kolonie in Libyen zu gründen. Die Theraier beschlossen, dass aus allen sieben Gemeinden der Insel immer einer von zwei Brüdern auswandern sollte. Zum Anführer der Auswanderer wurde Battos bestimmt. Daraufhin fuhren sie in Richtung Libyen ab. Da sie aber keine günstigen Winde hatten, kehrten sie nach Thera zurück. Die Theraier aber schossen auf sie und ließen sie nicht landen. Notgedrungen fuhren sie wieder zurück und ließen sich auf der Insel Platea vor der libyschen Küste nieder. Hier wohnten sie zwei Jahre, aber es ging ihnen auch hier schlecht, und so fuhren sie nach Delphi; nur einen einzigen Mann ließen sie zurück. Doch Pythia bestand auf der Ansiedlung in Libyen.

Als Battos und seine Gefährten das hörten, fuhren sie wieder zurück. (…) Sie segelten zur Insel, nahmen den Zurückgelassenen an Bord und gingen gegenüber jener Insel in Libyen an Land. An dieser Stelle wohnten sie sechs Jahre. Dann führten die Libyer sie weiter an einen noch schöneren Ort. Dort gründeten sie Kyrene. 66

T 3 Die Menschen in den Kolonien bleiben Griechen

Da die Griechen überall nahe am Meer siedelten, konnten sie leicht miteinander in Kontakt bleiben. Zum einen handelten sie untereinander mit Waren. Zum anderen verehrten die Menschen überall in den Tochterstädten die gleichen Götter, redeten in der gleichen Sprache und feierten gemeinsame Feste. Auch wenn sie weit voneinander entfernt lebten, fühlten sie sich doch alle als Griechen.

Lexikon

Kolonie

So nannten die Griechen ihre neuen Stadtstaaten an den Küsten vom Mittelmeer und Schwarzen Meer. Bürger einer „Mutterstadt" wanderten aus und gründeten in der Fremde eine „Tochterstadt". Diese Tochterstädte waren selbstständige Stadtstaaten.

Orakel

Heiligtum eines Gottes, wo die Griechen ihre Zukunft erfragen konnten.

M3 Eine Münze aus Athen. Die Eule war das Wappentier der Göttin Athene, der Schutzgöttin der Stadt. Die Athener Silbermünzen hatten eine so gute Qualität, dass sie überall als Zahlungsmittel akzeptiert wurden.

A α	a	Alpha		H η	e	Eta
B β	b	Beta		Θ θ	th	Theta
Γ γ	g	Gamma		I ι	i	Iota
Δ δ	d	Delta		K κ	k	Kappa
E ε	e	Epsilon		Λ λ	l	Lambda
Z ζ	th	Zeta		M μ	m	My

M 4 Die ersten Buchstaben des griechischen Alphabets. Die Griechen hatten das Buchstabenalphabet von den Phöniziern kennengelernt, die an der Ostküste des Mittelmeeres lebten. Die Römer übernahmen das Alphabet später von den Griechen. Kannst du dir erklären, woher der Name „Alphabet" stammt?

3. Nenne Gründe, warum viele Griechen ihre Heimat verließen. (T 2)

4. Wodurch blieben die Griechen auch in der Fremde miteinander verbunden? (T 3)

5. Lies die Quelle M 2 genau:
a) Warum mussten einige Einwohner die Insel Thera verlassen?
b) Wie wurden sie ausgewählt?
c) Welche Rolle spielten das Orakel und der Gott Apollon dabei?

6. Geprägte Münzen gab es zum ersten Mal um 700 v. Chr. in Kleinasien. Bevor die Menschen mit Münzen bezahlten, musste man bei jedem Handel Waren gegeneinander tauschen. Welche Vorteile brachte das Münzgeld?

Viele Götter für alle Fälle?

**Die Griechen hatten viele Götter: Wer einen Fluss durchquerte, betete zum Flussgott.
Wer die Saat ausbrachte, opferte der Göttin des Ackerbodens.
Götter konnten auch die Zukunft voraussagen.**

T1 Götter – fast wie Menschen
Die Griechen stellten sich ihre Götter sehr menschlich vor: Sie feierten und stritten miteinander, sie waren eifersüchtig und begingen sogar Ehebruch.

Doch anders als die Menschen waren die Götter sehr mächtig und unsterblich. Sie besaßen außergewöhnliche Fähigkeiten, sie konnten fliegen und sich in andere Menschen oder Tieren verwandeln. Aber sie waren nicht allmächtig.

Nach dem Glauben der Griechen lebten die Götter auf dem Berg Olymp. Doch manchmal stiegen sie zu den Menschen herab, um sich in deren Angelegenheiten einzumischen. Von einem solchen Fall erzählt die Sage auf Seite 81.

 Poseidon
 Artemis
 Hera
 Ares
 Hades
 Aphrodite

M1 Die griechischen Götter:
1. Der Göttervater ist auch Himmelsgott. Wenn er zornig ist, schickt er Donner und Blitze.
2. Die Göttermutter ist Schwester und Ehefrau des Zeus. Sie schützt die Ehe und trägt als Zeichen ihrer Würde einen goldenen Haarreifen.
3. Die Göttin der Liebe betrachtet sich gern im Spiegel. Sie ist mit ihrem Bruder Hephaistos verheiratet.
4. Der Götterbote eilt mit Flügelschuhen. Er ist der Beschützer der Reisenden, Kaufleute und Diebe.

5. Der Kriegsgott ist ein Sohn von Zeus und Hera. Er liebt den Kampf, aber auch seine Schwester Aphrodite.
6. Der Gott der Unterwelt lebt nicht auf dem Olymp. Er herrscht im Reich der Toten. Sein Begleiter ist der dreiköpfige Hund Zerberus.
7. Die Göttin der Weisheit ist die Lieblingstochter des Zeus und beschützt die Stadt Athen mit Waffen.
8. Der Gott der Schmiede ist ein Sohn von Zeus und Hera. Wenn er in der Glut von Vulkanen Waffen schmiedet, langweilt sich seine Frau.

9. Der Gott des Weines liebt ausgelassene Feste.
10. Die Göttin der Fruchtbarkeit und des Getreides lässt Pflanzen gedeihen. Sie ist eine Schwester des Zeus.
11. Die Göttin der Jagd beschützt die wilden Tiere. Die Tochter des Zeus bringt auch Geburt und Tod.
12. Der Gott der Musik kann Krankheiten bringen und auch heilen. Er ist der Zwillingsbruder der Jagdgöttin.
13. Der Gott des Meeres und der Erdbeben ist ein Bruder des Zeus. Mit seinem Dreizack wühlt er die Meere auf.

1. Beschreibe die griechischen Götter. (T1) Was unterschied sie von den Menschen?

2. Lies dir M1 durch und betrachte die Bilder auf dieser Seite. Ordne die einzelnen Bilder dem passenden Text zu.

Lege dazu in deinem Heft eine Tabelle mit zwei Spalten an.
In die linke Spalte schreibst du die unterstrichenen Textteile.

In die rechte Spalte trägst du dann den passenden Namen ein.

Aufgaben der Götter	Gott oder Göttin
1. Göttervater	Zeus
2. Göttermutter	…
3. …	…

M 2 Eine griechische Sage erzählt von einem Streit unter Göttinnen:

" Drei Göttinnen stritten einmal darüber, wer von ihnen die Schönste sei. Sie fragten den Göttervater Zeus, doch der wollte in dieser
5 schwierigen Frage lieber nicht entscheiden. Deshalb schickte er den Götterboten Hermes mit den drei Damen zum Königssohn Paris: Der sollte Schiedsrichter sein.
10 Nun versuchte jede Göttin, den Paris zu bestechen: Hera bot ihm das mächtigste Reich der Erde an. Athene versprach ihm die höchste Weisheit. Und Aphrodite wollte ihm die
15 schönste Frau als Ehefrau bringen. Paris entschied sich für Aphrodite, und die schöne Helena verliebte sich tatsächlich in ihn. Doch die Sache hatte einen Haken: Helena war be-
20 reits mit dem König von Sparta verheiratet. Darum entführte Paris sie einfach in seine Heimatstadt Troja in Kleinasien.
Der beleidigte König von Sparta rief
25 nun alle griechischen Könige und Fürsten zusammen. Sie sollten ihm helfen, Helena zurückzuholen und seine Schande zu rächen.

Die Griechen rüsteten ein Heer und
30 segelten auf vielen hundert Schiffen nach Troja. Der Krieg gegen die Trojaner dauerte mehr als zehn Jahre. Am Ende gelangten die Griechen durch eine List in die Stadt, steck-
35 ten sie in Brand und zerstörten sie völlig. "

T 2 Sage oder Wirklichkeit?
Lange hat man geglaubt, der Krieg um Troja habe in Wirklichkeit nie stattgefunden. Doch vor mehr als 100 Jahren fand der Deutsche Heinrich Schliemann die Überreste der Stadt in der heutigen Türkei.

Dionysos   Apollon   Athene   Hermes   Zeus

Hephaistos   Demeter

Tipp

Den griechischen Göttern auf der Spur
Leiht euch in der Bücherei ein Buch mit griechischen Sagen aus. Ein gutes Buch ist „Der Kampf um Troja. Griechische Sagen" (dtv junior).
Sucht darin die Sage über den Kampf um Troja.
Findet heraus, mit welcher List die Griechen in die Stadt gelangten und sie zerstörten.

3. Was versprechen die drei Göttinnen dem Königssohn Paris? (M 2)

4. Mit wem ist Helena verheiratet? Welche Folgen hatte es, als Paris Helena entführte? (M 2)

* **5.** Ihr könnt die Sage um den Streit der Göttinnen auch nachspielen. Folgende Rollen gibt es zu verteilen: Hera, Athene, Aphrodite, Paris, Helena, König von Sparta, weitere Fürsten aus Griechenland. Überlegt, was sie sagen und was sie tun. Ein Erzähler kann auch den Anfang und das Ende der Sage vorlesen

In Athen regieren die Bürger

Kannst du dir vorstellen, dass man Politiker nicht wählt,
sondern wie in einer Lotterie auslost? In der Polis Athen war das
vor rund 2 500 Jahren ganz selbstverständlich.

T 1 Wer soll herrschen – einer, wenige oder alle?

Die Polis Athen unterschied sich um 800 v. Chr. kaum von den anderen griechischen Stadtstaaten. Von einer sicheren Burg aus herrschte ein König über die Stadt und das Umland. Er leitete die Opferfeste für die Götter und war der höchste Gerichtsherr. Die Bauern, Handwerker, Fischer und Händler mussten ihm Dienste leisten und mit ihren Abgaben (Getreide, Vieh, Handwerkswaren) den königlichen Hof versorgen.

Um 700 v. Chr. stürzten reiche Grundbesitzer den König und übernahmen die Regierung. Da sie ihre Macht aber oft missbrauchten, wurden die einfachen Bürger immer unzufriedener. Viele meinten: „Am besten wäre es doch, wenn wir alle zusammen die Angelegenheiten unserer Polis regeln könnten."

T 2 Die Volksversammlung

Um 500 v. Chr. führten die Athener die Demokratie ein. Dabei gaben sie jedem einzelnen Bürger mehr Mitspracherecht in ihrer Polis als in irgendeinem Staat der Welt heute. Etwa drei- bis viermal im Monat kamen die Bürger zu einer Volksversammlung zusammen. Dort wurde über alles gesprochen, was für die Polis wichtig war. Mal ging es um Gesetze, mal um Kriege oder einen Friedensschluss. Ein andermal berieten sie über den Bau einer Straße oder über Regeln für den Fischmarkt im Hafen.

Jeder männliche Bürger hatte das Recht, an der Volksversammlung teilzunehmen, für oder gegen eine Sache zu sprechen und am Ende mit abzustimmen. Die Mehrheit entschied.

M 1 Tonscherbe aus Athen (5. Jh. v. Chr.).
Solche Tonscherben benutzten die Athener als „Stimmzettel". Wenn auf der Volksversammlung ein Scherbengericht beschlossen wurde, ritzten die Teilnehmer die Namen von „Verdächtigen" auf eine Tonscherbe. Auf dieser Tonscherbe ist der Name „Perikles" eingeritzt und darunter „Sohn des Xantippos". Perikles war von 450 bis 430 v. Chr. ein berühmter Feldherr.

T 3 Die Regierung

Eine Volksversammlung musste natürlich gut vorbereitet werden. Dafür war eine Gruppe von 500 Männern zuständig. Sie wurden für ein Jahr ausgelost. Im „Rat der Fünfhundert" arbeiteten sie dann Gesetzesvorschläge aus und legten für die nächste Volksversammlung die Themen fest. Jeweils 50 von ihnen bildeten für etwas mehr als einen Monat die Regierung der Stadt. Den Vorsitzenden losten sie jeden Tag neu aus. Keiner sollte zu viel Macht besitzen.

T 4 Eine ideale Herrschaftsform?

Sogar die Richter loste man jedes Jahr unter den Bürgern der Stadt aus. Nur die höchsten Beamten und die Strategen, das waren die Feldherren, bestimmte man nicht durch das Los. Wer den Athenern zu mächtig erschien, konnte durch das Scherbengericht verbannt werden (M 1). Dann musste er die Stadt für zehn Jahre verlassen.

So viel politische Gleichheit gab es nirgends. Trotzdem hatte auch die Demokratie der Athener aus heutiger Sicht einen entscheidenden Fehler: Sie galt nur für die männlichen Athener Bürger.

---

1. Wer herrschte in Athen? (T 1, T 2)
– um 800 v. Chr.?
– um 700 v. Chr.?
– um 500 v. Chr.?

2. Beschreibe, wie die Volksversammlung funktionierte. (T 2, T 3) Warum war sie die wichtigste Einrichtung der Demokratie von Athen?

3. Lies die Rede von Perikles genau. (M 3) Nenne die Vorzüge, die Perikles an der Demokratie hervorhebt.

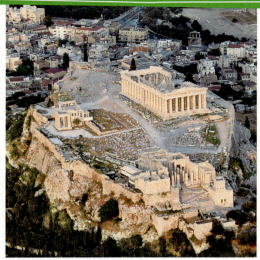

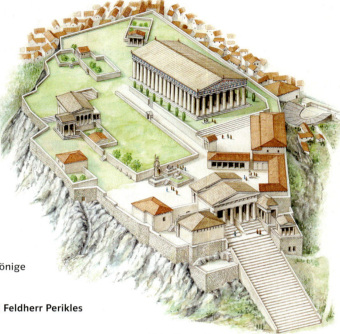

M 2 Die Akropolis von Athen.
(Links der heutige Zustand, rechts eine Rekonstruktion.)
Auf der Akropolis befand sich ursprünglich die Burg der Könige
mit einem Heiligtum der Schutzgöttin Athene.

M 3 In einer öffentlichen Rede schilderte der Politiker und Feldherr Perikles
431 v. Chr. den Athenern die Vorteile ihrer Verfassung:

M 4 Akropolis
(Zeichnung)

99 Wir leben in einer Staatsform, die die Einrichtungen anderer nicht nachahmt (…) Mit Namen wird sie, weil wir uns nicht auf 5 eine Minderheit, sondern auf die Mehrheit im Volk stützen, Volksherrschaft genannt. Und es genießen auch alle (…) vor den Gesetzen gleiches Recht; in der öffentlichen 10 Bewertung jedoch fragt man allein nach dem Ansehen, das sich jemand auf irgendeinem Felde erworben hat, und (…) allein die persönliche Tüchtigkeit verleiht im öffentlichen 15 Leben einen Vorzug. 66

Lexikon

Demokratie
bedeutet Volksherrschaft. Bei dieser Regierungsform bestimmen die Bürger selbst. Die Athener führten um 500 v. Chr. die erste Form der Demokratie ein.

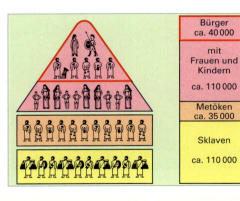

| Bürger ca. 40 000 |
| mit Frauen und Kindern ca. 110 000 |
| Metöken ca. 35 000 |
| Sklaven ca. 110 000 |

M 5 Die Bevölkerung von Athen um 430 v. Chr.
Volles Bürgerrecht besaßen nur die freien Athener Männer. Ihre Frauen sowie Zugewanderte (Metöken) hatten keine politischen Rechte. Sklaven besaßen nicht einmal persönliche Rechte.

4. Beschreibe deinem Nachbarn, wie ein Scherbengericht ablief. (M 1, T 4) Was wollten die Athener mit dem Scherbengericht verhindern? Warum war es nur gültig, wenn mindestens 6 000 Scherben abgegeben worden waren?

5. Wenn wir die Demokratie in Athen ansehen – was finden wir heute ungerecht daran? (T 2, M 5)

*
6. Betrachte die Akropolis. (M 3, M 4) Welche Bauteile der Akropolis kann man ziemlich sicher rekonstruieren, welche nicht?

Die Olympischen Spiele

**Alle vier Jahre treffen sich die besten Sportlerinnen und Sportler der Welt zum Wettkampf.
Die Idee stammt von den alten Griechen.
Doch wie liefen die Spiele vor fast 3000 Jahren ab?**

T1 Spiele für die Götter

Auf der Halbinsel Peloponnes hatte der Göttervater Zeus sein höchstes Heiligtum in der Stadt Olympia. Die Griechen verehrten ihn dort mit sportlichen Wettkämpfen ihrer besten Athleten. Die ersten Spiele, von denen wir wissen, fanden 776 v. Chr. statt. Von da an wurden sie alle vier Jahre ausgetragen. Für die Griechen waren die Olympischen Spiele so wichtig, dass sie ihre Zeit in Olympiaden rechneten. Das war der Zeitraum von vier Jahren zwischen den Spielen. Im Jahr 394 n. Chr. verbot der christliche römische Kaiser Theodosius, der damals über Griechenland herrschte, die Spiele. Denn für ihn waren die Spiele ein unchristlicher Brauch. Erst 1896, also vor rund 110 Jahren, fanden sie zum ersten Mal wieder statt.

T2 Der Olympische Eid

Im Vergleich zu heute waren die Olympischen Spiele der alten Griechen sehr bescheiden. Sie fanden unter offenem Himmel statt und dauerten nur fünf Tage. Die Athleten mussten freie Griechen sein und sich mindestens zehn Monate lang auf die Wettkämpfe vorbereitet haben. Vor den Wettkämpfen traten sie vor der großen Statue des Zeus zusammen und schworen, dass sie nicht gegen die Regeln verstoßen wollten.
Die Athleten traten zu den Wettkämpfen nackt an. Verheiratete Frauen waren als Zuschauerinnen nicht zugelassen.

T3 Der olympische Frieden

Die Zuschauer und Wettkämpfer kamen von überall her. Viele Griechen scheuten auch einen weiten Weg nicht: Manche kamen aus den Küstenstädten in Süditalien, andere reisten aus den Kolonien am Schwarzen Meer an.
In Olympia begegnete man Politikern, Sängern und Künstlern. Auch Verwandte trafen sich hier, die sich schon lange nicht mehr gesehen hatten. Damit die Reise gefahrlos war, wurde für die Zeit der Spiele ein Gottesfrieden für ganz Griechenland ausgerufen. Das hieß, in dieser Zeit dass kein griechischer Staat Krieg führen durfte.

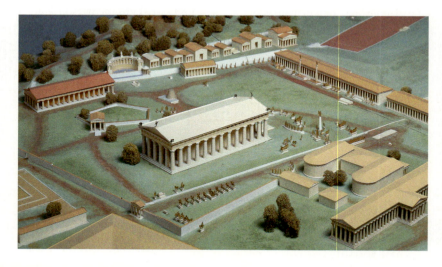

M1 So sah das antike Olympia im 5. Jh. v. Chr. wahrscheinlich aus (Rekonstruktion nach Überresten). In der Mitte steht der Zeus-Tempel, oben links der Tempel der Hera, oben rechts liegt das Stadion.

1. Wo und wann wurden die Olympischen Spiele der Antike ausgetragen? (T1)

2. Wozu dienten die Wettkämpfe eigentlich (T1)? Was mussten die Teilnehmer schwören? (T2)

3. In Olympia wurden auch Wettkämpfe für Frauen ausgetragen. (M4) Welche Göttin wurde dabei verehrt? Warum fanden diese Spiele wohl getrennt von den Wettkämpfen der Männer statt?

4. Was bedeutete der olympische Frieden bei den Griechen? (T3) Gibt es so etwas auch bei den Olympischen Spielen heute?

M 2 Stadionlauf
(dargestellt auf einer Vase
aus dem 6. Jh. v. Chr.)

T 4 Olympiasieger – Stars der Antike
Am letzten Tag versammelten sich
die Sportler und Kampfrichter zu
einem Dankopfer. Die Sieger traten
mit einem Stirnband aus weißer
Wolle vor das Standbild des Göttervaters. Als Preis bekam jeder einen
Kranz aus den Zweigen eines heiligen Ölbaums. So kehrten sie in
ihre Heimatstadt zurück.
Olympiasieger wurden wie Helden
empfangen: Viele bekamen auf
Lebenszeit einen Ehrenplatz im
Theater oder brauchten keine
Steuern mehr zu zahlen. Jede Polis
war stolz auf ihre Sieger, denn sie
schienen zu beweisen, dass man
besser war als die anderen.

M 3 Ablauf der Spiele in Olympia:
1. Tag: Eid der Athleten und Trainer
vor der Zeusstatue
2. Tag: Wettkämpfe der Jungen
3. Tag: Pferde- und Wagenrennen,
Fünfkampf (Diskuswerfen,
Weitsprung, Speerwerfen,
Wettlauf, Ringkampf)
4. Tag: Prozession und Opfer für
Zeus, Festmahl
5. Tag: Laufwettbewerbe, Faust-
kampf, Ringkampf, Waffen-
lauf
6. Tag: Siegerehrung im Zeustempel

M 4 Wettlauf der Frauen (dargestellt
auf einer Vase aus dem 5. Jh. v. Chr.).
Die Frauen und Mädchen hatten in
Olympia eigene Spiele. Es waren Laufwettbewerbe zu Ehren der Göttin Hera.
Männer durften nicht als Zuschauer
dabei sein.

‹ Extra ›

**M 5 Bei den Wettkämpfen der Frauen
traten sechzehn unverheiratete Frauen
gegeneinander an. Der griechische
Schriftsteller Pausanius berichtet rück-
blickend aus dem 2. Jahrhundert n. Chr.
von den Wettkämpfen:**

99 Dieser Wettkampf ist ein
Wettlauf für Jungfrauen. Sie sind
aber nicht alle gleichaltrig, sondern zuerst laufen die jüngsten,
5 nach diesen die nächst älteren und
als letzte laufen die ältesten von
den Mädchen. Sie laufen so:
Das Haar fällt lose herab, das Gewand reicht bis übers Knie und die
10 rechte Schulter zeigen sie bis zur
Brust. Auch ihnen wird für den
Wettkampf das olympische Stadion zugewiesen, doch ziehen sie
ihnen beim Stadionlauf den sechs-
15 ten Teil ab. Den Siegerinnen geben
sie Ölbaumkränze und einen Anteil von der der Hera geopferten
Kuh. Sie dürfen sich auch Bilder
malen lassen und weihen. 66

5. Vergleiche die Spiele bei den
Griechen mit den Olympischen
Spielen heute:
a) Welche sportlichen Disziplinen
der Griechen gibt es auch bei
den Olympischen Spielen der
Neuzeit? (M 3)

b) Welche heutigen Disziplinen
haben die Griechen noch nicht
gekannt?
c) Wie werden die Sieger geehrt?
(T 4)
Fällt dir noch mehr auf, was gleich
oder unterschiedlich ist?

* **6.** Betrachte die Vasenbilder M 2
und M 4 genau. Was ist bei den
Frauen anders als bei den Männern?
Was erfährst du aus M 5 noch über
die Spiele der Frauen?

Über die Olympischen Spiele ...

... haben auch schon griechische Schriftsteller und Dichter geschrieben.
Was sie von den Spielen hielten, kannst du auf diesen Seiten selbst erarbeiten.

T 1 Das Prinzip des Wettbewerbs

Die Griechen liebten den Wettbewerb über alles: Jede Stadt wollte die besten Baumeister, Soldaten, Dichter oder Bildhauer haben. Besonders stolz waren die Bürger aber, wenn ihre Sportler weiter sprangen, schneller liefen oder den Speer weiter schleuderten als die Athleten der anderen Polis. Daher fanden in ganz Griechenland regelmäßig sportliche Wettkämpfe statt.

Am berühmtesten waren natürlich die Spiele in Olympia, die ja zu Ehren des Göttervaters stattfanden. Doch wer in Delphi im Heiligtum des Gottes Apollon oder in Athen unter dem riesigen Standbild der Göttin Athene zum Sieger einer sportlichen Disziplin ausgerufen wurde, war bald überall bekannt. Wenn ein Sportler mehrere große Wettbewerbe hintereinander gewann, wurde er so berühmt wie ein moderner Star.

M 1 Der Dichter Isokrates aus Athen schrieb über die Olympischen Spiele um 380 v. Chr.:

» Mit Recht lobt man diejenigen, welche die Festversammlung eingeführt haben. Denn so wird der Gottesfrieden verkündet und alle
5 Feindschaften beigelegt und wir finden uns an einem Ort zusammen und bringen den Göttern gemeinschaftlich Gebete und Opfer dar. Dabei erinnern wir uns an die be-
10 stehenden Verwandtschaften, verbessern für die Zukunft das gegenseitige Verständnis, erneuern die alten Freundschaften und knüpfen neue Freundschaften. «

M 2 Der griechische Dichter Lukian (120–180 n. Chr.) hat aufgeschrieben, was ein Nicht-Grieche zu einem Athener über die Spiele sagt:

» Weswegen tun dies bei euch die jungen Männer? Die einen umschlingen sich und stellen sich ein Bein, versuchen sich gegenseitig zu
5 Boden zu werfen und wälzen sich wie Schweine im Dreck. (...) Das Erbärmlichste ist, dass so viele Menschen bei den Misshandlungen der Athleten zuschauen. Ich wundere
10 mich sehr, dass sie ihre wichtigen Geschäfte liegen lassen und für solche Schauspiele Zeit finden. Ich kann nicht begreifen, dass es ihnen Spaß machen soll, Menschen zu sehen, die sich stoßen und boxen und
15 sich zu Boden schmettern. «

M 3 So sah ein Olympiasieger vor rund 2500 Jahren aus (Malerei auf einer Vase, um 410 v. Chr.).

1. Lies die Textquellen M 1 und M 2 in Ruhe durch. Bearbeite dann die Fragen 1–3 zu jedem Text.

2. Finde für jede Textquelle eine eigene Überschrift.

3. Was hält Isokrates von den Spielen, was meint Lukian? (M 1, M 2) Woran erkennst du das?

4. Finde heraus, was für Isokrates an den Spielen besonders wichtig ist. (M 1)

M 4 Ringkämpfer bei den Olympischen Spielen
(Malerei auf einer griechischen Vase, ca. 6. Jh. v. Chr.).
Links am Rand ist eine Zuschauerin zu sehen.

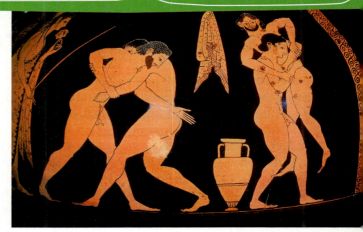

T 2 Den Göttern näher?

Die Griechen glaubten sogar, dass ein erfolgreicher
Sportler im Augenblick des Sieges den Göttern näher
sei. Deshalb durften die Sieger im heiligen Bezirk von
Olympia eigene Standbilder aus Marmor aufstellen
lassen. Sie sollten noch spätere Generationen an die
großartigen Leistungen erinnerten. Doch nicht alle
konnten sich für das sportliche Kräftemessen begeistern.

T 3 Was sind schriftliche Quellen?

Aus der Zeit der alten Griechen sind uns viele Schriftstücke erhalten geblieben, zum Beispiel Briefe,
Gedichte, Reden und Theaterstücke. Diese Schriftstücke sind wichtige Quellen für uns. Wir nennen sie
schriftliche Quellen oder auch Textquellen.
In schriftlichen Quellen stecken oft wichtige Informationen darüber, wie die Menschen in früheren Zeiten
gelebt haben, was sie gedacht haben und was in der
Politik passierte. Oft schreiben die Verfasser über
Dinge, die sie selbst erlebt haben. Manchmal schreiben
sie aber auch auf, was sie von anderen gehört haben
oder was ihnen von früher erzählt wurde. Das muss
man gut unterscheiden, wenn man wissen will, ob man
dem Verfasser glauben kann und ob man sich auf eine
Quelle verlassen kann.

Methode: Schriftliche Quellen auswerten

Fragen zum Text:
1. Worum geht es in dem Text?

2. Welche Daten, Orte, Personen oder Gruppen werden genannt?

3. Gibt es Wörter die du nicht verstehst? Schlage in einem Wörter-buch nach oder frage deine Lehrerin oder deinen Lehrer.

4. Schreibt der Verfasser über Din-ge, die er selbst erlebt hat? Woher hat er sonst seine Informationen?

5. Kannst du erkennen, an wen sich der Text wendet?

6. Mit welcher Absicht hat der Ver-fasser den Text wohl geschrieben?

5. Mit welcher Absicht haben die Verfasser ihre Texte wohl geschrieben? (M 1, M 2)

*
6. Hältst du beide Texte für glaub-würdig? Das bedeutet, dass sie ver-lässliche Quellen sind. Das kannst du an folgenden Fragen prüfen:

a) Haben beide die Olympischen Spiele selbst erlebt oder haben sie viel später gelebt?
b) Sind sie selber Griechen oder kommen sie von woanders her?

Alexander – der Große?

Alexander wurde mit 20 Jahren König.
Zwei Jahre später begann er mit einem langen Eroberungszug.
Macht ihn das schon zu einem „Großen"?

T1 Großmacht Makedonien

Im Norden von Griechenland entstand im 4. Jahrhundert v. Chr. der mächtige Staat Makedonien. Im Vergleich zu heute war Makedonien sehr klein, nicht viel größer als Bayern. Doch es war stärker als alle griechischen Stadtstaaten zusammen.

Mit seiner Armee unterwarf König Phlipp von Makedonien die anderen griechischen Staaten. Er zwang sie, einen Bund zu schließen und ihm als Anführer zu folgen. Das gemeinsame Ziel sollte ein Feldzug gegen die Perser sein. Diese hatten nämlich 150 Jahre zuvor Griechenland verwüstet. Doch Philipp wurde 336 v. Chr. ermordet.

T2 Alexander wird König

Sein Sohn Alexander begann zwei Jahre später mit dem Feldzug gegen die Perser. Das war ein gewagtes Unternehmen, denn das Perserreich war größer und mächtiger als alle Reiche, die es bis dahin gegeben hatte. Mit einer Armee aus 35 000 Griechen und Makedonen setzte Alexander nach Asien über.

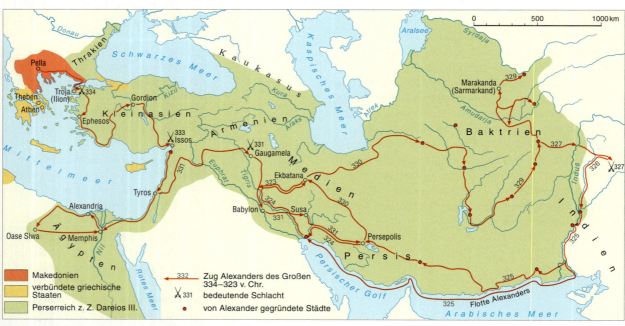

M1 Das Alexanderreich umfasste Makedonien und das eroberte Perserreich.
Die griechischen Stadtstaaten waren mit Makedonien verbündet.

1. Schlage in einem Atlas nach, durch welche heutigen Länder Alexanders Heer zog. (M 1)

2. Wie weit erstreckte sich das Perserreich von Westen nach Osten? Vergleiche die Größe mit Makedonien.

3. Verfolge auf der Karte, wie der Feldzug verlief. Wo fanden Schlachten statt? Wo gründete Alexander neue Städte?

4. Erzähle die Ereignisse am Indus in wenigen Sätzen nach. (T3)

T3 Alexander erobert das Perserreich

In den folgenden zehn Jahren legte Alexander mit seinen Soldaten mehr als 20 000 Kilometer zurück: über eisige Gebirge und durch glühend heiße Wüsten. Wegen Hunger, Durst, Kälte und übermäßigen Strapazen starben wahrscheinlich mehr Männer auf den Märschen als in den Schlachten.

Alexanders Ruhm wuchs mit jeder neuen Eroberung. Er siegte in Issos und Gaugamela zweimal über den Perserkönig Dareios und drang bis nach Indien vor.

Mit seinem Heer überquerte er den Fluss Indus Richtung Osten. Auf der anderen Seite drängten viele Offiziere und Soldaten darauf, den Feldzug zu beenden. Sie weigerten sich weiterzuziehen. Sie wollten ihrem Feldherrn nicht – wie er es forderte – bis an die östlichen „Grenzen der Welt" folgen. 323 v. Chr. starb Alexander in Babylon an Malaria. Zu dieser Zeit plante er gerade einen neuen Feldzug bis zur westlichen Grenze der bewohnten Welt.

M 2 Im 2. Jh. n. Chr. schrieb der griechische Gelehrte Arrian die Geschichte des Alexanderzuges auf. In diesem Bericht steht, was der Soldat Koinos angeblich am Indus zu Alexander gesagt hat:

" Du siehst ja selber, wie viele Makedonen und Griechen zusammen mit dir ausgezogen und wie wenige von uns noch übrig sind. (…)
5 Und alle diese haben Heimweh nach ihren Eltern, wenn sie noch welche haben, und Heimweh nach Frau und Kindern, ja Heimweh nach der Heimaterde selber! (…) Du darfst sie
10 jetzt nicht gegen ihren Willen weiterführen! "

M 3 Alexandermosaik aus der römischen Stadt Pompeji (aus dem 1. Jh. n. Chr.).
Das Mosaik ist in Wirklichkeit fast 6 Meter breit und hatte ein griechisches Gemälde zum Vorbild (um 300 v. Chr.).
Es zeigt Alexander (links auf einem Pferd) und seinen Gegner, den Perserkönig Dareios (rechts auf einem Wagen).

5. Lies den Text von Arrian genau durch. (M 2)
Mit welchen Argumenten rät der Soldat Koinos Alexander, den Feldzug abzubrechen?

* **6.** Betrachte das Mosaik M 3 genau. Welche beiden Hauptpersonen zeigt das Mosaik?
Wie werden sie durch Körperhaltung, Gesichtsausdruck und Kleidung gekennzeichnet?
Welcher Augenblick der Schlacht wird dargestellt?

* **7.** Wann schrieb Arrian seine Geschichte des Alexanderzuges? Wie lange war das nach den Ereignissen? Können wir diesem Bericht glauben?

💡 Schriftliche Quellen auswerten

Die griechische Kultur lebt weiter

Unter Alexander wurden die Länder östlich vom Mittelmeer griechisch.
Später kamen die Römer.
Aber vieles von den Griechen lebt bis heute weiter.

T1 Die Welt wird griechisch

Alexander hatte auf seinem Feldzug viele Städte gegründet. Nach Alexanders Tod zerfiel sein großes Reich. Seine Generäle teilten die Länder unter sich auf und machten sich überall zu neuen Königen. In diese Länder zogen zahlreiche Griechen und Makedonen: Kaufleute, Handwerker, Künstler und ehemalige Soldaten. Sie brachten die griechische Lebensart und ihre Sprache mit in die neue Heimat. Die griechische Lebensart galt bald als besonders vornehm und modern. Griechisch wurde zur Weltsprache, die jeder Händler und Gelehrte können musste. Aber auch die Griechen lernten vieles von den Völkern im Osten. Von den Ägyptern übernahmen sie manche Göttinnen und Götter. In Babylonien lernten sie, den Lauf von der Sonne und den Sternen zu berechnen und die Sternbilder zu deuten.

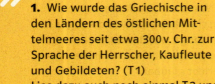

M1 In der Stadt Alexandria arbeiteten mehr Wissenschaftler als an irgendeinem anderen Ort der damaligen Zeit. Ihre Erfindungen verwenden wir noch heute:

a)

Die „archimedische Schraube" (Zeichnung): Der griechische Physiker Archimedes konstruierte im 3. Jahrhundert v. Chr. ein Gerät, mit dem man Wasser in die Höhe fördern kann. Den größten Nutzen hatten später die Römer. Rund um das Mittelmeer wurde das Gerät eingesetzt, um Felder zu bewässern und Wasser aus Bergwerken zu leiten. Die archimedische Schraube wird noch heute in Kläranlagen eingesetzt.

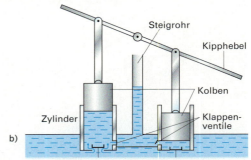

Steigrohr
Kipphebel
Kolben
Zylinder
Klappenventile
b)
Einlasslöcher mit Scheibenventilen

Die Wasserpumpe (Zeichnung): Der griechische Techniker Ktesibios erfand im 3. Jahrhundert v. Chr. eine Wasserpumpe. Sie wurde zuerst in der griechischen Welt, dann im ganzen römischen Reich als Feuerspritze eingesetzt. Noch im 20. Jh. verwendete man sie in Deutschland beim Feuerlöschen.

M2 Der Leuchtturm von Alexandria war 120 Meter hoch und konnte von 50 Kilometern aus gesehen werden. Er zählt zu den „sieben Weltwundern". Wir kennen den Leuchtturm nur aus griechischen Berichten, denn er wurde schon vor langer Zeit vollständig zerstört.

1. Wie wurde das Griechische in den Ländern des östlichen Mittelmeeres seit etwa 300 v. Chr. zur Sprache der Herrscher, Kaufleute und Gebildeten? (T1) Lies dazu auch noch einmal T3 und M4 auf Seite 79.

2. Was gehört alles zur griechischen Kultur. (T3)

3. Erläre die Erfindungen (M1):
a) Wie funktioniert die archimedische Schraube?
b) Wie funktioniert die Wasserpumpe?
Kannst du dir denken, warum wird sie heute noch in ärmeren Ländern in Afrika und Asien benutzt wird?

T 2 Die Weltstadt Alexandria

Die wichtigste Stadt in der griechischen Welt war Alexandria in Ägypten. Vielleicht war sie damals sogar die größte Stadt der bekannten Welt, denn es lebten ca. 500 000 Menschen dort. Von hier aus führten Karawanenwege nach Afrika und Arabien. Schiffe brachten wertvolle Waren vom Mittelmeer, vom Roten Meer und sogar aus Indien in die Stadt. Der Leuchtturm am Hafen war der höchste, der je gebaut wurde (M 2). Berühmt war die Stadt für ihre Bibliothek. Hier lagen fast 700 000 Buchrollen. Darin stand alles, was die Forscher und Gelehrten zu dieser Zeit wussten. An der Hochschule, dem Museion, forschten die besten Mediziner, Geografen und Mathematiker. Die Geographen berechneten schon genau, wie groß die Erde ist und ob sich die Erde um die Sonne dreht.

Die alte Stadt Alexandria gibt es heute nicht mehr. Sie wurde bei einem Erdbeben zerstört und ist im Meer unter Sand und Schlick versunken.

T 3 Griechenland wird römisch

Die Nachfolger Alexanders des Großen bekämpften sich allerdings häufig. Während dieser Zeit entstand im heutigen Italien ein mächtiger Staat: das Reich der Römer. Die Römer unterwarfen schließlich alle Könige und Völker rund um das Mittelmeer und besetzten die Staaten als neue Herrscher. Doch sie erkannten bald, dass sie von den Griechen viel lernen konnten. Reiche Römer holten sich für ihre Söhne griechische Lehrer ins Haus, ließen sich von griechischen Schauspielern unterhalten und von griechischen Ärzten heilen.

M 4 Schauspieler bereiten eine Aufführung vor (Vasenmalerei um 400 v. Chr.). Das Theater übernahmen die Römer von den Griechen. Römische Schriftsteller ahmten häufig griechische Theaterstücke nach, und die besten Schauspieler in römischen Theatern kamen aus Griechenland. Die Schauspieler waren Männer; an ihrer Masken konnte man erkennen: ob sie Mann oder Frau, jung oder alt, Gott oder Held darstellten.

M 3 Das Brandenburger Tor in Berlin wurde 1791 gebaut. Das Vorbild zu diesem Bauwerk war die Akropolis in Athen. Um 1800 entstanden in Europa und in Nordamerika viele Bauwerke, die sich an der griechisch-römischen Bauweise orientierten.

4. Beschreibe das Brandenburger Tor auf dem Foto M 3. Welche Bauteile kannst du von unten nach oben unterscheiden? Welche Aufgabe hat oder hatte dieses Bauwerk?

5. Wie wirkt das Brandenburger Tor auf dich? Kannst du dir vorstellen, warum man die Bauweise der Griechen und Römer noch nach 2000 Jahren nachahmt?

6. Informiere dich in der Bibliothek oder im Internet über die „sieben Weltwunder". Welche waren es und wo standen oder stehen sie?

Als Rom noch klein war

„Auch Rom wurde nicht an einem Tag gebaut", heißt ein Sprichwort.
Damit will man sagen, dass eine bestimmte Sache seine Zeit braucht.
Wie lange brauchten die Römer für ihr Reich?

M1 Der römische Dichter Virgil hat im 1. Jahrhundert v.Chr. die
Sage aufgeschrieben, wie Rom entstanden ist. Als Virgil die
Sage schrieb, war Rom schon lange groß und mächtig.

99 Die Könige herrschten friedlich über Latium, bis
es zwischen zwei Brüdern zum Streit kam. Der jüngere
vertrieb seinen Bruder, den König, und machte sich
selbst zum Herrscher. Aus Angst tötete er die Söhne sei-
5 nes Bruders. Außerdem zwang er die Tochter, Rhea Silvia, Priesterin zu werden. Priesterinnen durften nämlich nicht heiraten und auch keine Kinder bekommen.
So konnte ihm keiner mehr den Thron streitig machen.
Doch der Kriegsgott Mars besuchte Rhea Silvia und sie
10 bekamen die Zwillinge Romulus und Remus. Daraufhin ließ der König, ihr Großonkel, die beiden Kinder in
einem Schilfkorb auf dem Tiber aussetzen. Sie wären
gewiss verhungert, wenn nicht der Flussgott geholfen
hätte. Er sorgte dafür, dass sich das Körbchen nahe dem
15 Hügel Palatin in den Zweigen eines Baumes verfing.
Eine Wölfin hörte das Wimmern der Knaben, nahm sie
zu sich und zog sie mit ihrer Milch auf. Später nahm
ein Hirte sie mit in seine Hütte.
Als die Zwillinge junge Männer geworden waren, er-
20 schlugen sie ihren Großonkel und gründeten auf dem
Hügel Palatin am Tiber eine Stadt.
Die Götter bestimmten, dass Romulus ihr Herrscher
wurde. Er zog einen kleinen Erdwall um die Stadt, den
niemand überschreiten durfte. Remus aber wollte sei-
25 nen Bruder verspotten und sprang darüber. Da wurde
Romulus so wütend, dass er Remus erschlug. „So soll es
jedem ergehen, der diese Mauern übersteigt", sagte er
dabei. 66

M2 Die Wölfin ist bis heute das Wahrzeichen der Stadt Rom.
Diese Figur aus Bronze wurde um 500 v.Chr. angefertigt; die
Zwillinge hat man allerdings erst 2000 Jahre später dazu ge-
setzt.

T1 Die Sage und die Wirklichkeit

Die zwei Brüder Romulus und Remus haben nach
der Sage die Stadt Rom gegründet. Das soll im
Jahr 753 v.Chr. gewesen sein. So rechneten es die römischen Geschichtsschreiber aus. Trotzdem ist die Erzählung von Romulus und Remus keine geschichtliche
Wahrheit, sondern sie ist eine Sage. Wir finden keine
Beiweise für das, was sie erzählt. Im Gegenteil: Es ist
sogar unwahrscheinlich, dass sich die Dinge so zugetragen haben. Archäologen haben nämlich einfache
Hütten ausgegraben, die schon um das Jahr 1000 v.Chr.
auf dem Hügel Palatin gebaut wurden.

---

1. Woher stammt der Name für
die Stadt Rom? Gib zwei Möglichkeiten an:
a) wie es in der Sage (M1)
   beschrieben ist,
b) wie Wissenschaftler den Namen
   erklären. (T3)

2. Warum ist die Wölfin das Wahrzeichen der Stadt Rom? (M1, M2)

3. Latein war die Sprache der Römer.
Wie ist der Name zu erklären? (T2)

mildes Klima

fruchtbare Böden

Insel

Kapitol

Furt

Handelsstraße

Tiber

Palatin

ca. 15 km
zum Mittelmeer

M 3 Rom vor etwa 2 700 Jahren in einer Rekonstruktion.
Die Zeichnung zeigt den Platz der frühesten Siedlung. An dieser Stelle fanden Händler die erste Furt über den Tiber, wenn sie vom Mittelmeer her kam. Da es damals noch keine Brücken über so einen breiten Fluss gab, war man auf flaches Wasser angewiesen, wenn man ihn mit einem Ochsenwagen überqueren wollte.

T 2 Erste Siedlungen

Die Siedler auf den Hügeln am Fluss Tiber gehörten zum Volksstamm der Latiner. Sie hatten den Ort ausgewählt, weil man den Tiber an dieser Stelle über eine Insel leicht überqueren konnte. Außerdem gab es genug fruchtbares Land. Ihre Dörfer bauten die Latiner aber lieber auf den Hügeln in der Nähe des Flusses. Dort waren sie vor Hochwasser sicher. So mieden sie auch die Sümpfe, in denen viele Krankheiten drohten.

M 4 Diese Urne aus Ton ist fast 3 000 Jahre alt. Sie wurde dort gefunden, wo Romulus angeblich seine Stadt gegründet hat. Wahrscheinlich ist sie eine verkleinerte Hütte, wie sie die ersten Siedler um 1 000 v. Chr. auf dem Hügel Palatin gebaut haben.

T 3 Eine Stadt entsteht

Um 700 v. Chr. wuchsen die einzelnen Siedlungen zu einer kleinen Stadt zusammen, die mit einer festen Mauer umbaut wurde. Die Herrschaft hatten aber andere übernommen: mächtige Männer aus dem Volk der Etrusker. Aus ihrer Sprache stammt vermutlich auch der Name „Ruma" für die neue Stadt.
Die Etrusker waren geschickte Handwerker. Ihnen gelang es, die Sümpfe zwischen den Hügeln trocken zu legen, indem sie das Wasser durch Kanäle ableiteten. So entstand Raum für einen großen öffentlichen Platz: das Forum Romanum. An diesem Ort konnten sich die Bürger versammeln und Handel treiben. Um 500 v. Chr. vertrieben die Latiner die etruskischen Könige. Aber es dauerte noch einmal 500 Jahre, bis Rom zu einer großen und prächtigen Stadt wurde.

4. Nenne mindestens zwei Gründe, warum die Hügel am Tiber ein günstiger Platz für eine Siedlung waren. (T 2, M 3)

5. Warum ist es sehr unwahrscheinlich, dass die Stadt Rom genau im Jahr 753 v. Chr. gegründet wurde? (T 1, M 4)

6. Der Dichter Virgil hat die Sage von Rom (M 1) fast 1000 Jahre nach der „sagenhaften" Gründung aufgeschrieben. Suche aus der Sage Einzelheiten heraus, die die Römer als starkes Volk erscheinen lassen. Was wollte Virgil also mit dieser Geschichte beim Zuhörer bewirken?

Von der Stadt zum Reich

**Das Bauernvolk der Römer wurde so mächtig wie kein anderes Volk.
Aber waren die Römer nur gute Krieger?**

T1 Die Römer unterwerfen ihre Nachbarn ...

Die Römer beherrschten lange Zeit nur die Landschaft Latium an der Mündung des Flusses Tiber. Die meisten von ihnen waren Bauern. Im Winter mussten sie Kälte und Nässe ertragen, im Sommer arbeiteten sie unter der heißen südlichen Sonne. Die Römer führten im Laufe ihrer Geschichte unzählige Kriege. Zuerst wollten sie sich gegen die Nachbarvölker behaupten, dann wollten sie ihre Macht immer weiter ausdehnen. Ab 275 v. Chr. beherrschten die Römer einen großen Teil des heutigen Italien.

T2 ... und verbünden sich mit ihnen

Die Römer lernten im Laufe der Zeit, dass es besser war, die Besiegten durch Verträge an sich zu binden als sie nur auszuplündern. Vielen besiegten Völkern gaben sie sogar das römische Bürgerrecht, das heißt, sie wurden wie römische Bürger behandelt. Sie waren frei und durften in der Politik mitbestimmen. So machten die Römer aus Gegnern Bundesgenossen, die ihnen im Krieg mit Truppen, Waffen und Nachschub halfen.

T3 Die Römer schaffen sich ein großes Reich

Die Gebiete außerhalb ihrer eigenen Halbinsel machten die Römer zu Provinzen. Diese dienten vor allem dazu, Rom mit Getreide und Waren aller Art zu versorgen. Deshalb schickten die Römer Beamte dorthin, die für Ordnung sorgten und Steuern erhoben. Die Menschen in den Provinzen bekamen kein römisches Bürgerrecht und sie waren keine freien Völker mehr. Wenn es zu einem Aufstand der einheimischen Bevölkerung kam, wurde er von römischen Truppen niedergeschlagen.

T4 Handel und Verkehr

Doch die römische Herrschaft hatte auch gute Seiten für die Provinzbewohner: Die Römer bauten überall gepflasterte Straßen und Wasserleitungen. Sie führten die römischen Gesetze ein, machten die Land- und Seewege sicherer und schützten die Grenzen des Reiches. Vor allem der Handel mit Waren funktionierte besser als zuvor. Reisende und Händler konnten nämlich überall mit römischen Denaren bezahlen, und Latein als gemeinsame Sprache verstanden viele.

M1 So entwickelte sich das Römische Reich von seinen Anfängen bis zu seiner größten Ausdehnung.

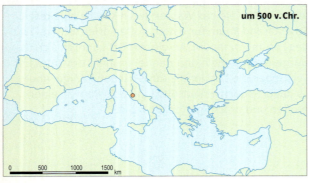

um 500 v. Chr.

275 v. Chr.

1. Wie behandelten die Römer die unterworfenen Völker auf der italienischen Halbinsel? (T2)

2. Welche Vorteile hatten die Bewohner der Provinzen von der römischen Herrschaft? Welche Nachteile waren damit verbunden? (T3, T4)

3. Den Karten in M1 fehlt eine Überschrift. Schreibe die Jahreszahlen in dein Heft und setze eine passende Überschrift daneben:
- Rom beherrscht das Mittelmeer
- Der Stadtstaat in Latium
- Das Römische Reich zu seiner „größten" Zeit
- Rom beherrscht Italien

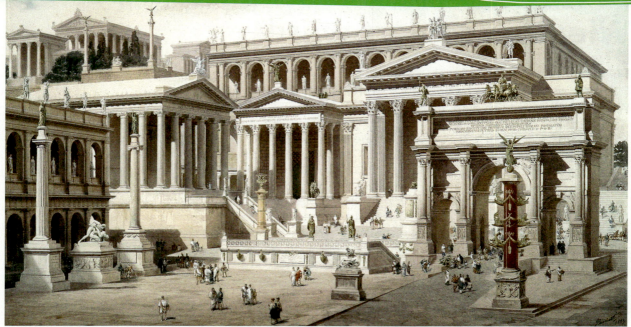

M 2 Das Forum Romanum in einer Rekonstruktion des 19. Jahrhunderts. So ähnlich könnte das Zentrum Roms zwischen den Hügeln Palatin und Kapitol um 300 n. Chr. ausgesehen haben: Tempel für die Hauptgötter, Triumpfbögen für siegreiche Feldherren und Gebäude, in denen Versammlungen, Gerichtsverhandlungen und Märkte stattfanden. Auf dem Forum wurden auch politische Reden gehalten.

Lexikon

Provinz
So nannten die Römer ihre Gebiete außerhalb der italienischen Halbinsel. Ein Statthalter verwaltete die Provinz und zog Steuern ein.

Geschichtskarten lesen

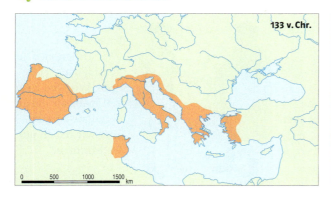

133 v. Chr.

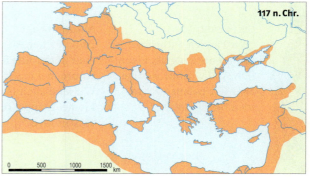

117 n. Chr.

4. Berechne, wie groß das Römische Reich um 117 n. Chr. war (M 1, der Maßstab hilft dir dabei):
a) von Norden nach Süden,
b) von Osten nach Westen.
Über welches Meer konnten die meisten Provinzen leicht per Schiff erreicht werden?

* **5.** Nimm eine Karte aus deinem Atlas zur Hilfe:
Welche heutigen Länder beherrschten die Römer um 117 n. Chr. ganz oder teilweise? (M 1)
Du kannst die Staaten auch nach Kontinenten ordnen:
Europa, Afrika, Asien.

* **6.** Betrachte das Forum Romanum (M 2). Wie wirkten die Gebäude wohl auf einen Besucher aus einer der vielen römischen Provinzen?

Wie Rom regiert wurde

Die Römer nannten ihren Staat „res publica".
Das heißt öffentliche Sache oder auch gemeinsame Sache.
War die Politik wirklich eine Sache von allen?

T1 Die römische Republik

Um 500 v. Chr. vertrieben die Römer den letzten etruskischen König. Nun stellte sich die Frage, wie sie die Stadt in Zukunft regieren sollten. Einen König wollten sie nicht wieder haben. Deshalb einigten sich die Bürger darauf, Rom ab jetzt gemeinsam zu regieren.

Statt eines Königs gab es nun zwei Konsuln. Sie leiteten in Friedenszeiten den Staat und führten im Krieg das Heer an. Dazu kamen noch weitere Beamte für bestimmte Aufgaben in der Stadt. Wer ein solches Amt haben wollte, musste sich zur Wahl stellen. Grundsätzlich hatten alle Männer, die das römische Bürgerrecht besaßen, auch ein Wahlrecht. Doch das Gewicht der Stimmen war ungleich verteilt.

T2 Patrizier und Plebejer

Die meiste Macht übten die Patrizier aus. So hießen die reichen Familien in Rom, die große Grundstücke auf dem Land besaßen. Ihnen stand die große Masse der einfachen Bevölkerung gegenüber, die man Plebejer nannte. Sie verdienten ihren Lebensunterhalt als Bauern, Handwerker und Händler. Anfangs durften sie nicht mitregieren. Doch weil die Plebejer die meisten Soldaten für das römische Heer stellten, konnte Rom ohne sie nicht verteidigt werden. Mehrfach drohten sie damit, den Kriegsdienst zu verweigern. So mussten die Patrizier ihnen im Laufe der Zeit erlauben, Ämter im Staat zu übernehmen.

T3 Das Machtzentrum Rom

Um Konsul zu werden, brauchte man die Mehrheit der Stimmen. Die Konsuln wurden wie fast alle anderen Beamten nur für ein Jahr gewählt. Eine Wiederwahl im folgenden Jahr war verboten. Nur bei einer Einrichtung machten die Römer eine Ausnahme, das war der Senat. Seine Mitglieder, die 300 Senatoren, wurden auf Lebenszeit berufen. Sie waren angesehene ehemalige Beamte und verfügten daher über sehr viel politische Erfahrung. Ihre Beschlüsse wurden genauso geachtet wie die Gesetze der Stadt Rom. Wenn die Konsuln wichtige Entscheidungen trafen, berieten sie sich normalerweise erst mit dem Senat.

M1 Wie ein Konsul in der Volksversammlung gewählt wurde

Gaius sagt:
„Wir Patrizier stimmen immer als erste ab. Eigentlich sind wir nur wenige, aber wir haben 80 Stimmen bei der Wahl."

Antonius sagt
„Wir reichen Plebejer – man nennt uns Ritter – stimmen danach ab. Wir sind auch nur eine kleine Gruppe, haben aber 18 Stimmen."

Lucius sagt:
„Wir armen Plebejer kommen als letzte dran. Wir sind zwar viel mehr als die anderen zusammen, aber wir haben nur 95 Stimmen."

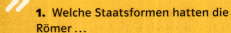

1. Welche Staatsformen hatten die Römer …
a) bis 500 v. Chr.,
b) 500 – 27 v. Chr.,
c) 27 v. Chr. – 476 n. Chr.? (T1, T4, M3)

2. Wie viele Stimmen brauchte ein Römer, der Konsul werden wollte? (T3, M1)
Warum waren die Stimmen der armen Plebejer weniger wert? (T3, M1)

3. Wieso konnte eine Wahl oft schon abgebrochen werden, wenn die Patrizier und die reichen Plebejer abgestimmt hatten? (M1) Achte auf die Stimmenzahl.

M2 Verfassung der römischen Republik um 300 v. Chr.

Senat mit 300 Senatoren	Gewählte Beamte, die die Staatsgeschäfte führen	10 Volkstribunen

– Wir beraten die Konsuln.
– Wir bereiten die Gesetze für die Volksversammlung vor.
– Wir erklären den Krieg.
– Wir schließen Friedensverträge ab.

2 Konsuln
– Wir leiten den Staat.
– Wir sind die obersten Heerführer.
– Wir berufen die Volksversammlung ein.

weitere Beamte
– Wir verwalten die Staatskasse.
– Wir sind die Richter.
– Wir sind für die Getreideverteilung verantwortlich.
– Wir haben die Polizeigewalt.

– Wir sind nur von Plebejern gewählt.
– Wir haben zwar nicht so viel zu sagen wie die gewählten Beamten, aber wir können alle ihre Beschlüsse verbieten, wenn wir sie schlecht finden.

T4 Von der Republik zum Kaiserreich

Als das Römische Reich immer größer wurde, wuchs auch die Macht der erfolgreichen Heerführer. Sie bekämpften sich allerdings gegenseitig, denn jeder wollte der mächtigste Mann in Rom sein. Einer von ihnen war Julius Cäsar. Ihm gelang es, in Rom die Macht zu übernehmen. Dann ließ er sich von den Senatoren an die Spitze des Staates stellen. Einige fürchteten bald, Cäsar würde sich zum König ausrufen lassen und ermordeten ihn. Aber ein paar Jahre später war Cäsars Adoptivsohn Oktavian als Konsul so mächtig geworden, dass er schließlich als Kaiser regierte. Rom blieb bis zu seinem Untergang im Jahr 476 n. Chr. ein Kaiserreich.

Lexikon

Patrizier
Sie kamen aus adligen Familien. Sie besaßen große Landgüter und hatten viel Macht im Staat.

Ritter
Sie gehörten zu den Plebejern, waren aber so reich, dass sie im Krieg als Reiter kämpfen konnten.

Plebejer
(lateinisch „plebs" = einfaches Volk). Sie besaßen das römische Bürgerrecht, waren aber meist arm.

M3 Standbild des Kaisers Augustus. Er hieß eigentlich Oktavian. Als Kaiser Augustus herrschte er von 27 v. Chr. bis 14 n. Chr.

4. Die römischen Beamten wurden nur für ein Jahr gewählt und hatten mindestens einen gleichberechtigten Kollegen neben sich. Was bezweckten die Römer damit? (T3, M2)

5. Erkläre, warum der Senat eigentlich mehr Macht hatte, als die beiden Konsuln. (T3, M2)

6. Rom wurde 500 Jahre lang von Konsuln regiert. Weitere 500 Jahre regierten Kaiser den Staat. Worin besteht der Unterschied? (T4)

Die „familia" – eine Familie wie heute?

**„Verliebt – verlobt – verheiratet", heißt es in einem Sprichwort.
Verliebte heiraten und gründen eine Familie.
War das bei den Römern auch so?**

T 1 Hochzeit bei den Römern

Bei den Römern wurde eine Hochzeit fast immer von
den Eltern verabredet. Dabei spielte es eine große
Rolle, wie viel Geld und Land eine Familie besaß und
was für einen Ruf sie hatte. Ein Mädchen wurde schon
mit 14 oder 15 Jahren verheiratet. Der junge Mann war
meistens nur wenige Jahre älter.
Am Morgen der Hochzeit brachte die junge Braut ihr
Spielzeug den Schutzgöttern des Hauses als Opfer.
Danach legte sie einen roten Schleier über ihr Haar. Die
Trauung fand im Haus der Braut statt. Vor den Eltern,
Verwandten und Freunden reichten sich die Brautleute
die rechte Hand. Dann tauschten sie die Ringe und
sprachen die Worte: „Wo du bist, bin ich auch."

M 2 Römisches Brautpaar bei der Eheschließung. Diese Figurengruppe ist aus Stein gehauen und befindet sich heute im Britischen Museum, London.

M 1 Römisches Ehepaar. Diese Zeichnung zeigt die typische Kleidung eines Römers und einer Römerin: Beide tragen die Tunika,
ein kurzärmeliges, langes Hemd aus Leinen oder Wolle. In der
Öffentlichkeit trug der Mann darüber eine Toga. Auf der Toga
von römischen Senatoren war noch ein dicker roter Streifen.
Verheiratete Frauen trugen über der Tunika eine Stola. Sklavinnen und Sklaven, Kinder und Arme hatten nur eine Tunika an.

T 2 Der Vater hat das Sagen

Die Frau gehörte nun zur „familia" ihres Schwiegervaters. Alle mussten ihm gehorchen, denn er
bestimmte als Familienoberhaupt so ziemlich alles,
was das Haus betraf. Erst wenn er starb, konnten seine
Söhne Hausvater werden.
Bei reichen Römern konnte die „familia" hundert und
mehr Personen umfassen, denn auch die Sklavinnen
und Sklaven und freigelassene Sklaven gehörten dazu.

---

1. Welcher Augenblick ist in M 2
dargestellt?
Lies dazu noch einmal T 1.

2. Lies T 1 und beantworte
folgende Fragen:
a) Wie lernte sich ein Paar zur
   Römerzeit kennen?
b) Wie verlief die feierliche Eheschließung?
c) Wer war bei der Hochzeit dabei?
d) Wo fand sie statt?

3. Was war bei einer römischen
Hochzeit anders als bei einer Hochzeit heute? (T 1)

T 3 Welche Rechte hatten die Frauen?

Die Aufgabe einer Ehefrau war vor allem, Kinder zu bekommen und den Haushalt zu führen. Frauen aus ärmeren Familien arbeiten aber auch als Köchinnen in Gasthäusern oder bei reicheren Familien. Andere waren Händlerinnen. Frauen konnten auch in die Therme gehen und sich Spiele in der Arena und Aufführungen im Theater anschauen. In der Kaiserzeit bekamen Frauen das Recht, sich scheiden zu lassen und in ihre alte „familia" zurückzukehren.

T 4 Wer kümmerte sich um die Kinder?

Wenn die Kinder sieben Jahre alt waren, gingen sie zu einem Privatlehrer. Der brachte den Jungen und Mädchen Lesen, Schreiben und einfaches Rechnen bei. Mit 14 Jahren waren die Jungen und Mädchen dann alt genug um zu arbeiten. Nur reichere Römer konnten es sich leisten, ihre Söhne länger ausbilden zu lassen. Sie lernten dann schwierige Texte zu lesen oder eine öffentliche Rede zu halten. Den Mädchen zeigte die Mutter, wie man Wolle zu Garn spinnt und Stoffe webt. Wenn eine junge Frau einen Haushalt führen sollte, musste sie aber auch wissen, wie man Lebensmittel herstellte und den Sklaven im Haus Anweisungen gab.

M 3 Wagen, die von Schafen oder Ziegen gezogen wurden, waren ein beliebtes Kinderspielzeug (Ausschnitt aus einem Relief auf einem Steinsarg aus dem 2. Jh. n. Chr.).

M 4 Spielende Kinder (Darstellung auf einem Kindersarg)

Tipp

Wir schneidern eine Tunika

1. Ihr braucht: zwei rechteckige Stoffbahnen (z. B. Bettlaken).
2. Maß nehmen und zuschneiden: Für die Mädchen-Tunika muss der Stoff etwa 80 cm breit sein, für die Jungen-Tunika etwa 70 cm. Der Stoff muss so lang sein, dass er den Mädchen vom Hals bis zum Knöchel reicht. Bei Jungen muss er vom Hals bis zur Wade reichen.
3. Nähen: Legt die Stoffbahnen übereinander und näht sie an den Schultern und an den Seiten zusammen. Vielleicht gibt es an eurer Schule Nähmaschinen, dann geht es schneller.

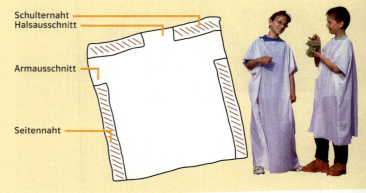

4. Beschreibe, wie die Kinder in einer römischen „familia" lebten. (T 4, M 3, M 4)
Was war anders als heute, was ist gleich geblieben?

5. Unser Wort Familie kommt vom lateinischen Wort „familia".
Doch wir verstehen etwas anderes darunter als die Römer. Erkläre den Unterschied. (T 2)

*6. Erkläre, wie man Unterschiede in der römischen Gesellschaft an der Kleidung erkennen konnte. (M 1)

Germanen und Römer

Für die Römer waren die Germanen „Barbaren".
Das bedeutet „wilde, unzivilisierte Menschen".
Warum waren die Germanen für die Römer so fremd?

T1 Ein Volk im Norden

Als die Römer bei ihren Eroberungszügen an den Rhein
und die Donau kamen, trafen sie auf die Germanen. Die
Germanen waren kein einheitliches Volk, und sie hatten
auch keinen Staat wie die Römer. Die Menschen lebten
in einzelnen Stämmen zusammen. Zwischen ihren
Dörfern lagen Sümpfe und tiefe Wälder. Auch Städte
mit steinernen Häusern, feine Kleider und raffinierte
Speisen kannten sie weitgehend nicht.

**M1 Wohn- und Wirtschaftsgebäude des germanischen
Stammes der Cherusker** (aus dem 1. Jh. n. Chr.).
Die Gebäude sind nach Bodenfunden rekonstruiert und stehen
im Freilichtmuseum Oerlinghausen.

**M2 Diese Kleidung von germanischen Frauen wurde nach
Funden rekonstruiert.** Als Schmuck trugen die Frauen Hals- und
Armreifen sowie schön gearbeitete Gürtelschnallen.

T2 Feinde und Verbündete

Die Römer fanden das Leben und die Bräuche der Germanen ziemlich primitiv. Aber sie hatten doch Respekt
vor ihnen. Die Römer bewunderten vor allem an den germanischen Kriegern, dass sie mutig und tapfer waren.
Die germanischen Fürsten mussten sich im Krieg durch
besondere Tapferkeit auszeichnen. Im Frieden führten
sie den Vorsitz im Thing.
Immer wieder kam es zu Kämpfen, wenn einzelne
Stämme die Grenze zum Römischen Reich angriffen.
Doch lange Zeit konnten sich die Römer gut gegen die
germanischen Krieger schützen. Manchmal verbündeten
sie sich auch mit germanischen Fürsten. Die größte Hilfe
im Kampf gegen die Germanen waren die Germanen
selbst. Viele germanische Krieger ließen sich als Hilfstruppen anwerben. Im 5. Jahrhundert n. Chr. war fast
jeder zweite Soldat im römischen Heer ein Germane.

1. Wo und wie lebten die Germanen?
Wie trafen Römer und Germanen
aufeinander? (T1)

2. Woher wissen heutige Historiker
etwas über die Germanen? (T3)

3. Beschreibe die Kleidung der
germanischen Männer und Frauen.
(M2, M3, M4)
Was ist anders als bei der Kleidung
der Römerinnen und Römer?
Sieh dir dazu M1 auf S.98 an.

4. Wie beschreibt Tacitus das
Aussehen der Germanen? Was
sagt er über ihre Charaktereigen-
schaften und ihre Fähigkeiten?
(M5, Zeile 1–12)

T 3 Woher wissen wir etwas über die Germanen?

Von den Germanen wissen wir nicht viel. Aus Bodenfunden können Archäologen zwar Kleidung, Schmuck,
Geräte und andere Gegenstände rekonstruieren. Doch
es gibt keine Berichte oder andere schriftliche Quellen
von den Germanen selbst, denn sie besaßen noch keine
Schrift.
Doch einige römische Geschichtsschreiber haben
von den Germanen berichtet. Am anschaulichsten
beschrieb der Römer Tacitus das Leben im freien Germanien, obwohl er nie dort war. Sein Wissen hatte er
vor allem von Händlern und Offizieren, die durch ihren
Beruf einige germanische Stämme kennen gelernt
hatten. 98 n. Chr. verfasste Tacitus ein Buch mit dem
Titel „Germania". Darin beschrieb er die Volksstämme
an der Nordgrenze des Römischen Reiches, gegen die
römische Legionen seit mehr als 100 Jahren im Kampf
standen.

Lexikon

Thing
(germanisch „das Ding"). Die freien
Männer eines Stammes kamen
hier zusammen, um die Angelegenheiten des Stammes zu regeln.

M 5 Tacitus in seinem Buch über die Germanen:

99 Die äußere Erscheinung ist bei allen Germanen
dieselbe: wild blickende blaue Augen, rötliches Haar
und große Körper, die allerdings nur zum Angriff tau-
gen. Für Strapazen und Mühen bringen sie nicht die-
5 selbe Ausdauer auf, und am wenigsten ertragen sie
Durst und Hitze; wohl aber sind sie gegen (…) Kälte und
Hunger abgehärtet. (…)
Wenn sie keine Kriege führen, verbringen sie viel Zeit mit
Jagen, mehr noch mit Nichtstun, dem Schlafen und Essen.
10 Gerade die Tapfersten und Kriegslustigsten rühren sich
nicht. Die Sorge für Haus, Hof und Feld bleibt den Frauen,
den alten Leuten und den Schwachen überlassen. (…)
Dass die Germanen keine Städte bewohnen, ist ausreichend bekannt, ja sie dulden nicht einmal zusammen-
15 hängende Siedlungen. Sie wohnen einzeln und für sich,
gerade dort, wo ihnen ein Ort zusagt. Ihre Dörfer legen
sie nicht in unserer Weise an, sondern jeder umgibt
sein Haus mit freiem Raum. (…) Nicht einmal Bruch-
steine oder Ziegel sind bei ihnen im Gebrauch; zu allem
20 verwenden sie unbehauenes Holz, ohne auf ein schönes
und freundliches Aussehen zu achten.
Über wichtige Dinge entscheidet die Gesamtheit. (…)
Man versammelt sich an bestimmten Tagen, bei Neu-
mond oder Vollmond. (…) Vor der Versammlung darf
25 man auch Anklage erheben und die Entscheidung über
Leben und Tod beantragen. Die Strafen richten sich
nach der Art des Vergehens: Verräter und Überläufer
hängt man an Bäumen auf; Feiglinge und Unzüchtige
versenkt man in Sumpf und Morast. 66

M 3 Das Bild einer Germanin als Wandschmuck in einem römischen Tempel (145 n. Chr.).

M 4 Ein germanischer Fürst auf einem römischen Triumph-bogen (304 n. Chr.).

5. Vergleiche den germanischen
Hof in M 1 mit der Beschreibung
des Tacitus. (M 5, Zeile 13 – 21)
Wird sein Bericht durch die Bodenfunde eher bestätigt oder wider-
legt?

6. Warum dürfen wir nicht alle
Aussagen von Tacitus für absolut
gesichertes Wissen halten?

💡 Schriftliche Quellen auswerten

7. Wer und was hat Tacitus bei
seinen Beschreibungen wahrscheinlich beeinflusst? (T 3)

Die Legionen Roms

**Die römischen Heere eroberten ein Großreich und bewachten die Grenzen.
Aber wie sah das Leben eines Soldaten aus?**

M1 Die römische Armee ...
... in der frühen Republik
Alle männlichen Bürger zwischen 17 und 49 Jahren konnten eingezogen werden. Reiche zogen als Ritter, d.h. auf Pferden und mit besseren Rüstungen, ins Feld.

... in der späten Republik
Seit etwa 100 v. Chr. bestanden die Legionen aus römischen Bürgern, die 16 bis 25 Jahre als Soldaten dienten. Das Leben eines Legionärs war sehr anstrengend: Ständig gab es Waffendrill, Gefechtsübungen, endlose Märsche.

Die strenge Disziplin wurde durch harte Strafen erzwungen. Wer auf der Wache einschlief oder vor dem Feind davonlief, musste oft mit seinem Leben büßen. Legionäre wurden auch eingesetzt, um Straßen, Brücken und Festungen zu bauen.

T1 Das Bürgerheer
Von Anfang an führten die Römer viele Kriege, um ihr Reich zu vergrößern und ihre Grenzen zu sichern. Wer römischer Bürger war und Land, ein Haus und Geld besaß, konnte als Soldat eingezogen werden. Waffen, Ausrüstung und Essen musste er selbst bezahlen. War der Feldzug beendet, kehrten die Männer nach Hause zurück. Bald funktionierte dieses System nicht mehr. Es gab fast jedes Jahr Krieg, und manchmal kamen die

Soldaten erst nach Jahren zurück. Darunter litten vor allem die Bauernfamilien. Wenn der Mann weg war, musste die Frau mit den Kindern den Hof versorgen. Häuser und Ackergeräte konnten nicht repariert werden, Felder und Obstgärten wurden nach und nach nicht mehr bestellt. Viele Bauern verkauften deshalb ihren Hof und zogen nach Rom, wo sie von nun an ohne eigenen Besitz lebten. Bald gab es nicht mehr genug Bauernsöhne für die Armee.

T2 Die Berufsarmee
Daher führten die Römer um 100 v. Chr. ein neues System ein. Sie machten den Militärdienst zum Beruf. Ein römischer Bürger, der sich für mindestens 16 Jahre verpflichtete, erhielt seine gesamte Ausrüstung vom Staat. Am Ende seiner Ausbildung wurde er Legionär; so nannte man einen römischen Fußsoldaten. Er bekam eine Unterkunft, Essen und Sold (Lohn). Auf diese Weise füllten sich die Legionen bald mit den Söhnen von verarmten Bauern.

1. Warum haben die Römer um 100 v. Chr. eine Berufsarmee eingeführt? (T1, T2)

2. Welche Vorteile hatte ein armer Römer, wenn er Soldat wurde? (T2, T3, M1)

3. Was musste ein römischer Legionär auf dem Marsch alles mit sich tragen? Unterscheide Waffen, Kampfbekleidung, Werkzeuge und Geräte. (M2)

T3 Das Legionärsleben bot viele Chancen

Auch wenn der Dienst in den Legionen hart war, bot er doch eine gewisse Sicherheit und ein regelmäßiges Einkommen.

Nach der Dienstzeit bekamen die Soldaten ein Stück Land oder Geld. Neben den Legionären gab es noch die Hilfstruppen. Sie bestanden nicht aus römischen Bürgern, sondern aus den Bewohnern der Provinzen. Aus dem freien Germanien warben die Römer auch junge Germanen an. Die Offiziere der Hilfstruppen waren meistens Römer, und im Dienst sprach man Latein. Das trug auch dazu bei, dass sich die römische Lebensart in den Provinzen verbreitete.

Die Soldaten aus den Hilfstruppen wurden außerdem mit dem römischen Bürgerrecht belohnt. So konnten ihre Söhne Legionäre werden. Sie erhielten dann dreimal so viel Sold wie ihr Vater.

M 2 Römischer Soldat

(heutige Zeichnung). Ein Legionär trug fast alles, was er im Krieg benötigte, bei sich. Im Kampf schützten ihn Kettenhemd, Helm und Schild.

Seine wichtigsten Waffen waren Schwert, Dolch und Wurfspeer. Wenn sich die Soldaten auf dem Marsch befanden, errichteten sie jeden Abend ein Lager. Dann brauchten sie Werkzeuge, um es zu befestigen: Hacken, Körbe für Erdarbeiten, Rasenstecher, Äxte und angespitzte Pfosten für den Verteidigungswall. Außerdem hatte jeder Getreide, Speck, Bohnen, Kochgeräte und einen Wasserkessel dabei. Alles zusammen wog bis zu 40 kg.

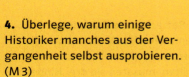

Legion
Eine Legion bestand aus etwa 5 000 Fußsoldaten. Dazu kamen noch extra Reiter, Bogenschützen und Steinschleuderer. Um 20 v. Chr. bestand die römische Armee aus 28 Legionen.

M 3 Geschichte im Experiment
Manche Historiker versuchen herauszufinden, wie es sich als Legionär lebte, indem sie Kleidung und Waffen selbst ausprobieren. Diese Teilnehmer marschierten 1985 mit voller Ausrüstung über die Alpen nach Regensburg – und zwar auf dem selben Weg, wie der Feldherr Drusus vor 2 000 Jahren.

4. Überlege, warum einige Historiker manches aus der Vergangenheit selbst ausprobieren. (M 3)
Was ist beim Ausprobieren anders als beim Lesen von Quellen und Büchern?

5. Der Römer Marcus ist seit zwei Jahren Legionär an der germanischen Grenze. Sein jüngerer Bruder Quintus will wissen, ob er auch Soldat werden soll. Marcus schildert ihm daher in einem Brief das Soldatenleben.
Nutze dafür nur Informationen, die du auf dieser Seite findest.

***
6.** Macht aus der Aufgabe 5 ein Rollenspiel: Marcus ist auf Urlaub in Rom. Quintus fragt ihn vieles über sein Leben als Legionär …
Besprecht danach, was euch noch über das Leben eines Legionärs interessiert hätte.

Am Limes

Limes bedeutete ursprünglich „Grenzwall".
Die Römer nannten ihre befestigte Grenze so.
Aber war der Limes wirklich nur ein Schutzwall gegen die „Barbaren"?

T1 Die Grenze im Norden

Vom Mittelmeer dehnten die Römer ihr Reich immer weiter aus. Erst wenn römische Heere an ein Meer, eine Wüste oder einen großen Fluss stießen, machten sie halt. Diese Grenzen ließen sich gut verteidigen. Im Norden wollten die Römer bis zur Elbe vordringen. Doch im Jahr 9 n. Chr. passierte etwas Unvorstellbares: Germanische Krieger lockten drei römische Legionen in einen Hinterhalt und vernichteten sie vollständig. Die Römer bauten nun eine starke Grenzsicherung an Rhein und Donau auf.

T2 Kastelle sichern den Limes

Doch zwischen den beiden Flüssen klaffte eine Lücke, die von keinem natürlichen Hindernis wie einem Gebirge oder Fluss geschützt wurde. Deshalb errichteten die Römer auf einer Länge von 548 Kilometern einen befestigten Grenzwall und etwa 900 Wachtürme.
So konnten die Legionäre weit ins germanische Gebiet schauen. Bei Gefahr gaben sie durch Rauch oder Feuer Alarm. Dann kam Hilfe aus einem der 60 Kastelle herbei, die entlang der Grenze lagen.

In einem solchen Kastell waren 500 bis 1000 Soldaten stationiert. Sie gehörten zu den Hilfstruppen, die überall die Grenzen sicherten. Das konnten Syrer, Afrikaner, Spanier, Gallier oder Germanen sein. Sie alle mussten versorgt werden. Deshalb siedelten sich vor dem Kastell Händler, Handwerker, Ärzte, Masseure, Schreiber und auch Kneipenwirte an. Alle diese Menschen trugen dazu bei, dass sich die römische Lebensweise und die Sprache der Römer bis zur römischen Grenze verbreitete.

M1 Der Limes. Die Verteidigungsanlage bestand teils aus Holztürmen und Palisaden, teils aus Steinmauern und steinernen Türmen. Unbewaffnete Germanen durften ihn an bestimmten Stellen passieren. (Rekonstruktionszeichnung)

1. Warum bauten die Römer den Limes auf germanischem Gebiet? (T1, T2)

2. In welchem heutigen Gebiet verlief der römische Limes? (M5) Du kannst dazu einen Atlas zu Hilfe nehmen.

3. Betrachte die Zeichnung M1. Wenn bewaffnete Germanen die Grenze am Limes überwinden wollten, mussten sie drei Hindernisse überwinden. Nenne sie.

M 2 Das Legionslager der XVI. Legion bei Novaesium (Neuss).
Solche Anlagen wurden nach dem Plan eines römischen Marschlagers errichtet, nur dass an Stelle der Zelte feste Bauten aus Holz oder Stein standen. 1 Haus des Befehlshabers, 2 Legionshauptquartier, 3 Krankenhaus, 4–9 Häuser der sechs Tribunen (Stabsoffiziere), 10 Werkstätten, 11 Forum (öffentlicher Platz), 12 Verpflegungsmagazin und Küchengebäude

M 3 Kastell am Limes
Es ist im gleichen Maßstab wie das Legionslager dargestellt.

M 4 Der römische Schriftsteller Frontinus schrieb gegen Ende des 1. Jahrhunderts n. Chr. über den ersten Ausbau des Limes:

> „ Da die Germanen nach ihrer Sitte öfter aus Wäldern und dunklen Schlupfwinkeln unsere Truppen angriffen und einen sicheren Rückzug
> 5 in die Tiefe der Wälder hatten, ließ der Kaiser Domitian auf 120 Meilen (1 römische Meile = 1 478 Meter) Grenzwälle errichten und veränderte hierdurch nicht nur die Kriegslage,
> 10 sondern unterwarf auch die Feinde seiner Gewalt, da er auch ihre Zufluchtsorte aufgedeckt hatte. "

T 3 Der Limes – Grenze und Treffpunkt
Der Limes sollte zwar die Grenze sichern, aber er war auch durchlässig. Germanische Händler versorgten die römischen Orte mit Wachs, Fellen, Leder, Bernstein und blondem Frauenhaar für Perücken. Bauern boten Vieh, Getreide und Honig an. Wenn sie in die germanischen Dörfer hinter dem Limes zurückkehrten, waren ihre Karren mit römischen Metallwaren, feinem Tongeschirr, Glasgefäßen sowie Schmuck, bunten Stoffen und Wein beladen.

M 5 Der Limes

■	Legionslager
▪	Kastell
—	Limes
	römische Provinzen
	so genanntes freies Germanien

Noviomagus (Nimwegen)
Colonia Ulpia Traiana (Xanten)
Lupia (Lippe)
Rura (Ruhr)
Nieder-
Novaesium (Neuss)
Germanien
Colonia Claudia Ara Agrippinensium (Köln)
Bonna (Bonn)
Mosa (Maas)
Augusta Treverorum (Trier)
Mogontiacum (Mainz)
Moenus (Main)
Belgica
Mosella (Mosel)
Ober-
Germanien
Rhenus (Rhein)
Castra Regina (Regensburg)
Danuvius (Donau)
Argentorate (Straßburg)
Nicer (Neckar)
Augusta Vindelicum (Augsburg)
Rhenus (Rhein)
Raetia

0   50   100   150 km

4. Betrachte die vorderste Grenzbefestigung am Limes. (M 1) Diente sie eher dazu, die Grenze zu überwachen oder zu verteidigen? Begründe deine Meinung.

5. Worin unterscheidet sich ein Legionslager von einem Kastell? (M 2, M 3, M 5, T 2) Lege dazu eine Tabelle an.

	Legionslager	Kastell
Größe	…	…
Lage	…	…
Aufgaben	…	…

6. Schreibe einen kurzen Text darüber, wie ein festes römisches Lager aufgebaut war. (M 2) Denke an die verschienen Funktionen: Schutz, Schlafen, Essen, Verkehr und Verwaltung.

Als die Kölner noch Römer waren

„CCAA" war vor knapp 2 000 Jahren fast so etwas wie ein Markenzeichen.
Man fand es vor allem auf feinen Tellern und Bechern aus Ton und Glas.
Aber was bedeuteten diese Buchstaben?

M1 Das römische Köln im 4. Jh. n. Chr. in einer Rekonstruktionszeichnung

T1 Die CCAA wird gegründet

Um 40 v. Chr. unterwarfen sich die Ubier, ein germanischer Stamm, den Römern. Dafür durften sie auf römischem Gebiet links vom Rhein eine Siedlung bauen. So entstand eine Stadt an der Stelle, wo heute Köln liegt. Dieser Stadt gab Kaiser Claudius im Jahr 50 n. Chr. das römische Stadtrecht. Die Römer nannten eine solche Stadt Colonia. Und weil Agrippina, Claudius' Frau, hier geboren worden war, bekam die Stadt den Namen Colonia Claudia Ara Agrippinensium. Das heißt: Kolonie des Claudius, Altar der Agrippinenser.

T2 Hauptstadt von Niedergermanien

Der Name war etwas umständlich, daher sagte man bald einfach CCAA. Später hat sich die Kurzform Colonia – Köln – durchgesetzt.
Für die Römer war die CCAA sehr wichtig, denn sie hatten dort eine Legion stationiert. Außerdem war die Colonia mit 20 000 bis 30 000 Einwohnern die größte Siedlung am Rhein. Dort wo heute das alte Rathaus von Köln steht, befand sich in der Römerzeit das Prätorium. Das war der Palast des Statthalters der Provinz Niedergermanien. Er verwaltete für den Kaiser ein Gebiet, das südlich von Bonn begann und bis zur Nordsee reichte.

1. Auf dem Nordtor des römischen Köln waren die Buchstaben CCAA eingemeißelt. Was bedeuten sie in der lateinischen Sprache? Was heißt das auf deutsch? (T1)

2. Wie ist die Stadt Köln entstanden? (T1)

3. Das römische Köln war eine bedeutende Stadt. Schreibe Stichworte auf, die das zeigen. (T2, T3, M2)

4. In der Zeichnung M1 findest du mehrere Nummern. Ordne ihnen diese Gebäude und Anlagen zu: Stadtmauer, Stadttor, Eckturm, rechteckiges Stadtviertel, Forum (= großer öffentlicher Platz), Rheininsel als Hafen mit Lagerhäusern, Rheinbrücke, drei Tempel nahe am Rhein, Palast des Stadthalters.

T 3 Handelszentrum am Rhein

Die Colonia war gut gesichert: Sie besaß eine Stadtmauer, die neun Meter hoch und fast vier Kilometer
lang war. Durch die Stadttore strömten täglich viele
tausend Menschen: Händler mit wertvollen Waren aus
allen Teilen des Römischen Reiches, Boten des Kaisers,
Bauern mit ihren voll beladenen Karren für den Markt.
Am Hafen gab es große Lagerhallen, denn die Colonia
war die führende Handelsstadt am Rhein.

T 4 Eine Stadt wie Rom

Die meisten Menschen haben wahrscheinlich wie in
Rom in mehrstöckigen Mietshäusern gewohnt. Die rei-
chen Bürger lebten in prächtigen Villen mit schönen
Innenhöfen, teuren Möbeln, Vasen und Figuren. Bei
Gastmahlen tranken sie aus kostbaren Gläsern, die
in den Werkstätten von CCAA hergestellt wurden.
Die Menschen in der Colonia verbrauchten sehr viel
Wasser. Es kam über eine überirdische Wasserleitung
aus der Eifel: bis zu 200 Liter in der Sekunde.
Alle Bewohner – reich wie arm, Frauen, Männer und Kinder – gingen gerne in die Thermen. Das war eine öffentliche Badeanstalt. Der Eintritt hier war billig oder sogar
kostenlos. In den Thermen gab es Schwimmbecken mit
unterschiedlichen Temperaturen, dazu Schwitzbäder,
einen Sportplatz und Räume für Massagen. Die Besucher
blieben oft viele Stunden. Sie badeten nämlich nicht nur,
sondern sie diskutierten auch über Politik, vertrieben sich
die Zeit mit Brettspielen oder schlossen Geschäfte ab.

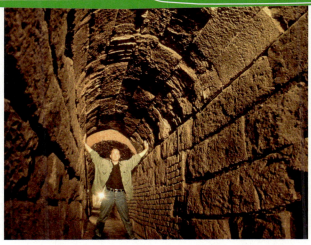

M 3 Der Abwasserkanal lag etwa sieben Meter unter den Straßen. Wie die „cloaca maxima" in Rom sammelte dieser Kanal
das Wasser aus den Straßenrinnen und leitete es in den Rhein.
Heute kann man noch ein 140 Meter langes Stück besichtigen.

M 4 Ausschnitt aus einem Fußbodenmosaik (um 220 n. Chr.).
Diesen Fußboden fanden Archäologen bei Ausgrabungen in
Köln. Er besteht aus über einer Million bunten Kalksteinchen
und Glasscherben. Das Mosaik zeigt den betrunkenen Weingott
Dionysos, der sich auf einen Begleiter stützt.

M 2 Glaswaren aus CCAA
mit einem besonderen Muster.
Die wertvollen Glasgefäße
waren begehrte Handels-
güter. Die Gläser stehen heute
im Römisch-Germanischen
Museum in Köln.

Lege dafür eine Tabelle in deinem
Heft an.

Nr.	Erklärung
1	Kastell Deutz
...	...
10	Thermen

5. Glashütten und Brennöfen für
Keramik und Ziegelsteine durften
nur außerhalb der Stadtmauern
betrieben werden. Überlege, welchen Sinn die Vorschrift hatte.
Wo liegen diese Werkstätten wohl
auf der Rekonstruktionszeichnung
M 1?

*
6. Findet im Internet noch mehr
über das römische Köln heraus.
Gestaltet mit Texten und Bildern
eine Wandzeitung.
Ein Projekt von Kölner Schülerinnen
und Schülern findet ihr unter:
www.roemerstadt-koeln.de

Römisches Leben in den Provinzen

**Die Römer beherrschten viele Jahrhunderte lang andere Völker.
Als die römischen Legionen aus den besetzten Provinzen abziehen mussten,
blieb die Lebensweise der Römer noch lange erhalten.**

T1 Städte nach römischem Vorbild

Wenn römische Soldaten oder Beamte in einer der vielen Provinzen ihren Dienst leisteten, wollten sie wie in ihrer alten Heimat leben. So bauten sie überall im Römischen Reich große Städte, in denen es beinahe alles gab, was sie von zu Hause kannten: ein Amphitheater, öffentliche Badeanstalten, Markthallen, Tempel, Theater, Säulenhallen und manchmal auch eine Rennbahn für Pferde- und Wagenrennen.

Für die Bürger einer solchen Stadt gab es immer frisches Wasser, das über Wasserleitungen von weit her transportiert wurde. Römische Ärzte waren für eine gute medizinische Betreuung da, und Polizisten sorgten für die öffentliche Ordnung. Kinder konnten in privaten Schulen alles das lernen, was junge Römer wissen sollten.

T2 Provinzbewohner wollen wie Römer leben

Die römische Lebensart wurde für viele Provinzbewohner zum Vorbild. Sie lernten die lateinische Sprache und ließen ihre Kinder nach römischem Beispiel erziehen. Nach und nach übernahmen sie auch die Gewohnheiten und Denkweisen der Römer. Auch lebten in den Orten bei den Kastellen die Soldaten oft mit einheimischen Frauen zusammen. Von Britannien bis Nordafrika und von Spanien bis zu den Wüsten Syriens gab es nun Menschen, die sich als Römer fühlten. Dadurch war es möglich, dass im Römischen Reich verschiedene Völker über lange Zeit friedlich zusammenlebten.

M1 Straßenbild der Römerstadt Trier (heutige Zeichnung).

1. Wie kam es dazu, dass sich die römische Lebensweise auch in den Provinzen verbreitete? (T1) Erzähle mit eigenen Worten.

2. Wenn ein germanischer Händler zum ersten Mal in eine römische Stadt wie Köln oder Trier kam, sah er viele Dinge, die er nicht kannte. Versetze dich in seine Lage. Du kommst nach Hause zurück und erzählst davon. Mache dir eine Stichwortliste. (T1, M1)

3. Was tat ein Provinzbewohner, damit seine Kinder unter römischer Herrschaft besser leben konnten? Wie wirkte sich das auf das Leben in der Provinz aus? (T2)

T3 Das Römische Bürgerrecht – von allen begehrt

Für die Menschen in den Provinzen war es eine große Ehre, wenn der Statthalter des Kaisers ihnen das römische Bürgerrecht gab. Sie galten dann tatsächlich als Römer und besaßen besondere Rechte. Wenn sie zum Beispiel angeklagt wurden, hatten sie Anspruch auf ein Gerichtsverfahren nach römischem Recht. Auch der römische Staat hatte daraus Vorteile. Zum einen konnte er einflussreiche Männer in den Provinzen stärker an sich binden. Zum anderen ließ sich so überall tüchtiges Personal für die Armee und die Verwaltung gewinnen. Schließlich wurden im Jahr 212 n. Chr. alle freien Reichsbewohner zu römischen Bürgern. Dadurch flossen auch mehr Steuern in die Staatskassen.

<Extra>

M 3 „Die Vorzüge der römischen Kultur" (Karikatur aus einer englischen Zeitschrift, 1912). Die Karikatur zeigt den römischen Feldherrn Julius Caesar, der im Jahr 55 v. Chr. in Britannien gelandet war. Auf der Karikatur zeigt er den Engländern, welche Vorteile sie hätten, wenn sie sich der römischen Herrschaft unterwerfen. Worterklärungen: ① Briton = Brite/Engländer, Roman = Römer, ② Shipping = Schifffahrt, ③ Use of Bricks = Gebrauch von Ziegelsteinen, ④ A Contrast = ein Gegensatz.

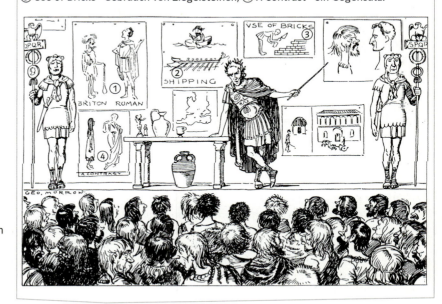

M 2 Villa rustica – ein Gutshof (Modell eines Gutshofs aus dem Limesmuseum in Aalen). Viele Provinzbewohner lebten in römischen Gutshöfen auf dem Land. Noch heute finden sich dort Mosaike und Bäder, die römische Lebensart zeigen. Auf den Höfen wurde Getreide, Obst und Gemüse angebaut, Vieh gehalten und Milch verarbeitet. Diese Lebensmittel ließen sich gut an die Soldaten in den Kastellen verkaufen.

4. Beschreibe die Gebäude in der Zeichnung M1 und in dem Modell M2. Woran siehst du, dass es sich um römische Gebäude handelt?

5. Nenne die Vorteile, die die einheimischen Menschen in den Provinzen von den Römern hatten. (T1, T2, T3) Überlege, welche Nachteile es aber auch hatte, unter römischer Herrschaft zu leben.

6. M3 ist eine Karikatur. Solche Zeichnungen kritisieren bestimmte Dinge oder Personen auf witzige Weise. Beschreibe, was in der Zeichnung passiert. Was will der Zeichner mit seiner Karikatur wohl kritisieren?

Alte und neue Götter

Der Kontakt mit anderen Völkern veränderte auch die Römer. Aus den Provinzen brachten Händler und Sklaven andere Götter mit. Sie wurden zu einer „Konkurrenz" für die alten griechischen und römischen Götter.

T1 Die Provinzen wachsen zusammen

Im Lauf der Jahrhunderte wuchsen die Provinzen des Römischen Reiches immer enger zusammen. Dazu trugen vor allem die einheitliche Verwaltung, der Militärdienst, der Verkehr auf sicheren Straßen, das einheitliche römische Recht und natürlich die lateinische Sprache bei. So lernten sich die Menschen der einzelnen Provinzen besser kennen. Sie übernahmen nicht nur vieles von den Römern, sondern sie übernahmen auch von den anderen Völkern manches, was sie bisher nicht gekannt hatten.

T2 Östliche Kulte verbreiten sich

Der Kontakt mit anderen Völkern veränderte auch, an was die Menschen glaubten und wie sie ihre Religion lebten. Viele Menschen waren mit den alten griechisch-römischen Göttern nicht mehr zufrieden. Diese Götter erschienen ihnen zu unpersönlich. Außerdem waren die Priester römische Beamte, und die Kaiser ließen sich sogar als Staatsgötter verehren. Die alten Kulte sprachen viele Menschen nicht mehr an.
Römer und Provinzbewohner wandten sich immer mehr fremden Kulten zu, die vor allem aus dem Osten des Reiches kamen. Diese Religionen bezogen die einzelnen Menschen viel stärker in die Gebete und Gottesdienste ein. Außerdem versprachen diese Religionen, die Menschen von ihrem harten Leben auf der Erde zu erlösen und ihnen ein ewiges Leben zu schenken.

T3 Isis, Mithras und andere Götter

Aus Persien lernten die Römer und Provinzbewohner den Mithras-Kult kennen. Er war vor allem bei den Soldaten beliebt, die Mithras als Erlöser und Helfer im Kampf verehrten. Der Mithras-Kult war geheim, er fand in Höhlen und unterirdischen Kammern statt. Nur Männer waren dabei erlaubt. Sie wurden durch eine Taufe aufgenommen und durften am heiligen Mahl teilnehmen.
Aus Kleinasien kam der Kult, die „Große Mutter" Kybele zu verehren. Jedes Jahr veranstalteten ihre Anhänger an einem bestimmten Tag fröhliche Feste. Sie feierten genau an dem Tag, an dem Kybeles Geliebter Attis gestorben und gleichzeitig wieder auferstanden war.
Aus Ägypten schließlich kam der Kult um die Göttin Isis. Sie war die Göttin der Fruchtbarkeit und versprach den Menschen, dass sie nach dem Tod wieder auferstehen und ewig leben würden.

M1 Mithras tötet den Stier (römisches Steinrelief)
Aus Persien kam der Gott Mithras nach Rom. Er galt als Lichtgott, der gegen die Mächte der Finsternis kämpfte und unbesiegbar war. In diesem Bild steht der Stier für das Böse. Mithras besiegt das Böse und damit auch den Tod. Das Bild sollte also zeigen, dass es ein Leben nach dem Tod gibt.

1. Aus welchen Gebieten kamen die neuen Religionen ins Römische Reich? (T3)

2. Was war an diesen Religionen anders als an den griechischen und römischen Göttern? (T2)
Lies dazu auch noch einmal auf S. 80/81 nach.

3. Erkläre, warum die römischen Kaiser manche Kulte für gefährlich hielten. (T4)
Was unternahmen sie dagegen?

4. Vergleiche die Kulte um Mithras, Kybele und Isis miteinander. (T2)
Was versprechen sie den Menschen?

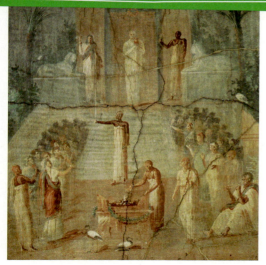

M 2 Ein Gottesdienst für die ägyptische Göttin Isis
(römische Wandmalerei aus dem 1. Jh. n. Chr.).
Auf dem Bild ist in der Mitte ein Priester zu sehen, der den
Gläubigen ein Gefäß mit heilkäftigem Wasser aus dem Nil zeigt.
Auch dunkelhäutige Priester aus Äthiopien sind abgebildet. Im
Vordergrund wird ein Opfer vorbereitet. Links daneben begleitet
eine Priesterin oder eine Helferin das Singen der Gläubigen mit
einer Klapper.

T 4 Schaden viele Religionen dem Reich?
Der römische Staat tolerierte die verschiedenen Religionen und Kulte. So konnten die Provinzbewohner
überall ihre alten Götter verehren. Manche Kulte
hielten die Kaiser aber für gefährlich. Sie fürchteten,
dass sie das Reich spalten könnten, weil die Menschen
an viele unterschiedliche Götter glaubten. Die Kaiser
verlangten daher von allen Bewohnern im Römischen
Reich, regelmäßig vor dem Bild des Kaisers ein Opfer
zu bringen. Mit einigen Körnern Weihrauch und einem
Becher Wein konnte so jede Römerin und jeder Römer
zeigen, dass sie dem Staat und dem Kaiser treu waren.
Dieses Opfer verweigerten nur wenige Menschen. Das
waren vor allem die Anhänger einer neuen Religion,
die ebenfalls aus dem Osten kam: die Christen. Sie
durften nur ihren Gott verehren. Weil die Christen sich
weigerten, den römischen Kaiser auch als Gott zu verehren, wurden sie verfolgt und viele von ihnen getötet.

Lexikon

Kult
So nennt man die Art und Weise,
wie ein Gott oder eine Göttin verehrt wird. Dazu gehören Opfer,
Gebete, Gesänge und oft auch
magische Handlungen.

**M 3 Auch Aberglaube spielte im Römischen Reich eine große
Rolle. Darüber heißt es in einem heutigen Sachbuch:**

„ Man glaubte an den „bösen Blick" und an die
Möglichkeiten, ihn abzuwehren, an Werwolf, Vampir
und unzählige Dämonen. Gespenster waren nicht nur
ein Kinderschreck, sondern wurden ernstlich gefürch-
5 tet. Hexen und Magier fanden ihre Kundschaft. Gegen
Bezahlung übten sie Liebeszauber, um eine ersehnte
Person herbeizuzwingen, verkauften Liebestränke und
Amulette und wussten Zaubermittel, um einem Feind
zu schaden. Eine alte, sehr verbreitete Methode be-
10 stand darin, den Namen des Feindes mit Verwünschun-
gen auf eine Bleitafel zu schreiben und diese dort zu
vergraben, wo sie von Totengeistern gefunden würde,
z. B. in der Leichenkammer eines Amphitheaters. (…)
In der östlichen Hälfte des Reiches galt übrigens Latein
15 als weniger zauberwirksam. Für Liebeswünsche wie
Verfluchungen verwendete man lieber die griechische
oder ägyptische Sprache. "

M 4 Hand aus Bronze. Sie sollte
dabei helfen, den „bösen Blick" abzuwehren. Die Hand ist mit religiösen
Figuren verziert (römische Skulptur,
etwa aus dem 3. Jh. n. Chr.).

5. Woran erinnert dich manches
aus dem Mithras-Kult? (T 3, M 1)
Denke dabei an die Religion, die du
selber hast oder die viele deutsche
Mitschüler haben.

6. Mithras-Heiligtümer wurden
überall dort gefunden, wo römische
Legionen gewesen waren. Wieso
haben sich wohl gerade Soldaten für
diesen Kult begeistert? (T 3, M 1)

7. Beschreibe aus M 2, was beim
Isis-Kult zu einem Gottesdienst
gehörte. Teile das Bild dabei in Vordergrund, Mitte und Hintergrund
ein. Gehe dabei vom Vordergrund,
über die Mitte bis zum Hintergrund.
Benenne Dinge, die zeigen, aus welchem Land der Isis-Kult kam.

Menschen unterwegs

Jahr für Jahr verlassen Millionen Menschen ihre Heimat und bauen sich in anderen Ländern ein neues Leben auf. Das war auch vor 2000 Jahr schon so.

T1 Vielvölkerstaat Rom

Als der römische Kaiser Trajan im Jahr 117 n. Chr. starb, gehörten über 40 Provinzen und noch mehr Völker zum Römischen Reich. In der Stadt Rom waren nicht einmal die Hälfte der Menschen aus Italien. Viele Sklaven kamen sogar aus Ländern, die gar nicht zum Römischen Reich gehörten. Auch waren die Kaiser oft gar nicht Rom geboren, sondern in Spanien, Nordafrika, Vorderasien oder auf dem Balkan. Das Römische Reich konnte nur deshalb solange überstehen, weil sich alle Bürgerinnen und Bürger, auch die in den Provinzen, als Römer fühlten.

T2 Das römische Reich zerfällt

Das Römerreich zerbrach schließlich, als viele andere Völker auf das römische Gebiet eindrangen. Das waren vor allem germanische Stämme. Manche suchten neues Land für ihre Siedlungen, andere waren auf der Flucht vor Feinden und suchten Schutz im Römischen Reich. Mit dieser Völkerwanderung im 4. und 5. Jahrhundert endete das Römische Reich.
Im Jahr 476 wurde der letzte römische Kaiser von einem germanischen Heerführer abgesetzt. Auf dem ehemaligen römischen Gebiet gründeten andere Völker neue Reiche.

T3 Migration ist normal

Es hat in der Geschichte immer wieder Zeiten gegeben, in denen tausende Menschen ihre Heimat verließen und in andere Länder zogen. „Migration" nennt man solche Wanderungen, „Migranten" sind die Menschen. Gründe, warum Menschen ihre Heimat verlassen, gibt es viele: Hungersnöte, Kriege, Armut aber auch politische oder religiöse Verfolgung. Manche Menschen zog es auch in neu entdeckte Länder, wie zum Beispiel nach Amerika.

T4 Arbeit und Asyl

Heute leben weltweit mehr als 150 Millionen Menschen in einem

M1 Mehrere Kulturen im Römischen Reich:
Römerin und Römer aus Italien (links, Mosaik aus Pompeji aus dem 1. Jh. n. Chr.) und aus Ägypten (rechts).

M2 Mehrere Kulturen in Deutschland: türkische und deutsche Schülerinnen.

1. Wie kam es, dass im Römischen Reich so viele Menschen aus unterschiedlichen Ländern lebten? (T1)

2. Nenne in Stichworten drei Gründe, aus denen Menschen heute ihre Heimat verlassen und in einem anderen Land leben wollen. (T2, T3)

3. Hat deine Familie schon immer in der Stadt gelebt, in der du jetzt wohnst, oder sind deine Eltern oder Großeltern von woanders hergekommen? Frage zuhause nach und berichte in der Klasse.

4. Erkläre den Begriff „Migration" mit deinen eigenen Worten. (T3, Lexikon)

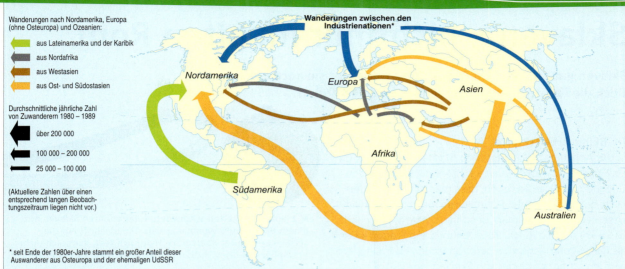

Wanderungen nach Nordamerika, Europa (ohne Osteuropa) und Ozeanien:

🟩 aus Lateinamerika und der Karibik

⬛ aus Nordafrika

🟫 aus Westasien

🟧 aus Ost- und Südostasien

Durchschnittliche jährliche Zahl von Zuwanderern 1980 – 1989

⬅ über 200 000

⬅ 100 000 – 200 000

⬅ 25 000 – 100 000

(Aktuellere Zahlen über einen entsprechend langen Beobachtungszeitraum liegen nicht vor.)

Wanderungen zwischen den Industrienationen*

Nordamerika · Europa · Asien · Afrika · Südamerika · Australien

* seit Ende der 1980er-Jahre stammt ein großer Anteil dieser Auswanderer aus Osteuropa und der ehemaligen UdSSR

M 3 Weltweite Migration

Staat, der ursprünglich nicht ihre Heimat ist. Die meisten Migranten haben zu Hause keine Arbeit gefunden, die ihnen genug zum Leben bringt. Sie suchen deshalb in reicheren Ländern Arbeit. Auch ihren Kindern soll es besser gehen, da es dort Schulen und Krankenhäuser gibt.

Andere bitten in fremden Staaten um Asyl, weil sie in ihrer Heimat verfolgt werden, zum Beispiel, weil sie eine andere Meinung als die Regierung haben.

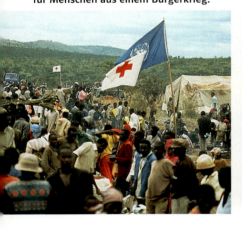

M 4 Flüchtlingslager in Afrika für Menschen aus einem Bürgerkrieg.

M 5 Gemüseladen in Krefeld von einer türkischen Familie.

Lexikon

Migration
Wanderungsbewegungen von Menschen oder von ganzen Völkern. Ursachen für Migration können Kriege, Naturkatastrophen oder wirtschaftliche Probleme sein, z. B. Arbeitslosigkeit und Hunger.

Asyl
bedeutet Zufluchtsort. Das Asylrecht bietet Menschen Schutz in einem anderen Staat, wenn sie wegen ihrer Rasse, Religion oder politischen Einstellung verfolgt werden.

✳ 5. Bearbeite die Karte M 3 unter den folgenden Fragen: Aus welchen Regionen der Erde wandern Menschen ab? Welche Kontinente oder Gebiete sind die Ziele für Migranten? Lege dazu eine Tabelle an:

Herkunft der Migranten	Ziel der Migranten
Ost- und Südostasien	Nordamerika, Westeuropa
…	…

✳ 6. Kannst du vermuten, aus welchen Gründen diese Migranten ihre Heimat verlassen?

Sklaven – nicht nur im alten Rom

**Sklaven gab es nicht nur in der Antike – es gibt sie noch heute.
Doch die Formen der Sklaverei haben sich verändert.**

T1 Billige Arbeitskräfte

In der Antike gab es in fast allen Staaten Menschen, die
als Sklaven für einen Herrn arbeiten mussten. Bei den
Griechen genügte es schon, dass man seine Schulden
nicht bezahlen konnte. Dann wurde man in die Schuldknechtschaft genommen. Besonders viele Sklaven gab
es im Römischen Reich. Viele Männer und Frauen kamen
als Kriegsgefangene zu einem römischen Herrn, andere
wurden schon als Kinder von Sklaven geboren. Sie arbeiteten im Haushalt, auf den Feldern, in Steinbrüchen
und Bergwerken oder waren Rudersklaven auf Schiffen.
Andere arbeiteten als Lehrer und unterrichteten römische
Kinder. Einige waren sogar Ärzte und heilten Krankheiten.

**M2 Solche Plaketten schmiedeten Herren ihren Sklaven mit
einem Band aus Eisen um den Hals.** Die Inschrift auf dieser Plakette lautet übersetzt: „Halt mich fest, damit ich nicht
entfliehe, und bring mich meinem Herrn Viventius auf dem
Landsitz des Callistus zurück."

M1 Arbeiter auf einem Gushof zerstampfen Weintrauben
(römisches Steinrelief). Arbeiten wie diese verrichteten häufig
Sklaven.

T2 Menschen ohne Rechte

Nach römischem Recht galt ein Sklave als Sache,
gehörte also wie Vieh, Ackergerät und Hausrat zum
Besitz eines Römers. Dieser durfte ihn verkaufen, aus-
peitschen oder sogar töten. Sklaven, die sich gegen
eine solche Behandlung auflehnten, wurden grausam
bestraft. Viele Sklaven bekamen aber auch Geld von
ihrem Herrn, wenn sie fleißig arbeiteten. Sie konnten es
sparen und sich irgendwann freikaufen. Andere wurden
freigelassen, wenn sie gute Dienste geleistet hatten.

**M3 Der griechische Geschichtsschreiber Herodot beschreibt um
500 v. Chr., wie die Sklaven in den Bergwerken arbeiten muss-**

> „ Die Sklaven, die im Bergbau beschäftigt sind,
> bringen ihren Besitzern unglaubliche Einkünfte. Sie
> selbst aber müssen unterirdisch graben, bei Tag und bei
> Nacht und gehen körperlich zugrunde. Viele sterben in-
> 5 folge der übermäßigen Anstrengungen. Denn Erholung
> und Pausen in der Arbeit gibt es nicht. Aufseher zwin-
> gen sie mit Schlägen, die furchtbaren Leiden zu ertra-
> gen, bis sie elend ihr Leben aushauchen. "

1. Wie kamen Menschen
in der Antike in die Sklaverei?
(T1)

2. Was bedeutete es für jemanden,
als Sklave zu leben? (T2, M2, M3)

3. Beschreibe, welche Formen
von Sklaverei es heute gibt.
(T3,T4, M4)
Warum sind vor allem Kinder davon
betroffen?

T3 Kinderarbeit ...

Heute ist die Sklaverei in allen Staaten der Erde verboten, und trotzdem gibt es sie. Besonders häufig sind Kinder davon betroffen. Sie können sich am wenigsten wehren und sind leicht einzuschüchtern. Internationale Organisationen schätzen, dass weltweit mehr als 100 Millionen Kinder unmenschlich hart arbeiten: Sie schuften in Bergwerken, knüpfen Teppiche oder pflücken Baumwolle für einen lächerlich kleinen Lohn. Viele werden von ihren „Arbeitgebern" geschlagen und müssen oft Tag und Nacht in den stickigen Werkstätten verbringen.

T4 ... und Schuldknechtschaft

In manchen Ländern der Welt ist es üblich, dass ein Schuldner mit seiner Arbeitskraft haften muss, wenn er das Geld nicht zurückzahlen kann. Er arbeitet seine Schulden also ab. Doch die Bezahlung ist so gering, dass oft noch die Kinder für die Schulden ihrer Eltern arbeiten müssen. Manchmal werden sie auch gleich als Arbeitssklaven an die Gläubiger der Eltern „verkauft". Die Vereinten Nationen (UNO) gehen davon aus, dass mehr als 20 Millionen Menschen in Schuldknechtschaft leben, die meisten davon in Afrika und Asien.

M5 In den Teppichwebereien in Nepal arbeiten zehntausende Kinder. Über das Schicksal der 14-jährigen Mainya berichtet UNICEF, das Kinderhilfswerk der Vereinten Nationen:

99 Sie hat nie eine Schule besucht und kann nicht lesen und nicht schreiben. Schon seit mehreren Jahren arbeitet sie im Süden von Nepals Hauptstadt Kathmandu als Teppichknüpferin in einer Teppichweberei.
5 Ihr Arbeitstag dauert 16 Stunden pro Schicht. Tag für Tag steht sie in bedrückender Enge am Webstuhl. Viele Menschen arbeiten zusammen mit ihr in dem kleinen Raum. Die meisten von ihnen sind Kinder. Viele sind wesentlich jünger als Mainya. Die Luft in der schlecht
10 geführten Fabrik ist stickig. Mainya muss oft husten. Der Wollstaub reizt ihre Atemwege. Am Tag bleibt ihr insgesamt nur eine Stunde Pause. Den Lohn für ihre harte Arbeit bekommt Mainya nicht zu sehen. Ihr Arbeitgeber hat ihr erklärt, dass sie arbeiten muss, um
15 ihre Schulden zurückzubezahlen. 66

M6 Menschenrechtserklärung der UNO von 1948:

99 Artikel 4: Niemand darf in Sklaverei oder Leibeigenschaft gehalten werden; Sklaverei und Sklavenhandel sind in allen ihren Formen verboten. 66

M4 Kinderarbeit in Indien: links Jungen in einer Stofffabrik in Multan (2003), rechts ein Mädchen in einem Ziegelwerk in Neu Dehli.
Kinderhandel ist zwar überall verboten. Trotzdem werden jährlich hunderttausende Mädchen und Jungen unter 14 Jahren zu Arbeitszwecken verkauft.

Lexikon

UNO
ist die Abkürzung für „United Nations Organization" (= Vereinte Nationen). Die UNO wurde 1945 gegründet. Sie soll den Weltfrieden erhalten und die Menschenrechte schützen.

*
4. Du selbst kannst mithelfen, etwas gegen Sklaverei zu tun. Hier siehst du Logos und Internetadressen von einigen Firmen und Organisationen. Sie achten darauf, dass sie ihre Arbeiter nicht ausbeuten und keine Kinder als Sklaven einsetzen.

Informiere dich auf den Internetseiten, was diese Organisationen genau machen, und berichte in der Klasse:
www.transfair.de
www.rugmark.de
www.gepa.de

Brot und Spiele

Gladiatoren wurden jahrelang ausgebildet, um in der <u>Arena</u> <u>auf Leben und Tod</u> gegeneinander zu kämpfen. Was lockte Zuschauer zu diesem grausamen „Vergnügen"?

T1 Vergnügungen der Römer

Seit der Zeit des Kaisers Augustus war Rom eine prächtige Stadt. Trotzdem gab es unter den römischen Bürgern noch viele, die arm waren. Das hätte leicht zu Aufständen gegen die Reichen führen können. Doch die Kaiser sorgten mit <u>Getreidespenden</u> vom Staat dafür, dass niemand hungern musste. Auch <u>Unterhaltung</u> boten die Kaiser den Stadtbewohnern. Am beliebtesten waren die „Spiele" im Circus und in der Arena. Im Circus Maximus in Rom fanden Pferde- und Wagenrennen statt, im Kolosseum gab es <u>Gladiatoren- und Tierkämpfe</u>.

T2 Tiere und Menschen aus allen Provinzen

Ursprünglich waren die blutigen Gladiatorenkämpfe Leichenspiele. Dabei kämpften Kriegsgefangene oder Verbrecher zu Ehren des Verstorbenen. Derjenige, der unterlag, war das Opfer für den Toten. Später machte man daraus eine grausame Form der Unterhaltung. Als Kaiser Titus im Jahr 80 n. Chr <u>das Kolosseum</u> eröffnete, bot er 9 000 <u>wilde Tiere</u> auf. Kaiser Trajan feierte 106 n. Chr. einen Sieg, indem er 10 000 Gladiatoren an 117 Tagen um ihr Leben kämpfen ließ. <u>Tausende römische Bürgerinnen und Bürger schauten begeistert zu.</u>

T3 Mit Netz und Dreizack

Sklaven, Kriegsgefangene und Verbrecher wurden in <u>Gladiatorenschulen</u> jahrelang hart trainiert. Wenn sie ihrem Besitzer viele Preisgelder eingebracht hatten, <u>ließ er sie vielleicht frei</u>. Manche kämpften danach auf eigene Rechnung weiter. Meistens traten Gladiatoren <u>mit ungleichen Waffen</u> an – das erhöhte den Nervenkitzel. Der <u>Retiarius</u> kämpfte mit <u>Dreizack, Dolch und Wurfnetz</u> (= rete). Sein Gegner war der <u>Secutor</u> (= Verfolger), der mit seinem <u>Schwert</u> angriff und sich mit einem <u>Schild</u> verteidigte. <u>Schiedsrichter</u> passten auf, dass sich die Kämpfer an die Regeln hielten.

M1 Die heutige Ruine des Kolosseum in Rom. Es hatte Platz für 50 000 Zuschauer. Unter der Arena hat man Kammern ausgegraben, in denen vielleicht wilde Tiere eingesperrt waren. Die Archäologen haben auch Reste von Aufzügen und Falltüren gefunden, über die Tiere und Menschen plötzlich auftreten oder verschwinden konnten.

1. Im Text findet ihr viele Stellen, die gelb unterstrichen sind. Sie beziehen sich auf Aussagen, die ihr selbst überprüfen könnt. Bildet dazu vier Gruppen: Jede Gruppe nimmt sich einen Textabschnitt (Überschrift, T1–T4) vor und sucht in M1 bis M6 nach Informationen, die zu diesen Textstellen eine nähere Erläuterung geben. Erklärt den anderen Gruppen, warum ihr bestimmte Stellen oder Bilder ausgewählt habt und was sie aussagen.

2. Manche Gladiatoren übten ihren „Sport" freiwillig aus; die meisten aber nicht. (T3, T4) Wer wurde vor allem Gladiator und aus welchem Grund?

T 4 Lieblinge der Massen

Die Kämpfer fochten so lange, bis einer tot oder schwer verwundet war. Der Verwundete konnte durch Fingerzeichen um Gnade bitten. Sein Schicksal lag dann in der Hand der Zuschauer. Diese zeigten unmissverständlich ihr Urteil an. Hatte ein Gladiator gut gefochten, durfte er weiterleben. Anderenfalls musste der Sieger ihm den Todesstoß versetzen. Einen beliebten Gladiator ließen die Zuschauer so schnell nicht sterben, und sein Besitzer war auch daran interessiert, dass er noch lange lebte. Ab dem 1. Jahrhundert n. Chr. meldeten sich auch Bürger als Gladiatoren. Wahrscheinlich wollten sie auch so berühmt werden, wie manch andere Gladiatoren.

M 2 Tierkämpfer in der Arena (Relief aus Ton). Durch versteckte Türen konnten plötzlich wilde Tiere auftauchen und die „Jäger" zu Gejagten machen.

M 3 Retiarius, Secutor und ein Schiedsrichter auf einem römischen Mosaik. Das Mosaik schmückte den Fußboden einer Villa in Nennig an der Mosel.

M 4 Der römische Dichter Juvenal schrieb um 100 n. Chr.:

> (Die Römer) verloren die Freude daran, Verantwortung zu übernehmen: Das Volk, das einst den Oberbefehl über die Legionen
> 5 und die Ämter im Staat verlieh, das die Truppen und vieles mehr im Staate stellte, mischt sich nicht mehr in die Politik ein und verlangt voller Eifer nur noch dieses: Brot
> 10 und Spiele.

M 5 Sprüche an Häuserwänden in Pompeji aus dem 1. Jahrhundert n. Chr.:

> Quintus Petronius Octavus hat seine Freilassung nach dem 33. Kampf erreicht."
> „Auctus von der Julianischen Schule
> 5 hat 50-mal gewonnen."
> „Crescens der Netzkämpfer ist der Schwarm der Mädchen.

M 6 In Pompeji kam es 59 n. Chr. zu einer Schlägerei mit Zuschauern aus einer Nachbarstadt. Zur Strafe schloss der Senat die Arena für 10 Jahre. Der römische Geschichtsschreiber Tacitus berichtet darüber:

> Es geschah während eines Gladiatorenkampfes (…) Zuerst beschimpften sie sich, dann griffen sie zu Steinen und schließlich zu
> 5 den Waffen. Das Volk von Pompeji (…) behielt die Oberhand. Viele Bewohner von Nuceria wurden verstümmelt und verwundet nach Rom transportiert. Zahlreich waren diejenigen, die einen Sohn oder Vater zu
> 10 beweinen hatten.

3. Worin bestand für die Zuschauer der Reiz ungleicher Gladiatorenpaare? Welche Kampftechnik verfolgten Secutor und Retiarius? (T3, M3)

4. Nenne zwei Gründe, warum viele Kämpfe nicht mit dem Tod des Unterlegenen endeten. (T4)

* 5. Die Überschrift des Kapitels findest du bei dem Dichter Juvenal. (M4) Wie meint er die Aussage? Was bezweckten die Kaiser mit ihrer Großzügigkeit?

* 6. Vergleiche den Vorfall in Pompeji mit Sportereignissen heute. Wie wird z. B. heute ein Fußballverein bestraft, wenn seine Fans andere Zuschauer verprügeln? (M6) Was hältst du von der Strafe?

Die Welt der Römer im Film

Im Jahr 2000 lief der Film „Gladiator" in den Kinos.
Zeigt uns der Film den Kampf in der Arena wie er wirklich war?

T1 „Römerfilme"

Seit es das Kino gibt, haben Filme über die Römerzeit immer wieder die Zuschauer in ihren Bann gezogen. Was fasziniert die Menschen an einer so weit zurückliegenden Zeit?

Der Film setzt geschickt das in Szene, was die Zuschauer mit Rom verbinden: prächtige Tempel und Gebäude, lebensgroße Figuren aus Stein, bunte Kostüme, reiche Römer und ihre Sklaven, Legionäre mit blinkenden Helmen und Waffen sowie „gute" und „schlechte" Kaiser, die mit absoluter Macht über ein gewaltiges Reich herrschen.

Diese Bilder vermitteln die meisten Filme über die Römerzeit. Entsprechen sie auch der Wirklichkeit?

T2 „Gladiator" – der Film

Im Jahr 2000 hatte der amerikanische Film „Gladiator" einen riesigen Erfolg. Sein Thema war der Kampf in der Arena; also das Spektakel, das sich dem römischen Publikum bot, wenn Gladiatoren um ihr Leben kämpften. Ein Spielfilm stellt aber nicht die Wirklichkeit nach, sondern ein Film ist für ein Publikum gemacht. Die Leute im Kino sind kaum daran interessiert, ob alle Waffen, Rüstungen, Kostüme oder die Personen der historischen Wahrheit entsprechen. Wichtig ist nur, dass die Zuschauer glauben, ein realistisches Bild der Römerzeit zu bekommen. Ein Film wie „Gladiator" verschlingt in der Produktion riesige Summen. Das Geld muss an den Kinokassen wieder hereinkommen. Deshalb muss der Regisseur alles tun, um ein Massenpublikum gut zu unterhalten.

M1 „Thraex" (links) gegen **„Murmillo".** Ein Thraex trug einen geschlossenen Helm, einen kleinen eckigen oder runden Schild sowie Beinschienen und einen Armschutz. Er kämpfte mit einem gebogenen Schwert. Der Murmillo kämpfte mit einem geraden langen Schwert (Mosaik aus Bad Kreuznach, um 250 n. Chr.).

M2 Ein Filmkampf (Standbild aus dem Film „Gladiator). Der linke Gladiator kämpft mit dem Schwert des Thraex.

1. Das Gladiatorenpaar in M1 war bei den römischen Zuschauern sehr beliebt. Beschreibe die unterschiedliche Bewaffnung. Welche Vorteile hatte der Murmillo, welche der Thraex?

2. Vergleiche M2 mit M1. Der Gladiator links soll ein Thraex sein. Entdeckst du Fehler?

3. Beurteile, welche Chancen der Gegner vom Thraex in der Filmszene M2 hat.

M 3 Achtung: Fehler!
1. In „Gladiator" erscheinen plötzlich Raubkatzen als Helfer. Allerdings griffen Tiere in römischer Zeit nicht in den Kampf Mann gegen Mann ein, sondern sie wurden in besonderen Vorführungen gejagt.
2. Gesichtshelme trugen römische Soldaten nur zur Parade, auch Muskelpanzer dienten nur zum Schmuck.
3. Die Kegelsäulen gab es nicht im Kolosseum; sie dienten im Circus Maximus als Wendemarken für die Wagenrennen.

M 4 Gladiatorenhelme
(rekonstruiert nach römischen Funden aus dem 1. Jh. n. Chr.)

M 5 Szenenfoto aus „Gladiator". So wie die Helme im Film/ hintere Reihe sahen türkische Helme im 15. Jh. aus. Sie hatten eine spitze Form und einen Wangenschutz.

M 6 Der Historiker Marcus Junkelmann vergleicht in seinem Buch „Hollywoods Traum von Rom" die antiken Gladiatorenspiele mit denen in „Gladiator" von Regisseur Ridley Scott:

„ Die Gladiatoren waren in genau definierte Waffengattungen eingeteilt, (…) wobei möglichst Chancengleichheit angestrebt wurde. Es wurden fast ausschließlich Duelle ausgefochten. Massenkämpfe trugen nur
5 minderwertige Fechterklassen, gewöhnlich zum Tode Verurteilte, aus; mit den eigentlichen Gladiatoren hatte das nichts zu tun. (…) Über die Einhaltung der Spielregeln wachten mit Stöcken bewaffnete Schiedsrichter. Die Mehrzahl der Duelle (wohl 80–90%) endete mit der
10 Entlassung des Besiegten, nicht mit seinem Tod. (…) Diese allgemeine Kennzeichnung der kaiserzeitlichen Gladiatorenkämpfe dürfte schon deutlich machen, dass die von Ridley Scott gezeigten Kämpfe herzlich wenig mit der historischen Realität zu tun haben. Bei drei von
15 fünf der von ihm vorgeführten Arenaeinsätze handelt es sich um Massengefechte. Kein einziger Schiedsrichter ist zu sehen, Regeln scheinen nicht zu existieren. Von festgelegten Fechterpaaren kann gleichfalls keine Rede sein. (…) Es handelt sich um wilde, gnadenlose Ge-
20 metzel, die meisten der Unterlegenen werden bereits im Kampf selbst getötet (…) kein einziger Unterlegener erlangt die Entlassung. "

4. Die Kampfszene M 3 spielt im nachgebauten Kolosseum, also im größten Amphitheater der römischen Welt.
Welche Fehler enthält die Szene?

5. Vergleiche, was wir über die Gladiatorenkämpfe wissen, mit dem, was der Film „Gladiator" zeigt (M 3 – M 6). Erstelle dazu eine Tabelle, die so aussehen könnte:

bei den Römern	im Film
…	…
…	…

* 6. Warum kommt vieles von dem, was wir uns über die Römerzeit vorstellen, mehr aus Filmen, als aus Sachbüchern oder dem Geschichtsunterricht in der Schule?

Auf den Straßen des Imperiums

Ob du nach Spanien oder Finnland reist, überall bezahlst du mit dem gleichen Geld.
Du fährst über Grenzen ohne Kontrollen und die Straßen sind sicher und gut.
Das alles gab es auch schon im Römischen Reich.

T1 Legionäre, Händler und Beamte

Wenn die Römer fremde Länder eroberten, bauten
sie bald auch gute Straßen. Denn die Soldaten sollten
schnell überall hinkommen, und sie mussten natürlich auch versorgt werden. Nach den Soldaten kamen
Beamte in die eroberten Gebiete. Sie trieben für den
Kaiser Steuern ein und verwalteten die neuen Provinzen. Natürlich benutzten auch Händler und Reisende die Straßen. Vor Schwertransporte spannte man
Ochsen als Zugtiere, während reiche Römer mit Pferde-
wagen zu ihren Landhäusern und den Badeorten am
Mittelmeer reisten.

T2 Straßen sind lebensnotwendig für ein großes Reich

An den Hauptstrecken gab es etwa alle 30 Kilometer
Rasthäuser. Hier konnten die Reisenden etwas essen
und ihre Tiere versorgen. Für Eilboten des Kaisers
standen Pferde zum Wechseln bereit. So konnten
Boten ihre Nachrichten an einem einzigen Tag mehr als
200 Kilometer weit überbringen.
Durch seine Fernstraßen wuchs das Reich zu einem
großen Wirtschaftsraum zusammen. Überall reisten
Händler, die mit römischen Denaren bezahlten und sich
auf Lateinisch oder Griechisch verständigten.

M1 Die Via Appia bei Rom
war die erste Fernstraße, die römische
Techniker geplant haben.
Wie sie dabei vorgingen, siehst du rechts.

M 2 Straßenbau bei den Römern

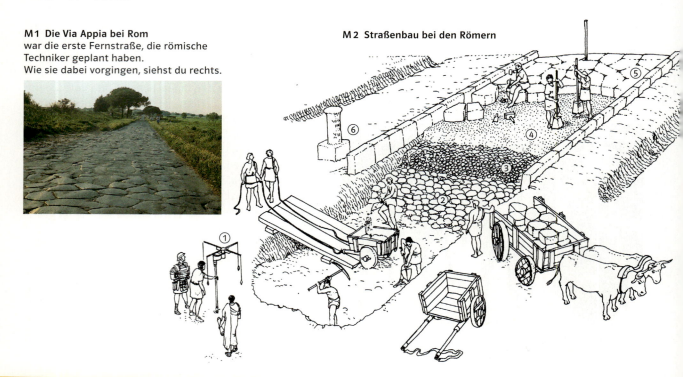

1. Welche Vorteile hatten die
römischen Straßen …
a) für die Soldaten,
b) für den Kaiser,
c) für Reisende und Händler?
(T1, T2, M4)

2. Ordne den Zahlen in der Zeichnung M 2 die folgenden Begriffe zu:
Schicht aus Kies und Sand, Meilen-
stein, Schicht aus Schotter, Gerät
zum Vermessen, Pflaster, Schicht
aus groben Steinen.

Beschreibe jetzt mit eigenen
Worten, wie eine römische Straße
gebaut wurde. Du kannst folgen-
dermaßen beginnen:
„Zuerst musste man …,
dann kam …
Danach … und zum Schluss …."

Legend (Gewerbe- und Handelszenten):

- Gewerbe- und Handelszenten
  - ● Waren aus Metall
  - ● Stoffe, Kleidung
  - ● Tongefäße, Gläser
  - ● Farben und Duftstoffe
- Getreide
- Wein
- Olivenöl
- Holz
- Pferde
- wilde Tiere (Raubkatzen, Bären u. a.)
- Sklaven
- ◆ Eisen
- ◆ Gold, Silber, Kupfer
- Marmor
- Bernstein

Map labels:

ATLANTISCHER OZEAN

Londinium · Augusta Treverorum · Burdigala · Lugdunum · Narbo · Arelate · Massilia · Tarraco · Hispalis · Carthago Nova · Aquileia · Sirmium · Roma · Ostia · Capua · Tarentum · Carthago · Syracusae · Corinthus · Rhodus · Byzantium · Nicomedia · Ephesus · Trapezus · Antiochia · Palmyra · Damaskus · Tyrus · Ktesiphon · Alexandria

Schwarzes Meer · Mittelmeer · Elbe · Rhein · Donau · Dnepr · Euphrat · Tigris

Bernstein, Felle, Pelze, Honig, Sklaven

Seide

Gewürze, Duftstoffe, Edelsteine

Gewürze, Drogen

Raubkatzen, Elfenbein, Gold, Sklaven

Raubkatzen, Gold, Elfenbein

- ☐ Römisches Reich im 2. Jh. n.Chr.
- Landhandelsweg
- Seehandelsweg
- Fluss als Handelsweg

0 200 400 600 km

M 3 Wirtschaft im Römischen Reich
Alle Fernstraßen zusammen hatten eine Länge von fast 80 000 Kilometern.
Schwere Güter wurden – wo immer das möglich war – auf dem Wasser befördert.

M 4 Reisewagen aus der Römerzeit (Relief).
Ein solcher Wagen konnte ganz bequem sein. Dieser hatte sogar schon eine Federung. So reiste vielleicht ein kaiserlicher Beamter in seine Provinz. Wenn er am Tag 120 km zurücklegte, war das für seine Zeit sehr viel.

< Extra >

M 5 Im 1. Jahrhundert n. Chr. schrieb der römische Schriftsteller Petronius einen Roman, in dem ein Kaufmann, ein ehemaliger Sklave, über seine Geschäfte berichtet:

" Ich kriegte Lust, Geschäfte zu machen. Ich baute fünf Schiffe, lud Wein – der wurde damals mit Gold aufgewogen – und schickte sie nach Rom. Alle fünf Schiffe gingen zu Bruch. An einem einzigen Tag hat
5 Neptun 30 Millionen geschluckt.
Denkt ihr, ich hätte aufgegeben? Beim Jupiter, der Verlust hat mich überhaupt nicht gekratzt. Ich baute neue Schiffe, größere und bessere und glücklichere. Ich lud wieder Wein, auch Speck, Bohnen, Salben und
10 Schminke aus Capua, außerdem Sklaven. Mit einer Fahrt habe ich 10 Millionen eingesackt. "

3. Nimm einen Atlas und suche auf der Karte M 3 die Gebiete folgender Staaten heraus:
Spanien, Frankreich, Griechenland, Türkei und Tunesien.
Schreibe in eine Tabelle, welche Waren die Römer aus diesen Gebieten einführen konnten. Nenne zu jedem Land mindestens 3 Waren.

4. In der Karte M 3 findest du auch Zeichen für wilde Tiere. Warum führten die Römer in großer Zahl Bären und Raubkatzen ein? Lies dazu noch einmal auf den Seiten 116/117 nach.

✻
5. Du bist ein Händler aus Colonia und willst die berühmten Glaswaren aus deiner Heimatstadt in Alexandria verkaufen. Suche auf der Karte M 3 zwei ganz verschiedene Wege für deine Reise. Welche Vor- und Nachteile sind damit verbunden?

Wasser – nur ein römisches Problem?

Auch die Römer sorgten sich schon um ihre Umwelt.
Dabei fanden sie Lösungen, die fast 2000 Jahre unübertroffen blieben.

T1 Wasser für die Städte des Reiches

Wasser ist die natürliche Grundlage für das Leben von Menschen, Tieren und Pflanzen. Dörfer und Städte können nur dort gegründet werden, wo es ausreichend Wasser gibt. Das galt und gilt noch heute besonders für die Länder am Mittelmeer.

Kein Staat der Antike hat so große Anstrengungen unternommen, um die Bevölkerung mit frischem Wasser zu versorgen, wie der römische Staat. Der technische Aufwand war riesig: Aquädukte leiteten das Wasser über Täler, durch Berge führten Tunnel, und auch in der Ebene mussten die Wasserkanäle mit gleichmäßigem Gefälle über Steinbögen geführt werden. Dies war wichtig, damit die Kraft des Wassers die Anlage nicht zerstörte.

T2 Wer bekommt Wasser?

Über die Aquädukte wurde fast jede größere Stadt mit frischem Quellwasser versorgt. Manche Aquädukte waren bis zu 100 Kilometer lang.

Die Menschen in Rom verbrauchten ungeheure Mengen an Wasser. Zur Kaiserzeit leiteten elf Aquädukte Frischwasser aus den umliegenden Bergen in die Millionenstadt. Wasserschlösser regelten, wie das Wasser verteilt wurde (M2). Dazu wurden die Abflüsse eines Beckens so konstruiert, dass bei Wasserknappheit zuerst die privaten Anschlüsse der Reichen, dann die Zuflüsse der Thermen versiegten. Die Brunnen an den Straßenkreuzungen und Plätzen mussten immer mit Wasser versorgt werden.

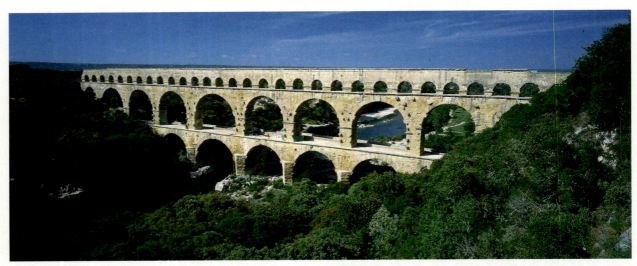

M1 Wasserleitung (Aquädukt) über den Fluss Gard in Südfrankreich, erbaut im 1. Jh. n.Chr. Diese Brücke war 49 Meter hoch und 275 Meter lang. Sie war ein Teil der 50 Kilometer langen Wasserleitung, die die Stadt Nimes mit frischem Quellwasser versorgte. Das Wasser floss in einem Kanal ganz oben, der mit Steinplatten abgedeckt war.

1. Warum war es den Römern wichtig, ihre Städte mit frischem Wasser zu versorgen? Denke dabei auch an das Wetter und an die Temperaturen am Mittelmeer.

2. Beschreibe aus T1 und M1, wie ein Aqädukt angelegt war. Verwende dabei die folgenden Begriffe: Quelle, Steinbögen, Gefälle, Täler, Berge, Wasserschloss, Wasserkanal.

3. Zeichne das Wasserschloss in M2 als Skizze in dein Heft. Ziehe Linien zu den einzelnen Öffnungen und beschrifte sie: Zufluss aus dem Aquädukt, Abflüsse zu privaten Anschlüssen, Abflüsse zu den Thermen und Abflüsse zu den öffentlichen Brunnen.

T3 Wohin mit dem Abwasser?

Das Abwasser aus den privaten Bädern und den Thermen war kaum belastet: Es gab nämlich noch kein Chlor und keine Badezusätze. Dieses Wasser diente dazu, Obstgärten und Parkanlagen zu bewässern. Oder es floss über Kanäle zu den Färbereien und Gerbereien, die sonst viel Frischwasser verbraucht hätten.
Anders war es mit den Abwässern aus den öffentlichen Toiletten und manchen Handwerksbetrieben. Die übel riechende Brühe, in der auch alle möglichen Abfälle trieben, gefährdete die Gesundheit der Stadtbewohner. Aus diesem Grund verlegten die Römer die offenen Kanäle unter die Erde. Ein Hauptkanal, die Cloaca Maxima, beförderte das Abwasser und den Abfall in den Fluss Tiber.

T4 Die Wälder verschwinden

Griechen und Römer verbrauchten sehr viel Holz, vor allem um Schiffe zu bauen und um Metalle einzuschmelzen. So wurden die Wälder im ganzen Mittelmeerraum schneller abgeholzt als sie wieder nachwachsen konnten. Die Folge war, dass bei starkem Regen die Erde an den Hängen weggespült wurde. Übrig blieben oft nur Steine und Felsen, die in vielen Gegenden die Landschaft bis heute prägen.

M3 Öffentliche Toilette aus römischer Zeit. Diese Anlage befand sich in Ostia, dem Hafen der Stadt Rom am Mittelmeer. Unter den Steinsitzen floss ständig Wasser hindurch, das zu den Abwasserkanälen geführt wurde. Die Rinne vor den Sitzen spülte frisches Wasser heran, mit dem sich die Menschen waschen konnten.

M4 Der griechische Geograph Strabon reiste zur Zeit des Kaisers Augustus durch weite Teile des Römischen Reiches. Er beschreibt das römische Abwassersystem:

> „ Die Römer (…) sorgten (…) für unterirdische Abwasserkanäle, die den Schmutz der Stadt in den Tiber spülen. (…) Die aus eng aneinander gefügten Steinen gewölbten Kloaken sind manchmal so weit,
> 5 dass sie mit Heu beladenen Wagen Durchfahrt bieten könnten. "

Lexikon

Aquädukte
waren Fernwasserleitungen für Frischwasser. Das Wasser floss in abgedeckten Kanälen oder durch Tonrohre.

M2 Wasserverteilung nach Zuflussmenge.
Die Wasserleitung nach Nimes in Südfrankreich endete in diesem Wasserschloss. Der Zufluss ist 1 mal 2 Meter groß, die Abflüsse sind der Höhe nach gestaffelt.

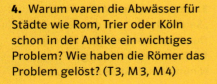

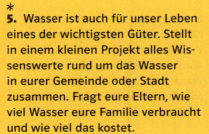

4. Warum waren die Abwässer für Städte wie Rom, Trier oder Köln schon in der Antike ein wichtiges Problem? Wie haben die Römer das Problem gelöst? (T3, M3, M4)

*****
5. Wasser ist auch für unser Leben eines der wichtigsten Güter. Stellt in einem kleinen Projekt alles Wissenswerte rund um das Wasser in eurer Gemeinde oder Stadt zusammen. Fragt eure Eltern, wie viel Wasser eure Familie verbraucht und wie viel das kostet.

Besucht das Wasserwerk:
Wo kommt das Wasser her?
Wie funktioniert das Leitungsnetz?
Wer kontrolliert die Qualität?
Was geschieht mit dem Brauchwasser?
Fertigt eine Wandzeitung an:
„Wasser – seit 2000 Jahren ein wichtiges Gut".

Welthandel zur Römerzeit

In der Römerzeit gab es noch weitere große Reiche auf der Welt, darunter auch das Han-Reich im fernen Osten. Chinesen und Römer lernten sich nie kennen – doch sie trieben Handel miteinander.

T1 Eine große Kultur im Osten

Lange bevor Rom gegründet wurde, gab es in China mächtige Reiche. Ihre Könige und Fürsten kämpften viele Jahrhunderte lang gegeneinander. Zur gleichen Zeit als die Römer das westliche Mittelmeer beherrschten, gründete Kaiser Liu Pang 202 v. Chr. ein chinesisches Großreich. Er war der erste Herrscher der Han-Könige, die bis 220 n. Chr. regierten. Dieses Reich wurde von Beamten verwaltet, die gut ausgebildet waren. Sie schrieben Steuerlisten und Verträge auf Papier auf, das die Chinesen mehr als tausend Jahre früher als die Europäer kannten.

T2 Die Hunnen – ein Reitervolk

Im Osten gab es außerdem noch das Volk der Hunnen. Sie lebten in dem Gebiet zwischen dem Schwarzen Meer und dem Pazifischen Ozean. Das Land bestand hier vor allem aus Steppe; das sind weite Ebenen aus Sand und Gras. Die Hunnen lebten in mehreren Stämmen. Ihr wichtigster Besitz waren große Viehherden. Sie hatten keine festen Siedlungen, sondern sie zogen als Nomaden von einem Weideplatz zum anderen. In Kämpfen waren ihre Reiterkrieger sehr schnell und geschickt.

Um 100 v. Chr. brachten die Chinesen die Hunnen zeitweise unter ihre Kontrolle. Dadurch konnten sie nun einen Karawanenweg über Mittelasien und Persien bis in das Römische Reich einrichten. Chinas wichtigstes Handelsgut war Seide. Deshalb nannte man den Handelsweg später „Seidenstraße". Der Handel erfolgte auf dem langen Weg nach Westen über viele Völker hinweg. Jedes Volk hielt fremde Kaufleute von seinem Teilstück fern. So kam es zu keinem direkten Kontakt zwischen Römern und Chinesen.

T3 Der Handel überlebt die Reiche

China war zur Han-Zeit so weit entwickelt, dass es kaum Handelsgüter aus dem Westen brauchte. Seine Seide ließ es sich daher mit Gold und Edelsteinen bezahlt. Doch der Handel brachte auch neue Kenntnisse mit nach China: So lernten die Chinesen zum Beispiel die Weintraube kennen.

220 n. Chr. zerfiel das mächtige Han-Reich. Die Hunnen fielen nun mehrfach in China ein und verwüsteten Städte und Dörfer. Die Hunnen stießen aber auch bis ins Römische Reich vor.

Während dieser Zeit ging der Handel auf der Seidenstraße weiter. Doch sicherer war der Seeweg von China über Indien zum Roten Meer hin. Für den Seehandel der Römer mit dem Osten war Alexandria in Ägypten der wichtigste Umschlagplatz. Die Stadt war über den Nil und über Karawanenwege mit dem Roten Meer verbunden. Von hier aus gelangten die Kaufleute nach Indien.

M1 Beamter der Han-Zeit in seinem Reisewagen. Die Bronzefigur ist 1900 Jahre alt und war eine Grabbeigabe für einen hohen Beamten. Wegen der langen Ausbildung und den strengen Examen waren Beamte in China sehr angesehen.

1. Nenne die vier Großreiche, die es im Osten zur Zeit des Römischen Reiches gab. (M 2)

🔆 Geschichtskarten lesen

2. Vergleiche die vier Reiche und das Römische Reich miteinander. Wo lagen sie? Welches war das Größte? Warum war es fast so bedeutend wie das Römische Reich?

3. Betrachte den Verlauf der „Seidenstraße" auf der Karte M 2. Durch welche heutigen Länder führte der Handelsweg? Nimm deinen Atlas zu Hilfe.

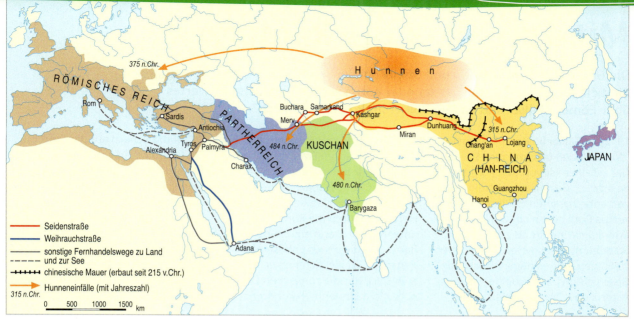

M 2 Große Reiche in Asien zur Zeit der Römer

M 3 Ein ägyptischer Kaufmann, der um 100 n. Chr. lebte, zählt Waren auf, die in einem indischen Hafen gehandelt wurden:

„ Eingeführt werden Weine, vor allem aus Italien, aber auch aus Arabien; Kupfer, Zinn und Blei, Korallen und Topase (ein Edelstein), einfache Bekleidung, Gürtel in leuchtenden Farben, rotes Glas, Gold- und Silber-
5 münzen, die man Gewinn bringend gegen Münzen des Landes tauschen kann; ferner billige Salben. Für den König bringt man kostbare Silbergefäße und edle Sklaven mit: junge Sänger und schöne Mädchen; ferner die besten Weine, leichte Bekleidung aus den feinsten Ge-
10 weben und die kostbarsten Salben.
Ausgeführt werden aus Indien süßer Lotos und Myrrhe (ein wohlriechendes Harz des Balsamstrauchs), Elfenbein, Achate und Karneole (Edelsteine), Baumwollkleidung aller Art, Seidenkleidung (aus chinesischer Roh-
15 seide), langer Pfeffer und viele andere Waren von den Handelsplätzen ganz Indiens. "

< Extra >

M 4 Handelsgewinne

„ Auf dem Gebiet des heutigen Iran lebten zur Römerzeit die Parther. Sie verdienten an Römern wie Chinesen gleichermaßen. Darüber schreibt ein moderner Historiker:
5 Die eigentliche Quelle des Wohlstands war ihre Vermittlerrolle im Warenverkehr. Unter Mithradates II. kontrollierte das Parther-Reich zum ersten Mal die große Handelsstraße, die unter der Bezeichnung Seidenstraße berühmt werden sollte. (…) Die Parther ver-
10 langten Abgaben für alle Güter, die ihr Territorium passierten. Eine Tariftabelle verzeichnet die Steuer pro Kamelladung von Waren wie Trockenfrüchten, Olivenöl, Salz, Duftstoffen, Bronzefiguren, Edelmetallen und Edelsteinen, Teppichen, Gewürzen - und natürlich
15 chinesischer Seide, nach der die Straße später benannt wurde. "

4. Erkläre, warum die römischen Kaufleute nie direkt mit den chinesischen Kaufleuten handelten. (T 2)

5. Lies M 3. Liste die Waren auf, die aus dem Römischen Reich nach Indien ausgeführt wurden. Welche Güter waren davon für den König bestimmt? Welche Waren führten die Römer aus Indien ein?
Waren nach Indien: …
Waren für den König: …
Waren aus Indien: …

*
6. Auf der Karte findest du noch einen weiteren berühmten Handelsweg: die „Weihrauchstraße". Welchen Raum verband sie mit dem Römischen Reich?
Weißt du, wozu man diese Handelsware verwendete?

Mit Asterix in die Römerzeit?

Die Geschichten von Asterix und Obelix spielen in der Römerzeit. Sind die Asterix-Hefte nur Comics oder enthalten sie auch Wissenswertes über Römer, Gallier und andere Völker im Römischen Reich?

T1 Zwei Gallier im Kampf gegen Rom
„Wir befinden uns im Jahre 50 v. Chr. Ganz Gallien ist von den Römern besetzt … Ganz Gallien? Nein! Ein von unbeugsamen Galliern bevölkertes Dorf hört nicht auf, dem Eindringling Widerstand zu leisten."
So beginnt jedes Asterix-Heft. Über 30 Folgen gibt es davon schon. Die Geschichten um die beiden Helden Asterix und Obelix spielen zu der Zeit, als Cäsar in Rom herrschte. Er hatte das heutige Frankreich und die angrenzenden Gebiete bis zum Rhein für Rom erobert. Nur ein einziges Gallierdorf, so heißt es in den Heften, konnten die Römer nicht unterwerfen. Denn ein Zaubertrank hatte die Bewohner unbesiegbar gemacht. Tatsächlich gab es damals kein Dorf, das die römischen Legionäre nicht einnehmen konnten.

T2 Bildfälschern auf der Spur
Die Geschichten von Asterix, Obelix, Cäsar und den Römern und Galliern sind zwar frei erfunden. Aber viele Zeichnungen enthalten auch Informationen, die uns witzig in das Römische Reich vor 2 000 Jahren einführen. Manche Bilder kommen euch vielleicht bekannt vor. Was könnte daran richtig sein, was frei erfunden?

M1 Asterix und Obelix beim Training. Welche „Sportart" steht wohl auf dem Programm?

1. Welche Ausbildung findet in M1 statt? Welche Menschen sind mit „Kampfmaschinen" gemeint? Beschreibe die Szene genau: Um was für ein Gebäude soll es sich handeln? Welche Waffen und Rüstungen tragen die Kämpfer? Erkennst du einzelne Kämpfer wieder?
Lies dazu noch einmal auf S. 116/117 nach. Welche Einzelheiten stimmen in etwa, aber wo entdeckst du Fehler?

2. Betrachte das Militärlager in M2. Welche Teile eines echten Lagers erkennst du? Wer ist in den verschiedenen Zelten untergebracht? Wo kreuzen sich die beiden Hauptstraßen? Könnte ein römisches Militärlager so ausgesehen haben? Nimm dazu die Abbildung auf S. 105 zu Hilfe.

M 2 Römisches Militärlager
① „Quo vadis?" heißt übersetzt
„Wohin gehst du?"
② Eine Legion war in 10 Kohorten zu je
400 bis 600 Mann aufgeteilt.
Eine Kohorte setzte sich aus drei Ma-
nipeln zusammen. Ein Manipel hatte
wiederum zwei Zenturien.

Lexikon

Gallier
Die Gallier lebten zur Römerzeit in
West- und Mitteleuropa.
Wir nennen sie heute auch
„Kelten".

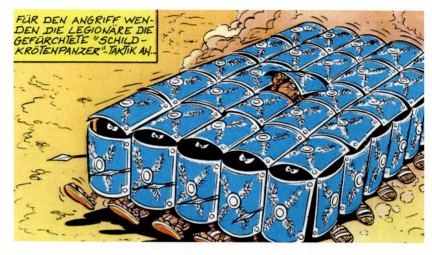

M 3 Tiername gesucht
Diese Formation bildeten römische
Truppen tatsächlich. Genannt wurde sie
„Schildkröte". Sie ist so ähnlich auf
römischen Steindenkmälern abgebildet.

**M 4 Eine normale Brücke und ein norma-
ler Steinblock?**
① Ist die Brücke für den Verkehr in dieser Gegend nicht etwas zu groß geraten, oder dient sie einem ganz anderen Zweck?
② Da Obelix als Baby in den Zaubertrank
gefallen ist, hat er Kraft wie kein anderer – bestens geeignet für einen
seltsamen Beruf: Er ist Lieferant für
„Hinkelsteine". Solche Steine haben
die Gallier vor 2 000 Jahren tatsächlich
an heiligen Orten aufgestellt um dort
ihre Götter zu verehren.

---

3. Beurteile: Handelt es sich bei
dem abgebildeten Lager in M 2 eher
um ein Marschlager für eine Nacht,
ein Lager für einen längeren Zeitraum oder um ein ständiges Lager?
Begründe deine Entscheidung.

4. Wie heißt die Formation in M 3?
Wann hat ein römischer Offizier
wohl ihren Einsatz befohlen?
Wie wird sie gebildet? Wogegen
schützt sie, wogegen nicht? Was ist
im Comic zwar witzig, aber falsch?

5. In M 4 kritisiert Asterix die
„neumodischen Bauwerke" der
Römer. Welchem Zweck dient die
Brücke? Vergleiche die Zeichnung
mit der Abbildung auf S. 122.
Entdeckst du Fehler?

Was ist von den Römern geblieben?

Ohne die Römer wäre heute vielleicht vieles anders.
Doch manchmal ist es gar nicht so einfach, die Spuren zu erkennen,
die sie hinterlassen haben.

T1 Das Römerreich zerfällt
Im 4. Jahrhundert mussten sich die Römer gegen viele Angriffe von anderen Völkern wehren. Germanische Krieger überquerten den Rhein und die Donau, und auch an anderen Grenzabschnitten kam es immer wieder zu Überfällen und Kämpfen.

Damit der römische Kaiser das riesige Reich leichter verteidigen und regieren konnte, teilte er das Reich unter seinen Söhnen auf. So entstand ein Ostreich und ein Westreich. In das Westreich drangen immer häufiger germanische Völker ein, bis das Reich schließlich 476 n. Chr. zerfiel.

Auf seinem Gebiet gründeten germanische Völker eigene neue Reiche.
Das Ostreich blieb noch weitere 1000 Jahre bestehen. Aber 1453 eroberten die Türken die Hauptstadt Konstantinopel, das heutige Istanbul. Damit ging auch das römische Ostreich zu Ende.

M1 Römischer Tempel in Nimes (Frankreich) und die Neue Wache in Berlin.
In Europa gibt es an vielen Orten Überreste von römischen Bauten zu sehen. Später haben sich Baumeister den Stil der Römer zum Vorbild genommen.

M3 Die wissenschaftlichen Namen für Pflanzen, Tiere und Körperteile sind lateinisch, denn lange Zeit war Latein die internationale Sprache der Mediziner und Forscher.

M2 Lehnwörter nennen wir Wörter, die aus einer Sprache in eine andere Sprache übernommen wurden. Auch viele deutsche Wörter kommen aus dem Lateinischen. Diese neuen Wörter haben die Germanen übernommen, als sie bisher unbekannte Dinge von den Römern kennen gelernt haben.

bicarium

strata

tegula

fenestra

murus

fraxinus excelsior = Esche

canis vulpes = Rotfuchs

1. Erzähle mit eigenen Worten, wie das Römische Reich zu Ende ging. Unterscheide dabei Westreich und Ostreich. (T1)

2. Die folgenden Wörter sind aus der lateinischen Sprache übernommen worden:
Birne, Kiste, Wein, Münze, Pfirsich, Keller, Käse, Zimmer (Kammer), Korb, Sack, Karren.
Ordne sie in einer Tabelle den passenden lateinischen Begriffen zu:

saccus, carrus, vinum, persica, cista, pirum, corbis, moneta, camera, caseus, cellarium

lateinischer Begriff	deutsches Lehnwort
vinum	Wein
...	...
...	...

T 2 Vielfältige Spuren der Antike
Die Spuren der Römer sind in vielen Bereichen bis heute zu finden. Jahr für Jahr werden aus dem Boden des ehemaligen Römischen Reiches Funde zutage gefördert: Münzen, Mauerreste, Mosaike, Vasen, Figuren, Schmuck, Inschriften, Waffen, Werkzeuge und vieles mehr. Das sind die Überreste einer Kultur, die wir anfassen und in Museen betrachten können.

Doch wichtiger als die Gegenstände aus der Römerzeit sind die Ideen der Griechen und Römer, ihre Kunst und ihre Art zu leben. Vieles davon hat Europa geprägt. Selbst unsere Sprache und unsere Rechtsprechung zeigen Spuren aus der Römerzeit.

Tipp

Ein Museum besuchen
Römische Funde zeigen z. B. die folgenden Museen:
- Archäologischer Park Xanten
- Römisch-Germanisches Museum, Köln
- Römisch-Germanisches Zentralmuseum, Mainz
- Rheinisches Landesmuseum, Trier
- Saalbergmuseum, Bad Homburg

Weitere Adressen und Hinweise zu Veranstaltungen findet ihr unter:
www.deutsche-museen.de

M 4 Justitia war die römische Göttin der Gerechtigkeit. Ihre Statue steht noch heute vor vielen Gerichtsgebäuden. Aus dem römischen Recht wurde später vieles übernommen. So darf zum Beispiel niemand verurteilt werden, bevor seine Schuld nicht bewiesen ist.

M 5 Lateinische Buchstaben und römische Zahlen begegnen uns täglich. Römische Zahlen stehen oft auf den Zifferblättern von Uhren. Und unsere Buchstaben sind die gleichen wie zur Römerzeit.

M 7 Viele Früchte und Gemüsesorten haben die Römer in den Norden gebracht, zum Beispiel Weintrauben, Pfirsiche, Pflaumen, Esskastanien, Knoblauch und Dill.

M 6 Die romanischen Sprachen haben sich aus der Sprache der Römer entwickelt:

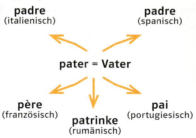

padre
(italienisch)

padre
(spanisch)

pater = Vater

père
(französisch)

patrinke
(rumänisch)

pai
(portugiesisch)

---

3. Erkläre, was Lehnwörter sind. (M 2)
Übersetze dann die abgebildeten Begriffe ins Deutsche.

4. Aus welchen Sprachen übernehmen wir heute viele neue Wörter? Nenne Beispiele.

*
5. Wann benutzen wir noch die römischen Zahlen? (M 5)
Warum rechnen wir wohl nicht mehr damit? Frage auch deinen Mathelehrer danach.
Weißt du, woher unsere heutigen Zahlen 1, 2, 3, 4 … kommen?

*
6. Aus dem römischen Recht haben wir die folgenden Rechtsgrundsätze übernommen:
„Im Zweifel für den Angeklagten" und „Keine Strafe ohne Gesetz". Warum sind sie so wichtig, dass sie auch heute noch Gültigkeit besitzen?

Die Welt der Römer und Griechen

1. Richtig oder falsch?

Finde die falschen Aussagen und schreibe sie richtig auf.

- Die Griechen siedelten fast überall an den Küsten vom Mittelmeer und vom Schwarzen Meer.
- Alle Griechen lebten zusammen in einem Staat.
- Wenn die Griechen ihre Wettkämpfe in Olympia austrugen, kamen Sportler aus allen Ländern der Welt.
- In der Polis Athen durften die Bürger selbst die Politik bestimmen.
- Alexander der Große eroberte das Römische Reich.
- Die Wölfin ist das Wahrzeichen der Stadt Athen.
- Die Plebejer waren reich, viele Patrizier arm.
- In den letzten 500 Jahren wurde das Römische Reich von Kaisern regiert.

Zeitstrahl zur römischen Geschichte

800 v. Chr. ———————————————————————→ 500 n. Chr.

2. Wer oder was ist gemeint?

Nenne den passenden Begriff, die Person oder das Ereignis.

- Auf diesem Berg in Athen stand erst eine Burg.
- So hieß die Regierungsform der Athener: …
- Dieser Mann gründete der Sage nach die Stadt Rom: …
- So hießen die höchsten Beamten in Rom: …
- Eine Arena, in der Menschen um ihr Leben kämpften: …
- Gegen diese Stämme im Norden kämpften die Römer: …
- Der erster Kaiser, der eigentlich Oktavian hieß: …
- Der römische Staat war zu Anfang eine: …
- So wurden die römischen Soldaten genannt: …
- Diesen Schutzwall errichteten die Römer gegen die Germanen: …

3. Kennst du die Jahreszahl?

- Die ersten Olympischen Spiele finden statt.
- In Athen wird die Demokratie „erfunden".
- Rom wird der Sage nach gegründet.
- Kaiser Augustus regiert.
- Das Römische Reich hat seine größte Ausdehnung.
- Das römische Westreich geht unter.

4. Einen Zeitraum darstellen

Zeichne einen Zeitstrahl zur römischen Geschichte in dein Heft. Am besten nimmst du für jedes Jahrhundert einen Zentimeter, das heißt, du brauchst insgesamt 13 cm. Trage drei Jahreszahlen ein:
- Beginn der Republik,
- Beginn der Regierungszeit des Augustus,
- Ende des Römischen Reiches.

Du erhältst nun zwei Abschnitte. Trage darüber die folgenden Bezeichnungen ein: REPUBLIK und KAISERZEIT. Male die Felder in verschiedenen Farben aus.

Wichtige Begriffe:

Imperium   Republik

Senator

Olympische Spiele   Polis

Demokratie   Kaiser

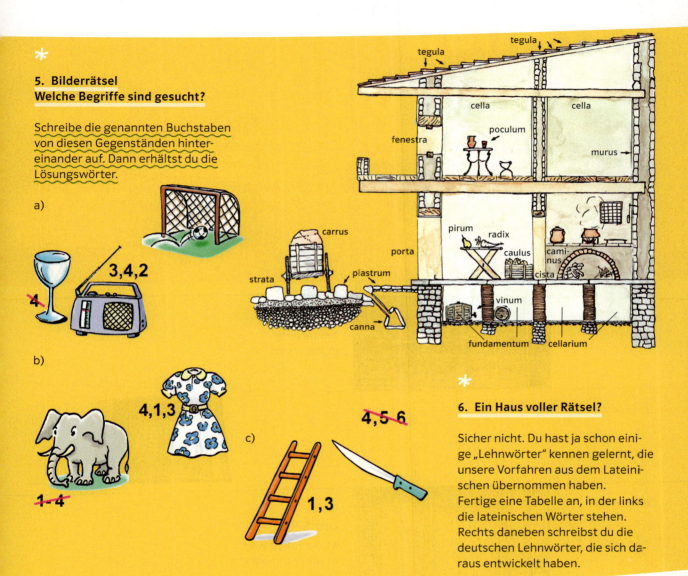

5. Bilderrätsel
Welche Begriffe sind gesucht?

Schreibe die genannten Buchstaben von diesen Gegenständen hintereinander auf. Dann erhältst du die Lösungswörter.

a)

3,4,2

4̶

b)

4,1,3

1̶-4

c)

1,3

4̶,5̶ 6̶

6. Ein Haus voller Rätsel?

Sicher nicht. Du hast ja schon einige „Lehnwörter" kennen gelernt, die unsere Vorfahren aus dem Lateinischen übernommen haben.
Fertige eine Tabelle an, in der links die lateinischen Wörter stehen. Rechts daneben schreibst du die deutschen Lehnwörter, die sich daraus entwickelt haben.

Provinzen

Kolonie

Konsul

Legionär

Limes

Aquädukt

5 Allah ist groß

In Deutschland leben etwa drei Millionen Muslime.
Ihre Religion ist der Islam. Sie ist vor etwa 1300 Jahren in der arabischen
Wüste entstanden und heute eine Weltreligion.
Wie die Christen und die Juden, so glauben auch die Muslime nur an
einen einzigen Gott.

Bezug zu heute

Tempelberg
in Jerusalem

Geschichte erleben

Chronologie

um 570
Mohammed wird
in Mekka geboren.

Ein neuer Glaube breitet sich aus

Betende Moslems

Die Johanniter heute

1095
Papst Urban II. ruft
zum Kreuzzug auf.

1099
Die Kreuzritter
erobern
Jerusalem.

Ein neuer Glaube breitet sich aus

Der Prophet Mohammed verkündet den Glauben an Allah als den einzigen Gott.
Er wird zum Gründer des Islam. Dieser Glaube breitet sich
über die ganze arabische Halbinsel und über die Nachbarländer aus.

T1 Wer war Mohammed?

„Ich bezeuge, dass es keinen
Gott gibt außer Allah und dass
Mohammed sein Prophet ist." So
lautet das Glaubensbekenntnis der
Muslime. Wer war dieser Prophet?
Das erfahren wir aus den Schriften
arabischer Gelehrter aus dem
8. und 9. Jahrhundert. Sie berichten,
dass Mohammed um das Jahr 570
in Mekka, einer Stadt im heutigen
Saudi-Arabien, geboren wurde.
Später kam er als Kaufmann viel
herum und begegnete Christen und
Juden. Diese verehrten nur einen
einzigen Gott. Die meisten Lands-
leute Mohammeds aber beteten
viele Götter an. Mohammed dachte
nun immer mehr über religiöse
Fragen nach.

T2 Mohammed wird ein Prophet

Um das Jahr 610 zog sich
Mohammed in eine Berghöhle in
der Wüste zurück. In der Einsamkeit
wollte er Klarheit über den Sinn des
Lebens gewinnen. Da erschien ihm
ein Engel. Er überbrachte eine Botschaft Allahs. Mohammed erzählte
das zunächst nur seiner Frau und
wenigen Freunden. Doch dann forderte Allah ihn in einer zweiten
Offenbarung auf, mit seiner Botschaft die Menschen zu „erwecken
und zu warnen".

M1 Ausbreitung des Islam über die arabische Länder und die Nachbarländer
mit den heutigen Staatsgrenzen.

1. Suche auf der Karte Mekka und
Medina. Fertige anhand der Karte
eine Liste mit den Heiligen Städten
des Islam und den Ländern, in
denen sie liegen.

2. Warum wollten die reichen
Händler in Mekka zunächst nichts
von Mohammeds neuer Lehre
wissen? (T3)

3. Warum interessierte sich
Mohammed für den Glauben der
Christen und der Juden? (T1)

Lexikon

Allah
ist das arabische Wort für
„der Gott". Es ist der Name für den
einzigen Gott der Muslime.

Prophet
So nennt man einen Abgesandten
Gottes.
Dieser Abgesandte verkündet
Gottes Willen.

T 3 Von Mekka nach Medina

Nun begann Mohammed in Mekka
zu predigen. Er rief die Menschen
auf, nur noch Allah als den einzigen Gott zu verehren. Alle Gläubigen seien vor Gott gleich. Die Reichen sollten ihr Vermögen mit den
Armen teilen. Alle Sklaven seien
frei zu lassen. Aber in der reichen
Handelsstadt Mekka lachten die
meisten Menschen ihn aus. Manche
nannten ihn einen Lügner. Daher
floh Mohammed im Jahre 622 mit
wenigen treuen Anhängern nach
Medina. In Medina gewann der Prophet schnell viele Anhänger, die
die neue Religion annahmen. Bald
wurde er nicht nur religiöses, sondern auch politisches Oberhaupt.

T 4 Der Sieger heißt Mohammed

Nachdem sich ihm auch alle wichtigen Stämme der Wüstenbe-
wohner, der Beduinen, ange-
schlossen hatten, zog Mohammed
im Jahre 630 mit einem großen
Heer nach Mekka. Die Stadt ergab
sich ihm fast kampflos. Er ließ die
Standbilder der vielen Götter in
der Kaaba zerstören. Seither wird
hier nur noch Allah verehrt. Als
Mohammed 632 starb, hatte sich
der Islam in Arabien durchgesetzt.

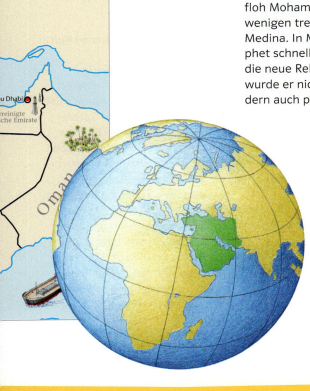

* **4.** Versuche aus dem Internet, aus
Sachbüchern oder Zeitungen zu
erfahren, welche Bedeutung der
Islam in Saudi-Arabien, im Iran und
in der Türkei heute hat.

Der Islam kommt nach Europa

Muslimische Araber drangen vor etwa 1300 Jahren über Nordafrika und Spanien bis Südfrankreich vor. Sie brachten den Ländern, die sie beherrschten, eine kulturelle Blüte.

M 1 Mesquita-Moschee in Córdoba. Diese Moschee wurde vor mehr als 1000 Jahren von arabischen Baumeistern erbaut. Ihr Äußeres ist sehr schlicht. Den prächtigen Innenraum schmücken bis heute zahllose reich verzierte Säulen und Leuchter. Córdoba war damals das Zentrum der islamischen Kultur und Wissenschaft in Europa.

M 2 Arabischer Einfluss
Ein Christ aus Córdoba schrieb um 854 n. Chr.:

 Viele meiner Glaubensgenossen lesen die Gedichte und Märchen der Araber, sie studieren die Schriften der muslimischen Theologen
5 und Philosophen, nicht um sie zu widerlegen, sondern um sie zu lernen (…). Ach, all die jungen Christen, die sich durch ihr Talent bemerkbar machen, kennen nur die Sprache
10 und Literatur der Araber! (…) Sie legen sich große Bibliotheken davon an. Redet man ihnen dagegen von christlichen Büchern, so antworten sie mit Geringschätzung.

T1 Mit Schwert und Feuer
Auch die Nachfolger Mohammeds waren religiöse und politische Führer. Sie nannten sich Kalifen. Sie wollten den Islam in der ganzen Welt verbreiten. In großen Eroberungszügen drangen Araber mit „Feuer und Schwert" bis nach Spanien vor. Oft konnten die Menschen in den eroberten Ländern wählen, ob sie zum Islam übertreten wollten oder als „Ungläubige" hohe Steuern zu zahlen hatten.

T2 Im Gepäck der Eroberer: Kultur und Wissenschaft
Als die arabischen Heere im Jahre 711 bei Gibraltar landeten, herrschten in Spanien Hunger und Not. Die unterworfenen Spanier erfuhren bald, dass die Eroberer keineswegs ungebildete und rohe Krieger waren. Die Araber errichteten Bewässerungsanlagen, so dass Orangen, Bananen und Baumwolle angebaut werden konnten. Sie führten eine leistungsstarke Verwaltung ein und bauten Krankenhäuser, Schulen und Universitäten. Unter den neuen Herren lebten Muslime, Christen und Juden friedlich miteinander. Das Land blühte auf.

1. Beschreibe in Stichworten, was die Araber in Spanien veränderten. (T2)

2. Beschreibe mithilfe der Karte M 3, welche Länder von den Arabern erobert wurden.
Wie heißen diese Länder heute?

💡 Geschichtskarten lesen

3. Eine gute Verwaltung ist genau so wichtig wie eine Bewässerungsanlage.
Begründe diese Behauptung.

732	Die Araber dringen über Spanien bis nach Frankreich vor. Dort werden sie von Karl Martell, einem Führer der Franken, zurückgeschlagen.
11. Jahrhundert	Ein türkisch-islamisches Volk (Seltschuken) erobert Syrien und Palästina.
1453	Die Türken erobern Konstantinopel (heute: Istanbul) und machen es zur Hauptstadt. Die christliche Kirche Hagia Sophia wird in eine Moschee verwandelt.
1529 und 1683	Die muslimischen Türken dringen bis Wien vor und belagern die Stadt. Sie können allerdings zurückgeschlagen werden.
1798	Napoleon erobert Ägypten. Damit beginnt die Herrschaft der Europäer über einige islamische Länder.

Lexikon

Kalif
arabisches Wort für „Stellvertreter", Titel für den jeweiligen Nachfolger Mohammeds. Es bezeichnet einen religiösen und politischen Führer der islamischen Länder.

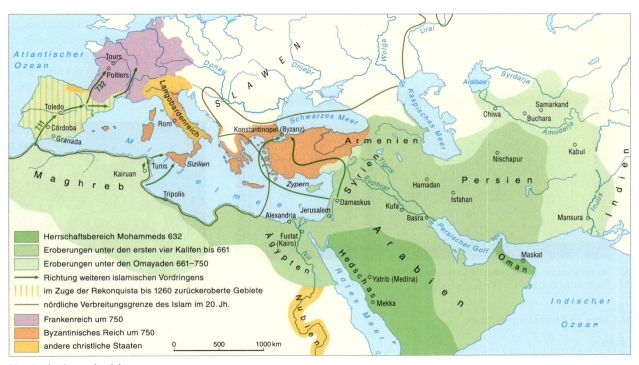

M 3 Ausbreitung des Islam

4. Warum beschwert sich der Christ in Quelle M 2 über andere Christen?

5. Suche in Lexika oder im Internet mehr Informationen über Córdoba und seine Bauwerke mit arabischen Ursprung.

Die fünf Pflichten der Muslime

Alle gläubigen Muslime haben gegenüber Allah und ihren Mitmenschen Pflichten zu erfüllen. Die wichtigsten sind die fünf Grundpflichten. Sie werden auch die fünf Säulen des Islam genannt.

T1 Wie die Finger einer Hand

Der Glaube spielt im täglichen Leben der Muslime eine sehr wichtige Rolle. Viele Regeln und Verbote sind zu beachten. Fünf Pflichten vor allem haben die Gläubigen zu erfüllen – so viele, wie die Hand Finger hat. Sie werden von allen Muslimen anerkannt. Allah hatte sie einst Mohammed offenbart.

T2 Die Shahada – das Glaubensbekenntnis

„Ich bezeuge, dass es keinen Gott außer Gott gibt und dass Mohammed sein Gesandter ist." Wer dieses Bekenntnis aus tiefster Überzeugung in Gegenwart anderer Muslime ausspricht, wird als Muslim anerkannt. Eine Taufe wie bei den Christen gibt es im Islam nicht.

T3 Die Sálat – das Gebet

Gläubige Muslime beten jeden Tag fünfmal zu festgelegten Zeiten. Das Gebet soll möglichst gemeinsam mit anderen Gläubigen verrichtet werden. Männer und Frauen beten getrennt voneinander. Vor dem Gebet waschen sich die Muslime. Beim Beten wenden sie sich nach Mekka. Sie beginnen stehend, verbeugen sich, gehen in die Knie und berühren mit der Stirn den Boden.

M1 Metallschild mit eingravierter arabischer Schrift. Der Text lautet in Deutsch: „Im Namen Gottes des Allbarmherzigen des Allerbarmers".

M3 Betende Muslime in einer Moschee. Sehr wichtig ist das gemeinsame Freitagsgebet, ähnlich wie für Christen der Gottesdienst am Sonntag.

M2 Über die Zakät steht im Koran:

❞ Die Almosen sind bestimmt für die Armen, die Bedürftigen [und für] (...) die, deren Herzen [mit dem Islam] vertraut gemacht wer-⁵den sollen, die Gefangenen, die Verschuldeten, für den Einsatz auf dem Weg Gottes und für den Reisenden. ❝

---

1. In der Quelle M2 ist beschrieben, wem die Spenden der Gläubigen zugute kommen sollen. Beschreibe mir deinen eigenen Worten, wer damit gemeint ist.

2. Male zu einer der fünf Pflichten der Muslime ein Bild.

3. Finde heraus, ob es Pilgereisen und Wallfahrtsorte auch in anderen Religionen gibt und welche das sind.

M 4 Ein prächtig verzierter Koran.
Der Koran ist das heilige Buch des Islam. Nach Auffassung der Muslime enthält es die Botschaften Allahs, die ein Engel an Mohammed übergeben hat.

M 5 Fest zum Ende des Fastens.
Auch die Muslime bei uns feiern das Ende des Ramadan mit dem „Zuckerfest".

T 4 Das Ssaum – das Fasten im Monat Ramadan
Der neunte Monat im islamischen Kalender ist der Ramadan, der Fastenmonat. Während des Ramadans dürfen die Gläubigen zwischen Sonnenaufgang und Sonnenuntergang weder essen noch trinken. Kinder und Schwerkranke sind von der Fastenpflicht ausgenommen. Zudem vermeiden die Muslime im Ramdan Streitigkeiten und kümmern sich besonders um Notleidende. Sie zeigen damit, dass für sie Gottes Gesetz Vorrang vor den menschlichen Trieben hat.

T 5 Die Zakât – die Sozialabgabe
Muslime sind verpflichtet, Abgaben für Arme, Bedürftige sowie für Gemeinschaftsaufgaben zu leisten. Sie betrachten das als „Darlehen an Gott". In der Vergangenheit war die Zakât die einzige Unterstützung für Arme. Heute wird sie in einigen muslimischen Ländern vom Staat eingezogen. Daneben sollen die Gläubigen notleidenden Fremden oder Familieangehörigen auch mit Spenden helfen.

T 6 Die Hadjj – die Pilgerreise nach Mekka
Einmal im Leben sollte jeder Gläubige eine Pilgerfahrt zur Kaaba in Mekka unternehmen. Dort treffen sich viele Tausende von Muslimen aus allen Weltgegenden. Während der Reise darf der Pilger keinem Lebewesen ein Leid antun. Alle Pilger tragen das gleiche weiße Gewand, weil vor Gott alle Menschen gleich sind. Nur Muslime haben Zutritt zur Kaaba. Siebenmal gehen sie betend um die Kaaba herum und küssen den heiligen Stein, der in einen der vier Pfeiler eingelassen ist.

‹Extra›

M 6 Regeln für das Alltagsleben der Muslime

„ Der Moslem darf keine Glücksspiele spielen (…) Er darf den Islam nicht verlassen, wenn er von Gott (Allah) abfällt, muss er be-
5 kämpft werden. Der Moslem muss gut zu seinem Gast sein. Der Moslem muss das Leben achten. Der Moslem muss im Handel anständig wiegen und messen. Der Moslem
10 muss Dankbarkeit und Güte seinen Eltern erweisen. Der Moslem muss Glaubensgenossen helfen, die bedürftig sind. Er muss gut zu seinen Untergebenen sein. Essensregeln:
15 Vor dem Speisen spült sich der gläubige Moslem den Mund und wäscht seine Hände (…). Verboten sind alle Speisen, die das Bewusstsein verwirren und trüben. Deshalb ist
20 jeder Alkohol verboten, auch mit Wasser gemischter Wein. Es heißt: Im Blut ist der Sitz des Lebers. Das Leben gehört Gott. Deshalb darf ein Moslem nur Fleisch eines ausgeblu-
25 teten Tieres essen. Das Tier wird nicht erschlagen, sondern mit einem Messer geschlachtet und das Blut muss vollständig abgeflossen sein. "

---

*
4. Kennst du Gemeinschaftsaufgaben und Hilfsmaßnahmen für Notleidende auch in anderen Ländern, um die sich die christlichen Kirchen kümmern?

Gelehrte, Künstler, Wissenschaftler

**Vor tausend Jahren waren die Kultur und Wissenschaft der islamischen Völker
weit höher entwickelt als die des christlichen Abendlandes.**

T1 Al-Biruni – ein bedeutender islamischer Gelehrter

Abu Raihan al-Biruni – der Name dieses bedeutenden islamischen Gelehrten ist nur noch wenigen bekannt. Er lebte von 973 bis 1048 im heutigen Iran und unternahm viele Studienreisen, vor allem nach Indien. Astronomie (Sternkunde), Mathematik, Geometrie, Erdkunde, Physik … kaum eine Wissenschaft seiner Zeit, in der er sich nicht sehr gut auskannte und wichtige Erkenntnisse gewann. Er wusste bereits, dass die Erde Kugelform hat und sich um sich selbst dreht. Er fertigte einen Globus und berechnete den Durchmesser der Erde mit großer Genauigkeit. Dabei war er ein gläubiger Muslim.

T2 Muslimische Wissenschaft

„Wer nach Wissen strebt, betet (damit) Allah an." – so steht es im Koran. Anders als bei den Christen des Mittelalters galten bei den Muslimen Wissenschaft und Glauben nicht als Gegensätze. Schon im Jahre 830 gründete der Kalif von Bagdad (heute Irak) das „Haus der Weisheit", eine Art Forschungszentrum. Hier arbeiteten viele Gelehrte zusammen – nicht nur Muslime, sondern auch Juden und Christen. Kein Muslim hatte ein Problem damit, auch von den „Ungläubigen" zu lernen. Landkarten arabischer Kartenzeichner waren wegen ihrer Genauigkeit sehr begehrt. Die Araber konnten sie auf ihren Eroberungszügen gut gebrauchen.

In den ersten deutschen Universitäten, die um 1200 in Deutschland gegründet wurden, verwendete man arabische Lehrbücher. Sie mussten allerdings zuvor ins Lateinische übersetzt werden. Latein war in Europa die Sprache der Wissenschaft.

M2 Arabische Astronomen mit ihren Instrumenten. Miniatur aus dem 16. Jh. Die Sternbeobachtung war auch für die Bestimmung der genauen Gebetszeiten wichtig.

M1 Astrolabium
Mit dieser arabischen Erfindung konnte man Sterne anpeilen und so auf See oder an Land den eigenen Standort bestimmen.

1. In welchen Bereichen der Wissenschaften haben die Araber besondere Leistungen vollbracht? Nenne Beispiele. (T1)

2. Vergleiche die Methoden des arabischen und des fränkischen Arztes in Quelle M5.

3. Verschaffe dir Abbildungen der römischen Ziffern I bis XII und vergleiche sie mit den arabischen. Findest du Gründe dafür, warum fast nur noch die arabische Ziffern verwendet werden?

M 3 Ziffern

Die Zeichen für Zahlen, die wir heute verwenden, verdanken wir den Arabern. Sie heißen daher auch „Arabische Ziffern". Sie lösten mit Beginn des 13. Jahrhunderts in Westeuropa die römischen Ziffern ab, bei denen es kein Zeichen für die 0 gibt.

0 1 2 3 4
5 6 7 8 9

M 4 **Arabische Ärzte behandeln Christen** (Ausschnitt aus einer Bilderchronik, von 1196). Der Kranke ist König Wilhelm von Sizilien. Die Insel Sizilien war lange in arabischer Hand.

‹ **Extra** ›

M 5 Wer ist der bessere Arzt?

" Ein islamischer Beamter hatte einen tüchtigen Arzt zu einem erkrankten Christen geschickt. Der muslimische Arzt kehrt schnell wie-
5 der zurück. [Die Araber nannten die europäischen Christen „Franken".] „Wie hast du so schnell den Kranken geheilt?", fragten wir ihn erstaunt. „Man brachte mir einen
10 Reiter, an dessen Bein sich ein Geschwür gebildet hatte", erwiderte der Arzt. (…) „Dem Reiter habe ich ein Zugpflaster aufgelegt. Das Geschwür brach auf und nahm einen
15 gutartigen Verlauf. (…) Da kam ein fränkischer [hier: christlicher] Arzt hinzu und sagte: „Der [islamische] Arzt versteht nicht, [die kranken Christen] zu heilen." Darauf wandte
20 er sich an den Reiter mit der Frage: „Was ist dir lieber: zu leben mit einem Bein oder zu sterben mit zwei Beinen?" Der antwortete: „Leben mit einem Bein." Da sagte der frän-
25 kische Arzt: „Holt mir einen starken Reiter mit einem scharfen Beil (…)" und befahl dem Reiter: „Schlag ihm das Bein mit einem einzigen Axthieb ab!" (…) Der Unglückliche
30 starb zur Stunde. (…)
Ich fragte die Leute:"Habt ihr noch eine nötige Verrichtung für mich?" Sie antworteten: „Nein", und so ging ich, nachdem ich von ihrer Heil-
35 kunst gelernt hatte, was mir bis dahin unbekannt (…) war. "

M 6 Wörter arabischer Herkunft

Algebra, Alkohol, Baldachin, Benzin, Chemie, Fanfare, Gitarre, Jasmin, Lack, Laute, Massage, Matratze, Orange, Quark, Reis, Sofa, Spinat, Watte, Ziffer, Zimt, Zucker.

*
4. Kannst du dir denken, warum im christlichen Europa früher alle wissenschaftlichen Texte nur in lateinischer Sprache verfasst wurden?

Das Heilige Land befreien?

Papst Urban II. ruft die Christen auf, Jerusalem zu erobern und das Grab Christi aus der der Hand der Muslime zu befreien. Im ersten Kreuzzug folgen viele Zehntausende seinem Aufruf.

M1 Aus der Rede Papst Urban II., 1095

> Bewaffnet euch mit dem Eifer Gottes, liebe Brüder, gürtet eure Schwerter an eure Seiten (…) wendet eure Waffen, mit denen ihr in
> 5 sträflicher Weise Bruderblut vergießt, gegen die Feinde des christlichen (…) Glaubens! Die Diebe, Räuber, Brandstifter und Mörder werden das Reich Gottes nicht besitzen. Wir
> 10 aber erlassen (…) allen gläubigen Christen, die gegen die Heiden die Waffen nehmen (…) all die Strafen, welche die Kirche für ihre Sünden über sie verhängt hat. "

T1 Wem gehört Jerusalem?

In Jerusalem stand der Tempel der Juden, hier befindet sich das Grab Jesu, von hier stieg Mohammed in den Himmel auf. Die für Christen, Muslime und Juden heilige Stadt ist bis heute ein Ziel für Gläubige und friedliche Pilger aus aller Welt, aber auch immer wieder ein Schauplatz blutiger Kämpfe.

M2 Der 1. Kreuzzug 1096–1099

1. Schildere mit deinen eigenen Worten, wie es zum 1. Kreuzzug kam. (T1–T3)

2. Aus welchen Gründen gingen so viele Menschen auf die lange und gefährliche Kreuzfahrt? (T3)

3. Was bedeutete der Aufruf Papst Urban II. für die Christen und welche Folgen konnte er für Andersgläubige haben? (M1)

M 3 Papst Urban II. ruft zum Kreuzzug auf (Holzschnitt von 1482).

M 4 Christus führt die Kreuzritter an (Buchmalerei aus dem 15. Jh.). Das Bild bezieht sich auf die Worte Jesu: „Jeder nehme sein Kreuz und folge mir."

Um das Jahr 1071 stieß ein muslimischer Volkstamm türkischer Herkunft, die Seldschuken, nach Palästina vor und eroberte auch Jerusalem. Der christliche Kaiser von Konstantinopel, zu dessen Gebiet Palästina gehörte, fühlte sich von den Seldschuken bedroht. Er bat den Papst um Hilfe.

T 2 Der Papst hat eine Idee
Papst Urban II. machte sich nicht nur um Jerusalem Sorgen. Probleme bereiteten ihm auch viele Ritter, die sich bekämpften, aber auch Kirchenbesitz raubten, Bauern das Vieh stahlen sowie Kaufleute, Pilger und Geistliche überfielen und ausraubten. Frieden und Sicherheit waren gestört. Im Jahre 1095 rief der Papst daher alle Christen auf, den „Gottesfrieden" zu wahren.

Für die streitsüchtigen Ritter hatte er eine neue Aufgabe: Er rief sie zu einer „bewaffnete Wallfahrt" nach Palästina auf. Dort sollten sie das Grab Christi befreien. Wenn die Ritter ihre Kampfeslust an den „Heiden" auslassen konnten, würden sie mit ihren christlichen Brüder und Schwestern Frieden halten. So glaubte der Papst.

T 3 Auf nach Jerusalem
Urbans Aufruf hatte großen Erfolg. Prediger trugen die Botschaft in viele Länder. Ein großes Heer von Rittern kam zusammen. Auch andere Menschen, arme Bauern vor allem, wollten auf Kreuzfahrt gehen. Sie taten das nicht nur aus christlichem Eifer, sondern auch aus Abenteuerlust und weil sie auf reiche Beute hofften.

M 5 Hunger, Kälte, Regengüsse

99 Ein Teilnehmer berichtet von den Strapazen der Kreuzzüge. Als sie in das Innere des Landes (…) eingedrungen waren, konnten sie
5 von den verhassten Bewohnern dieser Gegend weder Brot bekommen noch Lebensmittel anderer Art. (…) Daher auch kam es, dass viele von ihnen (…) grausam von Hunger ge-
10 quält wurden (…) Hunger, Kälte, Regengüsse, alle diese Übel und viele andere mussten wir um der Liebe zu Gott willen ertragen. (…) zitternd und von Schrecken ergriffen, wa-
15 ren wir von allen Seiten von Türken umzingelt. 66

---

*
4. Beschreibe mithilfe eines Atlas den Weg der Kreuzfahrer auf der Karte M 1.
Schreibe auf, durch welche Länder und Städte (heutige Namen) sie zogen und welche Gebirge und Flüsse auf ihrem Weg lagen.

Kreuzritter erobern Jerusalem

**Als die Kreuzritter nach langer Belagerung Jerusalem erobern,
plündern sie die Stadt und berauben und töten die wehrlosen, unschuldigen Bewohner.**

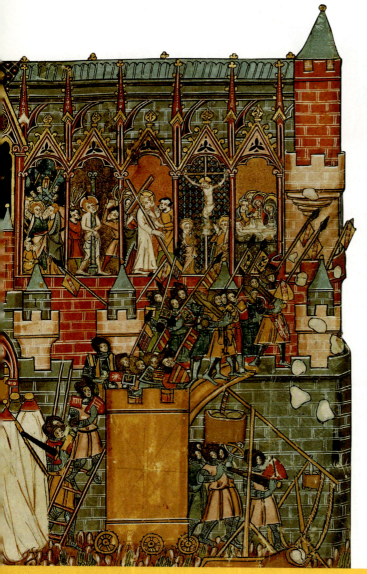

M1 Die Kreuzfahrer erobern Jerusalem (Buchmalerei aus dem 13. Jh.). Oben in den Fenstern ist die Passion Christi dargestellt, die sich mehr als 1000 Jahre vorher ereignet hatte.

T1 Eine Spur der Verwüstung

In Köln, Trier, Speyer und Worms hatten sich seit der Römerzeit jüdische Gemeinden erhalten. Die Juden hatten viel zum Aufblühen der Städte beigetragen und lange Zeit in Frieden mit ihren christlichen Nachbarn gelebt. Als die Kreuzfahrer am Rhein auftauchten, war es mit dem Frieden vorbei. Es war ein Trupp von Bauern, Bettlern und Abenteurern, die als erste aufgebrochen waren. Kaum einer war im Kampf ausgebildet. Sie behaupteten, die Juden seien schuld am Tod Christi. Unter diesem Vorwand erschlugen sie die jüdischen Stadtbewohner und raubten ihren Besitz. Auch in Ungarn und auf dem Balkan hatten die Menschen unter den Morden und Plünderungen der durchziehenden Kreuzfahrer schwer zu leiden.

T2 Das Ritterheer schmilzt zusammen

Als die Kreufahrer in Kleinasien erstmalig einem gut ausgebildeten und straff geführten türkischen Heer gegenüber standen, erlitten sie eine vernichtende Niederlage. Die wenigen, die überlebt hatten, entschlossen sich nun, auf das Heer der Ritter zu warten. Die Kreuzritter trafen in mehreren Gruppen 1095 und 1096 in Konstantinopel ein. Von dort war es immer noch weit bis Jerusalem. Auf endlosen Märschen kam es wiederholt zu verlustreichen Kämpfen mit muslimischen Kriegern. Hitze, Hunger, Durst und Krankheiten forderten weitere Opfer. Es war eine abgerissene und erschöpfte Truppe, die schließlich 1099 vor den Toren Jerusalems stand.

1. Vergleiche die Quellen M 2 und M 3. Worin gleichen sie sich, worin unterscheiden sie sich?

2. Welche Gründe gaben die Kreuzfahrer für die Tötung Unschuldiger an, welche mögen sie wirklich gehabt haben?

3. Warum hat auf Bild M 1 der Künstler die Passion Christi in das Bild von Jerusalem mit aufgenommen?

Lexikon

Franken
So bezeichnen die Muslime alle Kreuzfahrer, da die meisten aus Frankreich kamen.

M 3 Ein unbekannter Kreuzritter erzählt

" In die Stadt eingedrungen, verfolgten unsere Pilger die Sarazenen (Muslime) bis zum Tempel des Salomo, wo sie sich gesammelt hatten und wo sie während des ganzen Tages den Unsrigen den wütendsten
5 Kampf lieferten, so dass der ganze Tempel von ihrem Blut überrieselt war. Nachdem die Unsrigen die Heiden endlich zu Boden geschlagen hatten, ergriffen sie im Tempel eine große Zahl Männer und Frauen und töteten sie oder ließen sie leben, wie es ihnen gut schien.
10 Bald durcheilten sie die ganze Stadt und rafften Gold, Silber, Pferde und Maulesel an sich; sie plünderten die Häuser, die mit Reichtum überfüllt waren.
Dann, glücklich und vor Freude weinend, gingen die Unsrigen hin, um das Grab Unseres Erlösers zu verehren und
15 erledigten sich ihm gegenüber ihrer Dankesschuld. "

T 3 Mord und Plünderung
Die Einwohner Jerusalems waren entschlossen, ihre Stadt gegen das Ritterheer zu verteidigen. Doch nach sechs Wochen Belagerung gelang es den Kreuzrittern, in die Stadt einzudringen. Es folgte ein schreckliches Morden unter den muslimischen Einwohnern der Stadt. Weder Frauen noch Kinder wurden verschont.

M 2 Ibn al Atir, ein arabischer Gelehrter, berichtet von der Eroberung Jerusalems

" Die Franken nahmen die Stadt von der Nordseite, morgens am Freitag, den 15. Juli 1099. Die Einwohner wurden ans Schwert geliefert, und die Franken blieben eine Woche in der Stadt, während derer sie die Einwoh-
5 ner mordeten. Eine Gruppe von diesen suchte Schutz in Davids Bethaus, verschanzte sich dort und leistete einige Tage Widerstand. Nachdem die Franken ihnen das Leben zugesichert hatten, ergaben sie sich. Die Franken hielten den Vertrag. In der Al-Aqsa-Moschee dagegen
10 töteten sie siebzigtausend Muslime (…). Aus dem Felsendom raubten die Franken mehr als vierzig Silberleuchter (…) und mehr als 20 goldene, und andere unermessliche Beute. "

M 4 Der Tempelberg in Jerusalem heute.

*
4. Bis in die Gegenwart hat es in Jerusalem und um die Stadt immer wieder blutige Kämpfe gegeben. Kannst du dir denken warum?

Was von den Kreuzzügen blieb

Viele Kreuzfahrer blieben im Orient und gründeten dort Kreuzfahrerstaaten.
Doch diese Staaten wurden nach und nach von den Muslimen zurückerobert.

T1 Kreuzfahrerstaaten enstehen
Auf den ersten Kreuzzug folgten noch sechs weitere. Immer wieder zogen adlige Ritter, sogar Könige und Kaiser ins Heilige Land. Um ihre Herrschaft zu sichern, gründeten sie eigene Staaten, Kreuzfahrerstaaten genannt. Einige Kreuzfahrer schlossen sich zu Ritterorden zusammen, ähnlich den Mönchsorden. Es gab Tempelritter, Johanniter und andere. Ihre Aufgabe war nicht nur der Kampf gegen die Muslime. Die Ordensritter schützten auch die christlichen Pilger, halfen in Not geratenen Christen und pflegten die Kranken und Verletzten.

T2 Das Ende der Kreufahrerstaaten
Der größte Kreuzfahrerstaat war das Königreich Jerusalem. Es wurde aber schon 1187 von muslimischen Truppen unter der Führung des Sultans Saladin zurückerobert. Nach und nach gingen viele andere christliche Stützpunkte wieder verloren. Auch neue Kreuzzüge konnten das nicht verhindern. Im Jahre 1291 schließlich mussten die Kreuzritter den letzten christlichen Stützpunkt in Akko aufgeben und sich ganz aus dem Nahen Osten zurückziehen. Die Ritteroden verlegten ihre Tätigkeit in andere Weltgegenden.

M2 Heimkehrender Kreuzritter mit seiner Ehefrau (Standbild aus dem 12. Jh.)

M1 Denkmal des Sultan Saldin. Das Denkmal steht in Damaskus in Syrien.

T3 Die Folgen im Osten ...
In den islamischen Ländern hat man bis heute nicht vergessen, dass die Christen ihre Kreuzzüge nicht als friedliche Pilger unternahmen. Als aggressive Krieger und grausame Eroberer leben die Kreuzritter im Gedächtnis vieler Muslime bis heute fort. Andererseits führten die Kreuzzüge dazu, dass die zerstrittenen islamischen Völker und Stämme eine gemeinsame Kraft entwickelten, die schließlich die Vertreibung der Eindringlinge möglich machte.

1. Fertige in Stichworten eine Zeittabelle über den Ablauf Kreuzzüge.

2. Warum war die Herrschaft über Jerusalem für beide Seiten so wichtig?

3. Malteser und Johanniter gibt es heute noch. Erkundige dich im Internet oder direkt nach ihren Aufgaben.

T 4 … und im Westen

Die heimkehrenden Kreuzfahrer hatten eine völlig andere Welt als die ihrer Heimat kennengelernt. Im Osten fanden sie eine feinere Lebensweise, eine reichere Kultur und viele Luxusgüter vor. Darauf wollten sie in ihrer Heimat nicht mehr verzichten. So führte die Begegnung mit dem Islam zu einem Aufschwung von Kultur und Wissenschaft sowie zu einer Belebung des Fernhandels in Westeuropa.

M 3 Europäer werden Orientalen
Ein Kreuzfahrer schrieb im 12. Jahrhundert:

99 Wir (…) sind Orientalen geworden (…) Mancher unter uns besitzt bereits in diesem Lande Häuser und Dienerschaft, die ihm gehö-
5 ren, als hätte er sie ererbt; andere haben einen Frau geheiratet, die keine Landsmännin ist. (…) Einer baut Wein an, der andere Felder; (…) Der Pilger wurde zum Bürger
10 (…) Jene, die in ihrer Heimat arm waren, hat Gott hier reich gemacht. (…) Wer nur einen Pachthof sein eigen nannte, dem gab Gott hier eine Stadt. 66

< Extra >

M 4 Kreuzfahrer aus der Sicht der Muslime

99 Alle Franken, die erst seit kurzer Zeit das Land hier bewoh-
5 nen, zeigen sich unmenschlicher als die, die schon lange unter uns wohnen und mit uns vertraut geworden sind (…) Als ich Jerusalem besuchte, ging ich in die Moschee
10 Al-Aqsa, die sich im Besitz der Tempelritter, meiner Freunde, befindet, um dort ein Gebet zu verrichten. (…) Ich war in mein Gebet vertieft, als einer der Franken sich auf mich
15 stürzte und mein Gesicht nach Osten drehte, indem er sagte: „So betet man!" Eine Schar Tempelritter ergriff ihn und trieb ihn hinaus. Dann entschuldigten sie sich bei
20 mir und sagten: „Er ist ein Fremder, weil er erst in diesen Tagen aus Europa angekommen ist. Er hat noch nie gesehen, dass jemand nicht nach Osten betet." (Die Christen in
25 Europa beteten damals in Richtung Jerusalem) 66

M 5 Kreuzritter des Johanniterordens in Jerusalem (Buchmalerei 15. Jahrhundert).

M 6 Die Johanniter heute.

*
4. Erkläre, warum es durch die Kreuzzüge in Westeuropa zu einer Belebung des Fernhandels kam. (T 4)

*
5. Aus den Quellen M 3 und M 4 erfahren wir, wie sich das Verhalten von Christen im Orient allmählich veränderte.
Worin unterscheidet sich die Schilderung des Christen von der des Muslimen?
Findest du Gründe für diese Unterschiede?

Muslime in aller Welt und bei uns

In der ganzen Welt bekennen sich mehr als einen Milliarde Menschen zum Islam.
Etwa 3 Millionen Muslime leben in Deutschland.

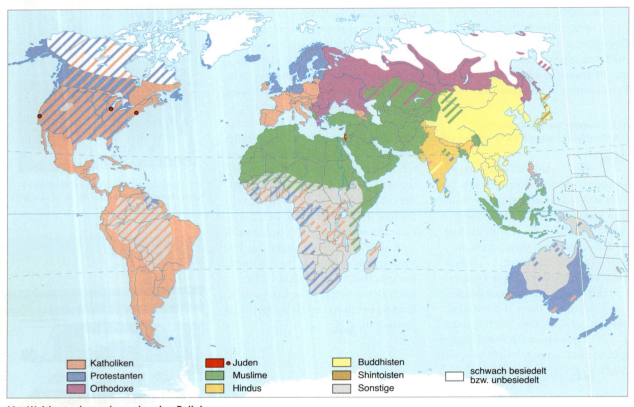

M1 Weltkarte der vorherrschenden Religionen

Legende:
- Katholiken
- Protestanten
- Orthodoxe
- Juden
- Muslime
- Hindus
- Buddhisten
- Shintoisten
- Sonstige
- schwach besiedelt bzw. unbesiedelt

T1 Gespräch im Landheim

Mittagessen im Landheim. Jan wundert sich über Aischa: „Du isst kein Kotelett, kein Schnitzel – magst du denn überhaupt kein Fleisch?" „Doch – am liebsten Lamm – nur vom Schwein darf ich nichts essen." „Wer verbietet dir das denn?" will Jan wissen. Jetzt mischt sich Sophie ein, Aischas Freundin: „Mensch Jan, hast du noch nicht mitgekriegt, dass Aischa Muslimin ist?" „Klar doch, aber was hat das mit Koteletts zu tun?" Frau Behrendt, die Klassenlehrerin, unterbricht das Gespräch. „Wenn wir dir das jetzt erklären, wird das Essen kalt."

1. Erkläre, wie es kommt, dass in Deutschland viele Muslime leben. (T2)

2. Stelle anhand der Karte M1 und mithilfe eines Atlas eine Liste mit Ländern zusammen, in denen der Islam die Hauptreligion ist.

3. Beschreibe das Bild M3. Welche Unterschiede zum Unterricht bei uns fallen dir auf?

T2 Türken und Deutsche

Frau Berendt spricht gleich in der nächsten Unterrichtsstunde über den Islam. Sie erklärt die besonderen Speisevorschriften der Muslime. Aischa, Zeyneb und Erol ist das alles bekannt, obwohl sie in Dortmund geboren sind. Erol erzählt, dass sein Großvater 1968 aus der Türkei hierher kam. Zwei oder drei Jahre wollte er hier arbeiten. Doch später gründete er eine Familie und blieb bis heute. Damals suchte man in Deutschland noch dringend Arbeitskräfte aus anderen Ländern – „Gastarbeiter", wie man sie nannte. Viele kamen, einige blieben und wurden Deutsche. Auch Aischas Familie kam aus der Türkei. Besonders anfangs fiel ihren Eltern das Leben in einer deutschen Großstadt sehr schwer. Alles war so anders als in ihrem Heimatdorf. Inzwischen haben sie sich gut eingewöhnt, aber gläubige Muslime sind sie geblieben.

T3 Muslime in Europa

In der Woche darauf hält Jan ein Referat über das Thema „Muslime in Deutschland". Er trägt vor, dass die meisten Muslime in Deutschland türkischer Herkunft sind. Es gibt aber auch andere, z.B. aus Ägypten, Marokko, Bosnien, Pakistan, Algerien, Iran … Sie besuchen deutsche Schulen und Universitäten, betreiben Restaurants oder Geschäfte. Andere arbeiten hier als Bauarbeiter, Ärzte, Ingenieure …

„Ich finde das eigentlich auch sehr gut, nur schade …," Jan zögert. „Was ist schade?" fragt Aische. „… dass sie keine Koteletts essen dürfen!" meint Jan.

M2 Kanzel einer Moschee in Deutschland. Von der letzten Stufe aus liest der Vorbeter aus dem Koran. Die oberste Stufe bleibt dem Propheten vorbehalten.

M3 Eine Koranschule im Sudan. Jungen und Mädchen sind getrennt. Sie lernen den Koran in arabischer Schrift und Sprache lesen und Teile davon auswendig.

*
4. Befrage Mitschülerinnen und Mitschüler nichtdeutscher Herkunft, wie lange ihre Familien schon hier leben.
Befrage sie auch nach der Bedeutung ihrer Namen.

*
5. Was sollte man beachten, wenn man als Christ in ein islamisches Land reist?

Weihnachten, Zuckerfest, Chanukka

**Die meisten Festtage im Kalender haben eine religiöse Bedeutung –
nicht nur für die Christen, sondern auch für die Angehörigen anderer Religionen,
die in Deutschland leben.**

T1 Den Festen auf der Spur

Die meisten wissen, welche Bedeutung Weihnachten oder das Osterfest für die Christen haben. Aber wie steht es mit Pfingsten? Oder wem ist schon bekannt, dass auch der Karneval einen religiösen Ursprung hat? Wie die Christen, so feiern auch die Muslime und die Juden ihre Feste. Es lohnt sich, die Wurzeln der verschiedenen Festtage zu erforschen. Gemeinsam können wir einen Festkalender gestalten.

vorher auch nach muslimischen und jüdischen Feiertagen erkundigt. Nun teilen wir uns in Gruppen auf. Jede Gruppe sucht sich eine oder zwei Festtage aus und gestaltet für jeden ein Kalenderblatt.

T2 Der Festkalender

Die Rückseite einer alten Tapetenrolle teilen wir in 12 gleich große Abschnitte ein – für jeden Monat des Jahres einen. Nun haben wir die Vorlage für einen Kalender, den wir gemeinsam gestalten können. Im Stuhlkreis werden möglichst viele Feste genannt. Jeder Vorschlag wird auf eine Karte geschrieben und an die Pinnwand geheftet. Ganz Pfiffige haben sich schon

T3 Informationen sammeln

Bevor wir mit den Kalenderblättern beginnen, müssen wir erst Informationen beschaffen:
- Welche Religionsgemeinschaft feiert dieses Fest?
- Wie ist es entstanden?
- Wie wird es gefeiert ?
- Wann wird es gefeiert?

Schlagt in Büchern nach oder sucht im Internet. Fragt eure Eltern, die Religionslehrerin bzw. den Religionslehrer, einen Kaplan, Pfarrer oder einen Imam.

1. Stellt die vorgestellten Feste in einer Tabelle zusammen.
Wo gibt es Unterschiede, wo Gemeinsamkeiten?

2. Informiert euch im Internet über ein Fest genauer.
Was ist das Besondere?

3. Erkundigt euch, welche Feste noch wichtig sind für Christen und Moslems.

In diesem Jahr am 12. Oktober
Rama zan Bayrami

Wenn der Fastenmonat Ramadan zu Ende ist, feiern wir Muslime das Zuckerfest gemeinsam mit Freunden und Verwandten. Es dauert drei Tage. Meine Eltern laden dazu auch christliche Nachbarn ein. Es gibt Geschenke, vor allem Süßigkeiten.

September **Oktober** **November** **Dezember**

In diesem Jahr am 5. Dezember
Chanukka

In Familien jüdischen Glaubens wird das Chanukkafest gefeiert. Es erinnert an die Wiedereinweihung des Tempels in Jerusalem 164 v. Chr. Dazu werden Lichter am achtarmigen Chanukka-Leuchter entzündet. Im Familienkreis gibt es ein Festessen. Oft spielen die Kinder bei Kerzenschein mit einem Kreisel (Dreidl), dabei können sie Süßigkeiten gewinnen.

Dezember
Weihnachten

Christen in aller Welt feiern am 25. Dezember jeden Jahres die Geburt Christi. Vor der Bescherung singen wir am Weihnachtsbaum Weihnachtslieder, dann tauschen wir Geschenke aus. Meist gehen wir noch ganz spät zur Christmette in die Kirche.

T 4 Das Kalenderblatt gestalten
Für jedes Fest bereitet ihr nun ein Blatt Zeichenkarton vor. Schreibt das Wichtigste auf das Blatt und verziert es mit selbst gemalten Bildern, mit Fotos oder mit geeigneten Glückwunschkarten.
Ihr könnt auch passende Lieder, Gedichte, ein Rezept für die Festtagsmahlzeit … dazu setzen. Wenn das Blatt fertig ist, stellt ihr es der Klasse vor und klebt es an die richtige Stelle im Kalender. Bedenkt dabei, dass nicht alle Festtage an ein bestimmtes Datum gebunden sind. Es gibt auch „bewegliche Feste".

*
4. Findet weitere Feiertage und Feste für andere Religonen.

Islam- und Kreuzzugsexperten

1. Silbenrätsel

Das sind keine Autokennzeichen, sondern Silben, aus denen sich die Namen von fünf Städten zusammensetzen lassen, die in diesem Kapitel eine Rolle spielen.

2. Richtig oder falsch?

Da stimmt doch was nicht?
Mehr als die Hälfte der nachfolgenden Sätze sind falsch. Das solltest du schnell in Ordnung bringen. Berichtige die Aussagen und schreibe alle richtig auf.

1. Um das Jahr 1071 stieß ein muslimischer Volkstamm türkischer Herkunft, die Kreuzfahrer, nach Deutschland vor und eroberte auch Wuppertal.
2. Als die Araber Spanien erobert hatten, errichteten sie Bewässerungsanlagen, so dass Orangen, Bananen und Baumwolle angebaut werden konnten
3. Einmal im Leben sollte jeder gläubige Muslim eine Pilgerfahrt zur Mesquita-Moschee in Córdoba unternehmen.
4. Abu Raihan al-Biruni ist der Name eines bedeutenden christlichen Gelehrten, der von 973 bis 1048 im Frankenreich lebte.
5. Latein war in Europa die Sprache der Wissenschaft.
6. Sultan Saladin rief die Muslime zu einer „bewaffnete Wallfahrt" nach Frankreich auf.
7. Die Ordensritter schützten Pilger, halfen in Not geratenen Christen und pflegten die Kranken und Verletzten.
8. Bevor der Ramdan beginnt, feiern die muslimischen Familien das Zuckerfest.

3. Wann war das gleich noch mal?

Zugegeben: Geschichtszahlen sind schwer zu behalten – aber man kann ja notfalls im Buch nachschauen, da stehen sie nämlich drin, alle.
Damit es noch einfacher wird, haben wir unten gleich ein paar aufgeschrieben …
Finde die richtigen Zahlen zu den Fragen und beantworte sie, am besten zeitlich geordnet.

wann
… eroberten Saladins Truppen Jerusalem zurück?
… landeten die Araber in Gibralter?
… rief Papst Urban II. zum ersten Kreuzzug auf?
… etwa wurde Mohammed geboren?
… eroberten die Kreuzritter Jerusalem?
… stießen die Seldschuken bis Jerusalem vor?
… zog Mohammed von Mekka nach Medina und beginnt die islamische Zeitrechnung?

Na ganz einfach, das war im Jahre …
570 – 622 – 711 – 1071 – 1095 – 1099 – 1187

Wichtige Begriffe:

Kalif

Pilger

Prophet

Moschee

4. Verlorene Wörter

Zu dumm, bei der nachfolgenden Quelle sind ein paar wichtige Wörter aus dem Text verschwunden. Nun warten sie unten darauf, dass du den Text abschreibst und sie an der richtigen Stelle einsetzt – einen Kleinigkeit für dich, oder?

**Hunger, Kälte, Regengüsse
Ein Teilnehmer berichtet von den Strapazen der Kreuzzüge**

Als sie in das - - - - - - des Landes (…) eingedrungen waren, konnten sie von den verhassten - - - - - - - - - - dieser Gegend weder Brot bekommen noch - - - - - - - - - - - anderer Art. (…) Daher auch kam es, dass - - - - - von ihnen (…) grausam von Hunger gequält wurden (…) Hunger, - - - - -, Regengüsse, alle diese Übel und viele andere mussten wir um der - - - - - zu Gott willen ertragen. (…) zitternd und von Schrecken ergriffen, waren wir von allen Seiten von Türken umzingelt.

Bewohnern – Innere – Kälte – Lebensmittel – Liebe – viele

5. ... für Super-Geschickte: Ein Begriff wird gesucht ...

Du brauchst ein Blatt mit möglichst großen Karos. Ganz Geschickte zeichnen das selber oder benutzen das Tabellenprogramm auf dem Computer. Nun trägst du die gesuchten Wörter in Großbuchstaben nach dem unten abgebildeten Schema in die angekreuzten Karos ein. Wenn du die Buchstaben in den grauen Karos von oben nach unten liest, findest du einen wichtigen Begriff aus diesem Kapitel. Wie lautete er?

1. Geburtsstadt Mohammeds
2. Ritter … (hilft Pilgern)
3. Im Mittelalter Sprache der Wissenschaft
4. Abu Raihan al- …
5. Das Zeichen der Kreuzfahrer
6. Das Wort kommt aus dem Arabischen, ein Gewürz
7. Papst … II. rief zum Kreuzzug auf.
8. Das Wort aus dem Arabischen für „Apfelsine"

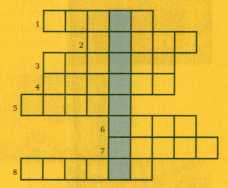

Kaaba

Ritterorden

Ramadan

Seldschuken

6 Europa im Mittelalter

Jedes Jahr finden auf vielen Burgen – nicht nur in Deutschland, sondern in ganz Europa – Ritterturniere statt, die viele Besucher anziehen. Außerdem besichtigen Millionen Menschen berühmte Kirchen und Klöster, die überall in Europa, manchmal vor mehr als 1000 Jahren, gebaut wurden. Die neugierigen Besucher lassen sich in eine längst vergangene Zeit zurückversetzen – ins Mittelalter.

Bezug zu heute

Weit sichtbare Burgen ziehen noch heute Tausende Besucher an.

Christentum und Kirche haben ihre Wurzeln im Mittelalter.

Geschichte erleben

Chronologie

532 – 537

Hagia Sophia

Die berühmte Kirche in Konstantinopel wurde unter Kaiser Justinian I. erbaut.

800

Karl der Große wird vom Papst in Rom zum fränkischen Kaiser gekrönt.

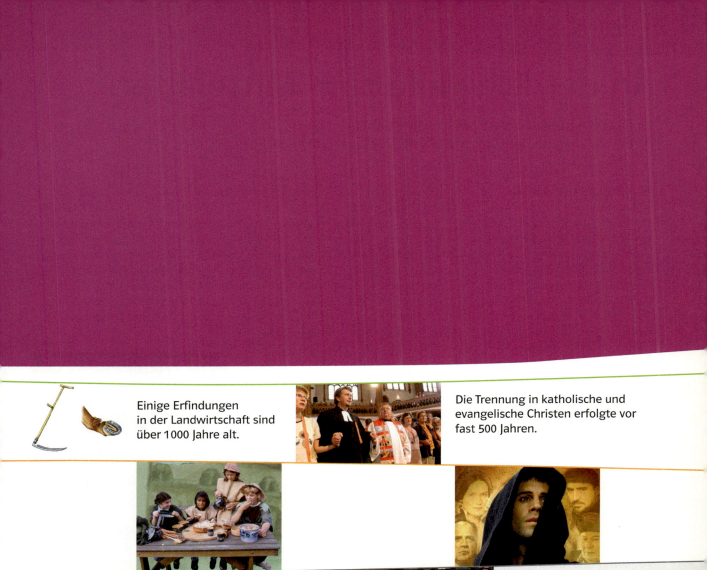

Einige Erfindungen
in der Landwirtschaft sind
über 1000 Jahre alt.

Die Trennung in katholische und
evangelische Christen erfolgte vor
fast 500 Jahren.

1077
Nach dem Streit
um die Macht
bittet König Heinrich IV.
Papst Gregor VII.
auf der Burg Canossa
um Vergebung.

1524/1525
Deutscher Bauernkrieg
In vielen Gebieten
kämpfen die Bauern um
mehr Gerechtigkeit.

An der Schwelle zum Mittelalter

Im Jahre 476 ging das Weströmische Reich unter.
Damit endete auch das römische Weltreich. Was folgte danach?

T1 Das Byzantinische Reich im Osten

Im Osten des ehemaligen Römischen Reiches (Oströmisches Reich) lebten Griechisch sprechende Menschen. Sie fühlten sich weiter als Römer. Nach seiner Hauptstadt Byzanz erhielt das Oströmische Reich den Namen Byzantinisches Reich. Byzanz hieß später Konstantinopel und heute Istanbul.
Kaiser Justinian I. (527–565) erweiterte sein Reich durch zahlreiche Eroberungen. An der Schnittstelle zwischen Europa und Asien gelegen wurde Konstantinopel eine blühende Handelsstadt. Die Stadt am Bosporus hatte um das Jahr 500 über eine halbe Million Einwohner. Hier gab es Theater, öffentliche und private Bäder, Aquädukte (Wasserleitungen) und Zisternen (Brunnen), Paläste und berühmte Kirchen.

T2 Kaiser und Kirche

Der christliche Kaiser Justinian betrachtete sich selbst als den Stellvertreter Christi auf Erden und damit als Oberhaupt der Kirche in seinem Reich. Seine Nachfolger setzten im Jahre 731 durch, dass die oströmischen Christen nicht mehr dem Papst in Rom unterstanden. Die Christen im Byzantinischen Reich bezeichneten sich als „rechtgläubig" (griechisch: orthodox). Im Jahre 1054 erfolgte endgültig die Spaltung der Kirche in eine „griechisch-orthodoxe" Ostkirche und in eine „römisch-katholische" Kirche im Westen des ehemaligen Römischen Reiches.

T3 Das Frankenreich im Westen

König Chlodwig (482–511) aus dem germanischen Stamm der Franken war es gelungen, die ehemalige römische Provinz Gallien unter seine Herrschaft zu bringen. Chlodwig und die fränkischen Adligen ließen sich taufen. Sie wurden Christen. Die Franken übernahmen aber nicht nur den Glauben der Römer, sondern auch deren Verwaltung.
Über 200 Jahre später, im Jahr 732, besiegte ein fränkisches Heer unter seinem Führer Karl Martell die Araber. Jetzt gab es auf dem Boden des ehemaligen Römischen Reiches drei neue mächtige Staaten: das Byzantinische Reich, das Islamische Reich und das Frankenreich.

T4 Bündnis mit dem Papst

Die fränkischen Herrscher stellten sich die Aufgabe, die römisch-katholische Kirche und ihr Oberhaupt, den Papst, zu schützen. Als Gegenleistung erkannte der Papst die fränkischen Machthaber „als von Gott eingesetzte Herrscher" an und salbte sie zu Königen und Kaisern.

M1 Innenansicht der Hagia Sophia in Konstantinopel (heute Museum in Istanbul), erbaut von 532–537.
Die Wände waren mit Marmor verkleidet bzw. mit prachtvollen Mosaiken verziert.

1. Welche neuen Reiche waren im 8. Jahrhundert auf dem Gebiet des Römischen Reiches entstanden? Beschreibe mithilfe eines Atlas die Gebiete genauer. (M2)

2. Nenne Beispiele, die die Macht Kaiser Justinians I. und den Glanz der Stadt Konstantinopel belegen. (T1, M1)

3. Warum übernahmen die fränkischen Herrscher das Christentum? (T3)

M 2 **Die Gebiete des ehemaligen Römischen Reiches im 8. Jh.**
Drei Machtzentren waren entstanden.

Atlantischer Ozean · Paris · WEST-SLAWEN · OST-SLAWEN · Dnjepr · Wolga · Kaspisches Meer · Aralsee · Samarkand · Toledo · Spanien · Córdoba · Rom · SÜDSLAWEN · Donau · Schwarzes Meer · Konstantinopel · Armenien · Persien · Isfahan · Indien · Indus · Maghreb · Tunis · Tripolis · Mittelmeer · Tigris · Euphrat · Alexandria · Damaskus · Basra · Persischer G. · Oman · Jerusalem · Arabien · Fustat (Kairo) · Ägypten · Nil · Yatrib (Medina) · Mekka · Rotes Meer · Jemen · Indischer Ozean

Islamischer Machtbereich um 750
Byzantinisches Reich um 750
Frankenreich um 750

0   500   1000 km

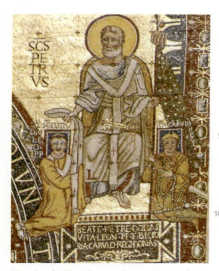

M 3 Der heilige Petrus, Papst Leo und Frankenkönig Karl. Papst Leo ließ das Mosaik zwischen 795 und 800 in seinem Palast in Rom anbringen. Petrus überreicht dem Papst ein besticktes Schulterband als Zeichen der höchsten kirchlichen Macht und dem König die Fahne der Stadt Rom als Zeichen der höchsten weltlichen Macht. Die Inschrift lautet: „Seliger Petrus, du schenkst Leben Leo dem Papst und Sieg Karl dem König".

M 4 Kaiser Justinian 553 in einem Brief an die Bischöfe der Kirche:

„ Immer war es unser eifriges Bestreben, und ist es auch heute noch, den rechten, unbefleckten Glauben und den sicheren Bestand
5 der heiligen, katholischen und apostolischen Kirche Gottes unversehrt zu bewahren. Das haben wir stets als die vordringlichste unserer Regierungssorgen betrachtet. Denn wir
10 sind überzeugt, dass uns dafür in diesem irdischen Leben die Kaiserherrschaft von Gott verliehen wurde und von Gott beschützt wird, und dass wir dafür einmal, wie wir hof-
15 fen, im jenseitigen Leben Gnade vor Gottes Antlitz finden werden. "

M 5 Aus einem Schreiben Karls des Großen an Papst Leo III., 796:

„ Unser ist, (…), die heilige Kirche Christi allenthalben vor dem Einbruch der Heiden und der Verwüstung der Ungläubigen außen
5 mit Waffen zu verteidigen und mit der Erkenntnis des katholischen Glaubens zu unter-stützen. Euer ist es, heiligster Vater, mit zu Gott erhobenen Händen (…) unser Waffen-
10 werk zu unterstützen … "

* **4.** Wie sieht Kaiser Justinian I. die Stellung des Kaisers in der Kirche im Byzantinischen Reich? (T 2, M 4)

* **5.** Welche Aufgaben hat nach Meinung Karls des Großen der Kaiser und welche Macht hat der Papst? Löse die Aufgaben in zwei Schritten:

a) Erläutere mithilfe von M 5 die Meinung Karls des Großen.
b) Was sagt das Mosaik M 3 über die Machtverteilung von Papst und König aus?

Karl der Große

**ist ein vom Papst gekrönter christlicher Kaiser.
Er sieht sich als Nachfolger des Römischen Reiches.**

T1 Karl wird Kaiser

Unter den Nachfolgern Chlodwigs hatten die Könige im Reich der Franken große Macht, jedoch spielte auch der Papst in Rom immer mehr eine wichtige Rolle. Gegen 799 kam es zwischen Papst Leo III. und dem römischen Adel zu Auseinandersetzungen. Papst Leo III. floh nach Paderborn zum Frankenkönig Karl, den er um Hilfe bat. Im Jahre 800 zogen Karl und der Papst nach Rom und stellten die Macht des Papstes wieder her. Zum Dank für seine Verdienste krönte der Papst am Weihnachtstag 800 Karl zum Kaiser.

T2 Karl, der kluge Reisekaiser

Karl wurde nicht nur wegen seiner Taten der Große genannt. Obwohl kein Bild oder Gemälde aus seiner Zeit vorhanden ist, wissen wir aus Beschreibungen, dass er körperlich größer war als die meisten seiner Mitmenschen. Zeitlebens konnte er eigentlich nicht schreiben, trotzdem legte er großen Wert auf die Bildung und hatte viele kluge Berater. Karl der Große hatte, wie die Könige im Frankenreich, keine Hauptstadt und reiste mit seinem Gefolge durch das Reich. Längere Aufenthalte gab es in den Pfalzen. Das waren durch Mauern befestigte Gebäude, in denen Karl mit seinem Gefolge wohnte. Hier hielt er auch Gericht. Oft war er in seiner Lieblingspfalz in Aachen, wohl auch wegen der heißen Quellen, die es dort gibt.

M4 Die Unterschrift Karls des Großen unter einer am 31. August 790 ausgefertigten Urkunde: Eigenhändig ist nur der v-förmige so genannte Vollziehungsstrich innerhalb der Raute. Der Kaiser konnte weder lesen noch schreiben.

M1 Frankenreich zur Zeit Chlodwigs (481–511)

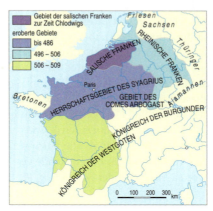

M2 Frankenreich zur Zeit Karls des Großen (768–814)

M3 Teilreiche um 880 – Nachfolger Karls

1. Karl wird auf lateinisch „Karolus" geschrieben. Zeichne den Namen ab und trage dabei Karls Vollziehungsstrich rot ein. (M4)

2. Entwirf für deinen Vornamen ein ähnliches Zeichen.

3. Sieh dir M5 an und benenne die wichtigen Zeichen, die Karl als Kaiser des Römischen Reiches trug.

4. Erkläre mit eigenen Worten, warum Papst Leo III. Karl den Großen zum Kaiser krönte. (T1)

M 5 Es handelt sich um ein Idealbild Karls des Großen.
Das Bild entstand etwa 700 Jahre nach Karls Krönung in Rom. Der Künstler Albrecht Dürer wusste 1513 also nicht, wie der Kaiser aussah. Damit man ihn dennoch erkennt, bildet er die Zeichen der Kaiserwürde ab: die Reichskrone und das Reichsschwert.

 Bilder beschreiben

M 6 Die Kaiserkrönung in Rom

> Als der König gerade am heiligen Weihnachtstag sich vom Gebet vor dem Grab des seligen Apostels Petrus zur Messe erhob, setzte ihm 5 Papst Leo eine Krone aufs Haupt, und das ganze Römervolk rief dazu: „Dem erhabenen Karl, dem von Gott gekrönten großen und Frieden bringenden Kaiser der Römer, Leben 10 und Sieg!" Und nach den lobenden Zurufen wurde er vom Papst nach Sitte der alten Kaiser durch Kniefall geehrt. "

< **Extra** >

M 7 Karl der Große mit seinen Beratern (Buchmalerei aus der Benediktinerabtei Saint-Denis, 14. Jh.)

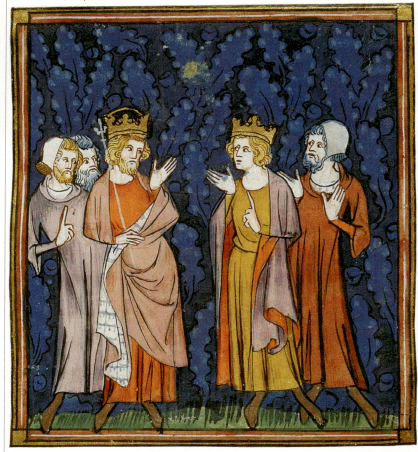

5. Beschreibe mit eigenen Worten, wie sich das Deutsche Reich vor, während und nach der Herrschaft Karls des Großen entwickelte. (M 1 – M 3)

6. Einige Historiker sind der Meinung, dass die Kaiserkrönung für Karl überraschend kam. Gibt es Hinweise für eine solche Meinung? Lies dir M 6 noch einmal genau durch.

***
7.** Obwohl Karl weder lesen noch schreiben konnte, traf er kluge Entscheidungen. Wie kommt es dazu? (T 2, M 7)

König, Herzog, Ritter, Bauer, Bürger

**Wer stand oben und wer stand unten in der mittelalterlichen Gesellschaft?
Und wie sahen die Beziehungen zwischen den Bevölkerungsgruppen aus?**

T1 Ständeordnung

Im Mittelalter waren die Menschen in Stände eingeteilt. Die Geburt entschied darüber, wer welchem Stand angehörte. Wer als Sohn eines Bauern zur Welt kam, konnte niemals König, Graf oder Ritter werden. Damals glaubten die Menschen, dass diese Ständeordnung von Gott so gewollt sei.

T2 Geistlichkeit, Adel, Bauern und Bürger

Macht besaß derjenige, der Grund und Boden, d.h. der Land hatte. Der König besaß das meiste Land, er war der größte Grundherr und daher am mächtigsten. Er entschied über Krieg und Frieden, erließ Gesetze und war der höchste Richter im Land. Die Herzöge, Grafen und Bischöfe besaßen ebenfalls große Ländereien. Sie halfen dem König als Heerführer, Ratgeber oder Richter das Reich zu verwalten. Sie gehörten zum Adel. Die Ritter, auch die Äbte und Äbtissinnen, die einem Kloster vorstanden, gehörten ebenfalls dem Adel an. Sie waren aber längst nicht so reich und mächtig. Ganz unten in der Rangordnung standen die Bauern in den Dörfern und die Bürger in den Städten.

M1 Ist die Ständeordnung gerecht?

a) Bischof Burchard von Worms schrieb in dem von ihm zusammengestellten Kirchenrecht (1008 – 1012):

> Der gerechte Gott hat das Leben der Menschen folgendermaßen unterschieden gemacht: Die einen machte er zu Knechten, die anderen zu Herren. Damit soll die Möglichkeit der Knechte, Böses zu tun, durch die Macht der Herren eingeschränkt werden.

b) Im Rechtsbuch „Schwabenspiegel" von 1280 steht:

> Man kann mit der Heiligen Schrift beweisen, dass niemand des anderen eigen sein soll. Gott hat den Menschen nach seinem Ebenbild gebildet und von der Hölle erlöst. Als man das früheste Recht setzte, waren alle freie Leute.

M2 Karl der Große schickte an Abt Fulrad von Altaich (Bayern) im Jahre 804 folgenden Befehl:

> Wir teilen dir mit, dass wir in diesem Jahr die große Heeresversammlung nach Ostsachsen zusammengerufen haben, und zwar nach Staßfurt an der Bode. Deshalb befehlen wir dir, am 17. Juni mit allen deinen wohlbewaffneten und ausgerüsteten Leuten an dem genannten Platze dich einzustellen. (…) Jeder Berittene soll Schild, Lanze, Schwert und Hirschfänger haben, dazu Bogen, Köcher mit Pfeilen, und eure Packwagen sollen Vorräte aller Art mitführen, Spitzhacken, Äxte, Bohrer, Beile, Spaten, eiserne Grabscheite und alle anderen Werkzeuge, die man bei einem Feldzug braucht. Die Lebensmittel müssen von der Heeresversammlung an gerechnet drei Monate reichen, Waffen und Bekleidung ein halbes Jahr.

---

1. Welche Personengruppen (Stände) gab es in der mittelalterlichen Gesellschaft und wie stehen sie zueinander in Beziehung? (T1, T2, M3)

2. Vergleiche die beiden mittelalterlichen Quellen (M1). Wie bewerten die Verfasser die mittelalterliche Ständegesellschaft?

*3. Erkläre mithilfe von T3 – T5, M3 und M4 das Lehnswesen. Die Pfeile beschreiben das Verhältnis zwischen den Gruppierungen, welche Abhängigkeiten und Verpflichtungen zwischen ihnen bestehen.

M 3 Die Lehnspyramide

König

Schutz und Treue — Dienst und Treue

Herzöge — Grafen — Bischöfe
Königsvasallen

Ritter — Äbte und Äbtissinnen
Untervasallen

Schutz und Treue — Dienst und Treue

Abhängige Bauern

T 4 Die Lehnsvergabe

Bei der Vergabe des Lehens wurde ein Vertrag abgeschlossen, der vom Lehnsherrn und seinem Vasallen feierlich unterzeichnet wurde. Nach dem Handgang oder der Huldigung, bei dem der Vasall sich symbolisch unterwarf, schworen sich beide gegenseitige Treue. Dann übergab der Lehnsherr einen Gegenstand, häufig eine Fahne oder einen Schlüssel, der für das Lehen stand.

T 5 Lehen werden erblich

Für beide – Lehnsherr und Vasall – ergaben sich aus dem Lehnswesen Vorteile: Der Lehnsherr konnte seinem Vasallen, wenn dieser untreu wurde, das Lehen wieder entziehen. Für die Vasallen war der Schutz durch ihren Lehnsherrn in diesen kriegerischen Zeiten wichtig. So konnte das Land besser verwaltet werden.
Seit dem 9. Jahrhundert kam es aber auch vor, dass Grafen und Herzöge von Bischöfen oder der Abt eines Klosters von einem Ritter ein Lehen erwarben. Der Vasall hatte dann mehr als einen Lehnsherrn. Der größere Landbesitz stärkte seine Macht. Das führte im Laufe der Zeit dazu, dass das Treueverhältnis zwischen Lehnsherrn und Vasall immer mehr untergraben wurde. Die Vasallen betrachteten das Lehen als Eigentum und vererbten es weiter.

T 3 Lehnsherr und Vasall

Der König verlieh seinen treuesten Gefolgsleuten für ihre Dienste Land und Ämter. Er ernannte sie zu Herzögen, Grafen oder Bischöfen. Beides, das Land und das Amt, nennt man Lehen. Der König war der Lehnsherr, die adligen Gefolgsleute die Königsvasallen. Die Vasallen mussten ihrem Herrscher treu und gehorsam sein. Dafür standen sie unter dem Schutz ihres Lehnsherrn. Eine ihrer Aufgaben war, dem König Krieger für dessen Feldzüge zu stellen. Die Königsvasallen wiederum belehnten Ritter, Äbtissinnen und Äbte mit Land und Ämtern. Die Untervasallen standen unter dem Schutz ihres Lehnsherrn und mussten diesem dafür Dienste leisten und Treue schwören. Die Untertanen der Vasallen, die abhängigen Bauern, bearbeiteten den Grund und Boden ihres Herrn, der ihnen dafür Schutz versprach.

a) Was drücken die senkrechten Pfeile aus? (T 3)
b) Was drücken die waagerechten Pfeile aus? (T 5)

*
4. Was forderte der Lehnsherr Kaiser Karl der Große von seinem Lehnsmann Abt Fulrad von Altaich? (M 2)

Ritterburgen

Über mittelalterliche Burgen wird viel Abenteuerliches berichtet.
Wie lebten die Burgbewohner wirklich?

T1 Ritterburgen entstehen

Zwischen dem 10. und 14. Jahrhundert entstanden überall in Europa Burgen mit dicken Steinmauern. Die Burgherren, die Ritter, legten die Burgen so an, dass sie von ihnen aus einen Fluss, ein Tal oder auch eine Handelsstraße einsehen konnten. Die Burgen waren der Landschaft angepasst: Wo es gebirgig war, ließen die Ritter auf Bergkuppen oder Felsvorsprüngen Höhenburgen bauen. Auf einer Insel oder an einer Flussgabelung errichteten sie Wasserburgen.

In dieser Zeit griff man schnell zu den Waffen, wenn es zum Streit kam. Die Burg bot nicht nur den Burgbewohnern, sondern auch den Bauern der umliegenden Dörfer Schutz vor Feinden. Außerdem verwaltete der Burgherr von hier aus seinen Besitz.

M1 Burg Wildenberg im Odenwald (Rekonstruktion)

M2 Heutiges Aussehen der Burg Wildenberg, Bayern

1. Warum errichteten die Ritter Burgen? An welchen Stellen entstanden sie? (T1)

2. In welchen Teilen der Burg lebten:
a) der Ritter und dessen Familie?
b) die Knechte und Mägde?
(T2, M1)

*3. Beate und Sven sind unterschiedlicher Meinung:
Beate: „Ich hätte damals gern auf der Burg gelebt."
Sven: „Damals auf der Burg zu leben war das Letzte."

T2 Das Leben auf der Burg

Die Burg war eine kleine Stadt für sich mit Wohnräumen, Stallungen und Verteidigungsanlagen. Im Herrenhaus wohnte die Familie des Ritters. Hier befanden sich der Rittersaal und die Gemächer (= Zimmer) für die Frauen und Kinder. Die Knechte und Mägde wohnten in den Nebengebäuden. Sie arbeiteten in Haus und Hof und versorgten das Vieh, das in den Stallungen untergebracht war.

Es war finster und kalt in den Burgräumen. Fackeln erzeugten ein düsteres Licht. Nur wenige Räume konnten beheizt werden. Mit dem Wasser mussten die Bewohner der Höhenburgen sparsam umgehen. Es wurde aus tiefen Brunnen mit einer Winde an die Oberfläche geholt. Besonders hart waren die Winter. Oft waren die Burgbewohner durch Schnee und Eis von der Außenwelt abgeschnitten und froren. Verglaste Fenster gab es sehr selten. Manchmal hängte man Tierhäute vor die Fensteröffnungen, aber auch die konnten Feuchtigkeit und Kälte kaum abhalten.

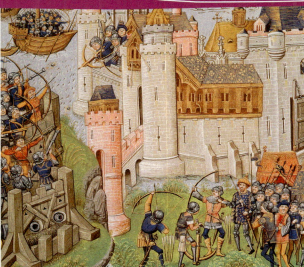

M 3 Belagerung einer Burg
(Französische Buchmalerei aus dem 14. Jh.)

 Extra

M 4 Der Ritter Ulrich von Hutten beschreibt im Spätmittelalter 1518 das Leben der Bewohner auf der Steckelburg an der Weinstraße:

99 Die Burg selbst, mag sie auf dem Berg oder im Tal liegen, ist nicht gebaut, um schön, sondern um fest zu sein; von Wall und Graben umgeben, innen eng, da sie durch die Stallungen für Vieh und Herden versperrt
5 wird. Daneben liegen die dunklen Kammern, angefüllt mit Geschützen, Pech, Schwefel und dem übrigen Zubehör der Waffen und Kriegswerkzeuge. Überall stinkt es nach Pulver, dazu kommen die Hunde mit ihrem Dreck, eine liebliche Angelegenheit, wie sich denken
10 lässt, und ein feiner Duft! Reiter kommen und gehen, unter ihnen sind Räuber, Diebe und Banditen. 66

T3 Die Verteidiger wehren sich

Kam es zum Krieg, wurden die Burgen nicht selten monatelang belagert. Im Schutze der Zinnen und Schießscharten wehrten sich die Verteidiger mit Pfeil und Bogen oder mit einer Armbrust. Steine, heißes Wasser und Pech schütteten sie auf die Angreifer herab. Aber spätestens, wenn die Lebensmittelvorräte ausgingen, sah es für die Verteidiger der Burg schlecht aus.

Lexikon

Ritter
Ursprünglich waren sie Reiterkrieger des Königs, die für ihre Dienste ein Lehen erhielten. Seit dem 12. Jahrhundert gehörten zum Ritterstand auch die Dienstmannen des Königs, die ihren Besitz von Burgen aus verwalteten.

Wem würdest du zustimmen? Begründe deine Meinung und setze dich dabei auch mit dem Text und der Quelle auseinander. (T2, M3, M4)

*
4. Burgen wurden oft belagert. Die Bewohner bereiten sich darauf vor. Erstelle eine Liste, was sie alles beachten mussten. (T2, T3, M3)

*
5. Beschreibe das Bild: Wie versuchten die Angreifer die Burg einzunehmen?
Wie wehrten sich die Verteidiger? (M3)

Zum Ritter wird man nicht geboren

Ritter und Burgherrin – dazu brauchte man eine umfangreiche Ausbildung.
Leicht war sie nicht ...

M1 „Schwertleite" – ein Knappe wird zum Ritter erhoben (Miniatur aus dem 13./14. Jh.).

M2 Im Jahre 1217 hat ein Dichter die Zeremonie der „Schwertleite" beschrieben, in der Godehard, gemeinsam mit anderen Knappen, zum Ritter erhoben wurde:

„ Posaunen- und Hörnerklänge ertönen. Graf Ludwig mit seinem Gefolge reitet auf den Platz. Unter dem Klang der Posaunenklänge
5 schreiten sie in das Münster. Die Knappen, alle mit neuen Rüstungen und Kleidern ausgestattet, knien vor dem Altar. Sie hören die Messe und empfangen den Segen. Ein Priester
10 segnet auch die Waffen der jungen Ritter. Jetzt ist der große Augenblick da. Graf Ludwig tritt auf Godehard zu, gürtet ihn mit dem Schwert, legt ihm die Sporen an und richtet
15 einige mahnende Worte über die Tugenden des Ritters an ihn. Danach reicht er Godehard den Schild und legt ihm die Hand auf die Schulter: „Nun Glück auf, Godehard! Möge dir
20 die Kraft Gottes Heil zu deiner Ritterschaft geben!" Danach tritt er zu den anderen Knappen, gibt ihnen Schwert, Sporen und Schild und legt auch ihnen Demut, Treue und Frei-
25 giebigkeit ans Herz. "

1. Schreibe die Lebensläufe von Tristan und Bettina in Kurzform. (T1, T2)

2. Sieh dir das Bild M1 mit dem darunter stehenden Text (M2) genau an. Beantworte folgende Fragen:
– Wer von den dargestellten Personen könnten die Knappen und der Ritter sein? Begründe deine Beobachtung.

 Bilder beschreiben

– Welche Aufgabe haben die anderen Personen bei der Zeremonie?
– Beschreibe in wenigen Sätzen, was bei der „Schwertleite" im Einzelnen geschieht.
– Ist es dem Maler gelungen, die „Schwertleite" tatsächlich als ein feierliches Ereignis darzustellen.

Zwei Ritterkinder stellen sich vor: Ihre Namen und Lebensläufe sind erfunden. Aus Berichten wissen wir, dass ihre Jugend sich so oder so ähnlich zugetragen haben könnte.

T1 Edelknabe Tristan erzählt . . .

Als ich sieben war, begann meine Ausbildung. Ich lernte, was von einem Ritter erwartet wird: gute Manieren bei Tisch, Ehrlichkeit, rücksichtsvoll und höflich gegenüber Damen zu sein. Mit 14 wurde ich Knappe des Ritters Berthold. Er brachte mir bei, Lanze und Schwert zu gebrauchen und den Speer zu werfen. Auch Reiten, Laufen und Springen gehörten zur Ausbildung. Als ich 21 wurde, war mein großer Tag gekommen: Die Ausbildung war beendet. Ich wurde feierlich in der Schwertleite zum Ritter geschlagen. Jetzt durfte ich auch an Ritterturnieren teilnehmen.

M 3 Der Ritter Walter von Klingen besiegt einen Gegner im Turnier (Buchmalerei aus dem 14. Jh.).

M 4 Eine Ritterfrau gibt ihrer Tochter Ratschläge für das Verhalten (Miniatur aus der 1. Hälfte des 14. Jh.).

T2 Ritterfräulein Bettina berichtet . . .

In meiner Erziehung spielte „höfisches" Benehmen eine wichtige Rolle. Meine Erzieherinnen lehrten mich, wie ich mich als vornehme Dame bei Tisch und in der Gesellschaft zu verhalten habe.
Um Gäste zu unterhalten, lernte ich singen, ein Musikinstrument spielen, aber auch das Schachspiel und weitere Gesellschaftsspiele. Andere „Unterrichtsfächer" waren Lesen und Schreiben. Denn, wenn mein Mann im Krieg ist, muss ich als künftige Herrin die Burg mit ihren Ländereien verwalten.

Lexikon

Turnier
Im Turnier kämpften zwei oder mehrere Ritter gegeneinander. Durch Mut und Geschicklichkeit wollten die Kämpfer den adligen Damen gefallen.

Außerdem lernte ich kochen und das Schneidern von Kleidern. Ich erhielt sogar eine „medizinische Ausbildung": Heilkräuter zu bestimmen, daraus Salben herzustellen und Krankheiten zu heilen.

M 5 Mahnung an den Knappen bei der Weihe zum Ritter, 1247:

99 Es ziemt sich, dass jeder, der Ritter werden will, hochgemut, anständig, freigiebig, tadellos und ehrenhaft sei. Ehe du dein Gelübde
5 ablegst, höre mit reiflicher Überlegung erst die Regeln an: Zuerst mit frommer Sammlung täglich die Messe hören, für den katholischen Glauben kühn das Leben wagen, die
10 heilige Kirche mit ihren Dienern von allen Quälgeistern befreien, Witwen, Kinder und Waisen in ihrer Not beschützen, ungerechte Kriege vermeiden, für die Befreiung eines
15 jeden Unschuldigen den Zweikampf annehmen, Turniere allein der kriegerischen Übung wegen besuchen, dem Kaiser (…) ehrfurchtsvoll gehorchen, den Staat schützen. 66

---

* **3.** Für die Eltern von Bettina und Tristan ist es beschlossene Sache: Beide werden heiraten. Spielt eine Szene, in der die Eltern beraten, welche Aufgaben ihre Kinder später als Burgherrin und Burgherr erfüllen müssen.

* **4.** Welche Eigenschaften sollten einen Ritter auszeichnen? Welche davon findest du gut, welche weniger? (M 5)

Die christliche Lehre

**Frauen und Männer, Arme und Reiche fanden
in den frühen christlichen Gemeinden eine Heimat.**

T1 Jesus aus Nazareth

Das genaue Datum der Geburt und
des Todes von Jesus wissen wir
nicht. Er erzählte von Gott, dem
guten Vater und vom kommenden
Reich Gottes. Er setzte sich besonders für die Armen und Schwachen
ein. Viele Menschen begeisterte er
mit seinen Taten und seiner Lehre.
Einigen gefiel dies aber nicht. Er
wurde von seinen Gegnern beim
römischen Statthalter angeklagt,
der ihn am Kreuz töten ließ.

M1 Der gute Hirte.
Jesusdarstellung auf einem Mosaik aus der italienischen Stadt Ravenna. Das Bild ist
um 440 entstanden. In dieser Zeit wurde Jesus oft als guter Hirte dargestellt.

T2 Christliche Gemeinden entstehen

Die Anhänger von Jesus nannten
sich Christen. Sie erzählten die
Geschichten über das Reich Gottes
weiter und gründeten die ersten
christlichen Gemeinden. Viele
Menschen ließen sich taufen und
wurden dadurch Christen. Frauen
und Männer, Römer und Fremde,
Arme und Reiche hatten in den
christlichen Gemeinden die gleichen Rechte. Sie wählten aus ihrer
Mitte einen Aufseher, einen Bischof,
der aufpasste, dass sich alle an die
christliche Lehre hielten. Besonders
angesehen war der Bischof von
Rom, der im 5. Jahrhundert den Titel
„Papst" erhielt.

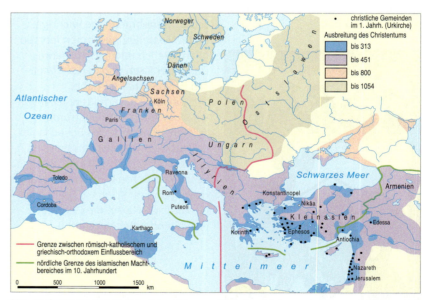

M2 Ausbreitung des Christentums bis zum 11. Jh.

1. Schreibe Informationen über
das Leben von Jesus auf.
(T1, T2, M3)

Schriftliche Quellen auswerten

2. Schildere mit eigenen Worten,
warum die Menschen sich für Jesus
und seine Lehre begeisterten.

3. Jesus wird oft als der gute Hirte
und die Menschen als Schafe dargestellt. Nenne Gründe dafür.

M3 Im Neuen Testament schreibt der Evangelist Matthäus etwa 70 n. Chr. in seinem Evangelium in Kapitel 4:

" Jesus zog durch ganz Galiläa. Er lehrte in den Synagogen und verkündete die Gute Nachricht, dass Gott jetzt seine Herrschaft auf-
5 richten und sein Werk vollenden wird. Er heilte alle Krankheiten und Leiden im Volk. Die Kunde von ihm verbreitete sich sogar in ganz Syrien. Die Leute brachten alle zu
10 Jesus, die an irgendwelchen Krankheiten oder Beschwerden litten, auch Besessene, Epileptiker und Gelähmte, und er machte sie gesund. Große Menschenmengen aus Gali-
15 läa (…) aus Jerusalem und Judäa und von der anderen Seite des Jordans zogen mit ihm. Als Jesus die Menschenmenge sah, stieg er auf einen Berg und setzte sich. Seine Jünger
20 traten zu ihm. Dann begann er zu reden und lehrte sie, was Gott jetzt von seinem Volk verlangt. "

‹Extra›

M4 Jesus wird vor den jüdischen König Herodes geführt, verhört und anschließend zum römischen Statthalter Pilatus zurückgebracht (Gemälde des italienischen Malers D. di Buoninsegna, der von 1255 bis 1319 lebte).

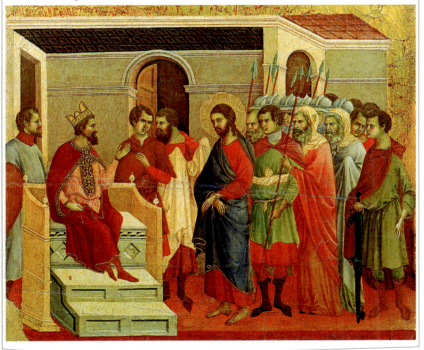

Lexikon

Evangelist
Die Bibel, das heilige Buch der Christen, besteht aus dem Alten und dem Neuen Testament. Die Lebensgeschichte von Jesus und seine Lehren werden als Evangelium, das bedeutet „Frohe Botschaft" bezeichnet. Die Schriftsteller der frohen Botschaft werden Evangelisten genannt.

Reich Gottes
Jesus lehrte, dass das Reich Gottes nahe sei. Friede und Gerechtigkeit herrschten dann auf der Erde für alle Menschen, egal ob sie Arm oder Reich seien.

Papst
bedeutet „Papa" oder „Vater". Der Papst ist Bischof von Rom und gleichzeitig das Oberhaupt aller katholischen Christen.

* 4. Beschreibe mithilfe von M2, wie sich die christliche Religion in Europa ausbreitete.
Notiere die Gebiete, in denen die ersten christlichen Gemeinden gegründet wurden.

* 5. Beschreibe M4 und lies den Inhalt des Verhörs in der Bibel nach (Lukas-Evangelium Kapitel 23, Vers 1 – 12).

Ausbreitung des Christentums

**Die ersten Christen haben sicherlich nicht erwartet,
dass nach fast zweitausend Jahren das Christentum so viele Anhänger hat.**

T1 Zuerst verfolgt ...

Fast ein Drittel der Weltbevölkerung bekennt sich heute zum Christentum. Das sind fast zwei Milliarden Menschen. Die ersten Christen hätten das sicher nicht für möglich gehalten. Vielen Römern waren die Christen verdächtig, denn sie verehrten nur ihren eigenen Gott und nicht den römischen Kaiser. Sie galten als Feinde des Römischen Reiches. Deshalb wurden sie oft grausam verfolgt, gefoltert und ermordet.

T2 ... dann anerkannt

Doch die Christen ließen sich nicht unterkriegen. Sie halfen und unterstützten sich gegenseitig. Kaiser Konstantin (312–337), ordnete an, dass alle Bürger des Römischen Reiches ihre Religion selbst bestimmen durften. Die Lage der Christen verbesserte sich. Sie trafen sich nicht mehr an geheimen Orten, sondern konnten Kirchen bauen und frei nach ihrer Lehre leben. Die römischen Kaiser lernten bei der Verwaltung des Landes von den gut organisierten christlichen Gemeinden. 381 wurde das Christentum Staatsreligion. Von nun an musste sich jeder römische Staatsbürger taufen lassen.

M1 Briefwechsel zwischen dem Statthalter Plinius und Kaiser Trajan (53–117 n. Chr.).

Plinius schrieb:

> „ Vorläufig habe ich bei denen, die mir als Christen angezeigt worden sind, folgendes Verfahren angewandt. Ich fragte sie, ob sie Chris-
> 5 ten seien. Bekannten sie sich dazu, so legte ich ihnen unter Androhung der Todesstrafe die Frage ein zweites und ein drittes Mal vor. Blieben sie verstockt, ließ ich sie hinrich-
> 10 ten. Denn für mich bestand kein Zweifel: Was es auch sein mochte, was sie zu gestehen hatten, ihr Starrsinn und unbeugsamer Trotz verdiente unbedingte Strafe "

Trajan an Plinius

> „ Bei der Prüfung der Anklagen gegen die Leute, die man dir als Christen bezeichnete, hast du das richtige Verfahren befolgt. "

M2 Blick in den Gang einer Katakombe. Katakomben sind unterirdische Begräbnisstätten. Die frühen Christen bestatteten ihre Toten in Wandgräbern, die sie mit verzierten Steinplatten verschlossen.

T3

In der folgenden Geschichte aus einem Jugendbuch wird erzählt, wie sich das Leben der Christen in Rom abgespielt haben könnte: Antonius, der an die römischen Götter glaubt, wird von seiner christlichen Mitschülerin Lucia aufgefordert, einen Abendgottesdienst in der Christusgemeinde zu besuchen.
Antonius hörte, wie sie sich nicht nur mit Namen, sondern auch als Bruder und Schwester anredeten. (…) Frauen und Männer, Junge und Alte. Sklaven waren da, aber auch

1. Erkläre, warum die Christen zunächst verfolgt und später anerkannt wurden. (T1, T2)

2. Die ersten Christen hatten geheime Erkennungszeichen. Nenne Gründe dafür. (T2, M4, M5)

3. Gib den Briefwechsel zwischen Plinius und Trajan mit eigenen Worten wieder.
Überlege anschließend, welche Möglichkeiten Christen hatten nicht hingerichtet zu werden.

solche, die aus besseren Kreisen stammten. Viele brachten etwas zum Essen mit (…).

Plötzlich endete das Stimmengewirr. Cornelius stimmte ein Lied an und alle sangen gemeinsam. Dann sprach er ein Gebet, die anderen antworteten mit „Amen". Eine Frau las einen Abschnitt aus dem Brief des Apostels Paulus vor. Einige Sätze blieben Antonius im Gedächtnis: „Gott hat Christus von den Toten auferweckt." Und: „Wir werden wie Christus auferstehen." Nach der Predigt gingen alle zum Tisch. Einige Männer und Frauen brachen das Brot und verteilten es. Danach reichten sie Becher mit Wein herum. „Wir tun das, um an das letzte Mahl Jesu mit seinen Jüngern zu erinnern", flüsterte Lucia. „Wir denken daran, dass er für uns

gestorben ist und bald wiederkommen wird." Dann nahm sich jeder etwas von den Speisen. Als alle satt waren, war noch Essen übrig. Cornelius ergriff noch einmal das Wort: „Ihr wisst, dass unsere Schwester Chloe krank ist und deshalb nicht kommen konnte." Eine Frau sagte: „Wir nehmen ihr etwas zu essen mit, sie hat sonst niemanden, der ihr hilft."

Nach kurzer Zeit war der Tisch leer. Viele hatten Essen für arme und hilfsbedürftige Christen mitgenommen.

Am nächsten Tag unterhielten sich Lucia und Antonius über den Abend. Lucia meinte: „Ich verstehe nicht alles, was die Erwachsenen in unseren Gottesdiensten reden. Aber eines schon: Wer an Jesus glaubt, ist nicht einsam."

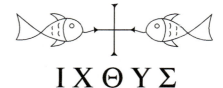

M 4 Geheime Zeichen der ersten Christen Als die Christen verfolgt wurden, hatten sie eigene geheime Erkennungszeichen. Nur sie kannten die Bedeutung dieser Zeichen: Die Buchstaben des griechischen Wortes für „Fisch" (I CH TH Y S) bilden die Anfangsbuchstaben für „Jesus Christus, Gottes Sohn, Erlöser".

M 5 Auch heute verwenden manchmal sehr gläubige Christen dieses Zeichen. Vielleicht hast auch du schon Autos mit diesem Aufkleber gesehen.

M 3 Das Bild zeigt, was niemals geschah. Kaiser Konstantin soll die Herrschaft über das Römische Reich an Papst Silvester I. übertragen haben. Erst über 1000 Jahre später konnte nachgewiesen werden, dass diese Urkunde, die dies bestätigt, gefälscht war.

* 4. Überlege, welche Folgen die angebliche Schenkung durch Kaiser Konstantin für die christliche Kirche hatte. (M 3)

Europa wird christlich

**Heute ist die Taufe ein Festtag für Christen.
Das war nicht immer so.**

T1 Germanen werden Christen

Von Irland aus zogen viele Frauen und Männer als Missionare durch Europa um den Menschen von Gott und Jesus zu erzählen. Sie nahmen die Worte aus dem Neuen Testament wörtlich. Denn dort stand „Gehet hinaus in die Welt, überzeugt alle Menschen vom Wort Gottes und tauft sie". Die Germanen hatten aber ihre eigenen Götter und glaubten nicht an einen christlichen Gott. Vom germanischen Frankenkönig Chlodwig wird jedoch berichtet, dass er vor einer entscheidenden Schlacht geschworen habe: „Hilfst du mir, Gott, meine Feinde zu besiegen, so will ich glauben und mich und mein Volk taufen lassen." Nach seinem Sieg soll der König mit mehr als 3000 Franken getauft worden sein. Auch Karl der Große hatte sich in den Kopf gesetzt so ein großes Reich wie die Römer zu schaffen. Darin sollten aber nur Christen leben. Im Osten seines Reiches lebten die Sachsen. Die Sachsen waren Heiden, keine Christen. Deshalb ging Karl der Große sehr grausam mit ihnen um. Fast 35 Jahre lang führte er Kriege, bis er sie endlich besiegt hatte.

T2 Der heilige Kolumban

Aber es gab auch Missionarinnen und Missionare, die versuchten mit „friedlichen" Mitteln die Menschen zu überzeugen. Es wird erzählt, dass der Mönch Kolumban versuchte, die Menschen, die am Bodensee lebten, zum Christentum zu bekehren. Kolumban begann seine Mission damit, dass er die heidnischen Götterbilder zerschlug und in den Bodensee warf. Doch seine Taten beeindruckten die Bewohner nicht. Sie stahlen seine Kühe und verprügelten seine Knechte. Außerdem beschwerten sich die Menschen bei ihrem Herzog, dass das Geläut der Glocken sie störte und vor allem das Wild verjagte. Da Kolumban keine Geduld mehr mit den heidnischen Menschen aufbrachte, verfluchte er sie und zog nach Italien weiter.

M1 Taufe heute

M2 Lioba war eine der ersten Missionarinnen. Sie war eine Freundin von Bonifatius. Es wird erzählt, dass Bonifatius den Wunsch hatte mit seiner Freundin begraben zu werden. Sein Wunsch wurde nicht erfüllt. Liobas Grab befindet sich in der Peterskirche bei Fulda. Frauen als Missionare wurden von den Bischöfen nicht sehr geschätzt. Daher finden wir kaum Berichte über Missionarinnen in den Aufzeichnungen aus dieser Zeit.

1. Die Missionierung der Menschen verlief nicht immer erfolgreich. Nenne Gründe. (T1, T2)

2. Warum werden in den Quellen aus dieser Zeit kaum Missionarinnen erwähnt? (M2)

3. Schreibe einen Lebenslauf über Bonifatius. Benutze dazu ein Lexikon oder das Internet. (M3)

M 3 Zwei Szenen aus dem Leben des Bonifatius.
Kunstvolle Bilder schmücken oft die von Mönchen
geschriebenen Bücher des Mittelalters. Diese Buchmalerei stammt aus einem Gebetbuch, das Mönche
um 875 n. Chr. im Kloster Fulda angefertigt haben.

M 4 Karl der Große unterwirft die Sachsen.
Etwa 4 500 Sachsen sollen getötet worden sein. Karl
nimmt an der Taufe der unterworfenen Sachsen teil
(Buchmalerei aus einer französischen Abtei, 14. Jh.).

4. Für alle Christen ist die Taufe
ein wichtiges Fest. Versuche Erklärungen dafür zu finden. Erkundige dich bei deinen Eltern oder
befreundeten Familien, ob jemand
von ihnen getauft wurde. Vielleicht
bekommst du noch Fotos von einer
Taufe. (M 1, M 3)

***
5.** Sieh dir die Bilder M 3 und M 4
an. Versuche mit deinem Partner
folgende Fragen zu beantworten:
– Was zeigen die Bilder?
– Wie wirken sie auf dich?
– Was fällt dir auf?
– Welches der Bilder findest du
  besonders interessant? Warum?
– Was verstehst du nicht?

Im mittelalterlichen Dorf

**Schon damals gab es feste Regeln,
an die sich die Dorfbewohner halten mussten ...**

T1 Vor 800 Jahren

Die Bauernhütten waren einfach gebaut: Zuerst setzten die Bauern ein Balkengerüst. Die Balken verbanden sie mit einem Geflecht aus Weidenruten, in das eine Mischung aus Lehm und Stroh geschmiert wurde. Später benutzte man auch Feldsteine zum Bau. Fenster hatten die Hütten nicht, nur viereckige Löcher, die meist mit Häuten bespannt waren. Mensch und Tier lebten unter einem Dach, das aus Stroh, Schilf oder Holzschindeln bestand.

T2 Gemeindeeigentum

Im Dorf gab es Einrichtungen, die der gesamten Gemeinde gehörten und von allen Bewohnern genutzt werden durften: die Mühle, der Backofen und das Waschhaus. In manchen Dörfern gehörten auch die Badestube, der Weinkeller und das Wirtshaus dazu. Die „Allmende" – das waren der Gemeindewald, die Gemeindewiese und die Gewässer – war ebenfalls Gemeindeeigentum.

T3 Gemeindeversammlung

Alle wichtigen Probleme des Dorfes wurden auf der Gemeindeversammlung geregelt, wie die Wahl des Dorfschulzen (Bürgermeisters), die jährlichen Termine für das Pflügen, Säen und Ernten oder auch die Entscheidung, welche Straßen und Brücken gemeinsam gebaut werden. Die von der Gemeindeversammlung bestimmten Bauernmeister (Gemeinderäte) unterstützten den Dorfschulzen. Kleine Streitigkeiten schlichteten die Dorfrichter.

T4 Dorfordnung

Die Dorfordnung enthielt alle wichtigen Bestimmungen, die das Zusammenleben der Dorfbewohner regelten:
- welche Rechte und Pflichten die Dorfbewohner hatten,
- wie die nachbarlichen Beziehungen zu gestalten waren,
- wie das Gemeindeeigentum genutzt werden konnte oder
- welche Strafen auf Raub oder Diebstahl standen.

M1 Bäuerliche Familie bei der Arbeit (Buchmalerei, um 1023).

1. Stell dir vor, du lebst in einem mittelalterlichen Dorf. Eines Tages kommt ein Fremder. Er möchte wissen, wie das Dorf aufgebaut und das Leben organisiert ist. Erkläre es ihm. (T1–T4)

2. Was stand alles in der Dorfordnung? (M2, M3, M4)
- Bildet 4 Arbeitsgruppen. Jede Gruppe beschäftigt sich mit einer Quelle.

Löst folgende Einzelaufgaben:

a) Ein Schüler liest die Quelle laut vor. Die anderen lesen mit und korrigieren ihn gegebenenfalls.
b) Jeder Schüler unterstreicht die ihm unbekannten Wörter.
c) In der Gruppe wird versucht, die Bedeutung der unterstrichenen Wörter gemeinsam zu klären.

Was damals so alles in den Dorfordnungen stand ...

M 2 ... zum Schutz des Eigentums:

" Hat einer auf seinem eigenen Grund und Boden wilde Bäume ... stehen, so darf ihm niemand die ausgraben, abhauen oder schüt
5 teln. Kommt aber eine Frau ohne betrügerische Absicht dahin, so mag sie wohl eine Schürze voll auflesen; kommt ein Vieh aus der Gemeinde dahin, so soll er auch dies nicht mit
10 Schlägen fortjagen. "

M 3 ... zur Benutzung der Wege:

" Will einer Mist oder anderes auf sein Feld bringen oder Korn und Heu heimfahren und muss dabei über das Gebiet eines anderen in
5 nerhalb der Grenzzäune, so darf er nur mit des Besitzers Willen über das Gebiet fahren und den Zaun öffnen. Will der Besitzer nicht die Erlaubnis geben, so mag er zum
10 Schultheiß gehen und sich von diesem die Erlaubnis holen. "

M 4 ... zum Verhalten bei Bränden:

" Wenn jemand bei Tag oder Nacht ruft: Es brennt, so soll jedermann zulaufen, Weib und Mann, alle, die retten können. Sie sollen
5 alles mitbringen, was man zum Feuerlöschen braucht. Wer die Glocken oder das Geschrei des Volkes hört, aber trotzdem nicht mithilft, wird bestraft. "

< Extra >

M 5 Eine der bekanntesten Rechtsammlungen aus dem Mittelalter, war der Sachsenspiegel, um 1300/1315. Doch einiges ist durcheinander geraten.
Ordne Bilder und Texte richtig zusammen. Begründe deine Entscheidung.

" 60: Der Bauer darf eine Hopfenranke (= Pflanze), die auf sein Grundstück hinüberhängt, an sich ziehen und mit der Axt einen überragenden Baumast abhacken. "

" 55: Wer irrig Nachbars Vieh mit seinem abends eintreibt, vergeht sich nicht, wenn er es morgens wieder austreibt, ohne es zu nutzen. "

" 58: Die Traufe (= Begrenzung einer Dachfläche) darf nicht in des Nachbarn Hof gehen. Jeder hat seinen Hof einzufrieden. "

d) Gemeinsam formulieren die Schüler mit eigenen Worten 1–2 Sätze, die den Inhalt der Quelle wiedergeben. (T 4, M 2 – M 4)

* 3. Dorfbewohner haben beim Löschen des Feuers nicht geholfen und müssen vor dem Dorfrichter erscheinen.
Spielt diese Szene nach.
Überlegt, ob ihr die Angeklagten bestrafen müsst.

Auf dem Land wird vieles anders

**Neue Methoden und Arbeitsgeräte veränderten vieles.
Aber auch unter den Bauern gab es jetzt Unterschiede.**

T1 Neues Land durch Rodungen

In den Jahren 800 bis 1200 nahm die Bevölkerung in Europa stark zu. Es wurde immer schwieriger, alle Menschen zu ernähren, denn es fehlte an Weide- und Ackerland. Deshalb begannen die Bauern die dichten Wälder zu roden, um Felder anzulegen und Höfe zu bauen. Der Wald wurde niedergebrannt und die Baumstümpfe aus dem Boden gerissen. Anschließend pflügten die Bauern das neu gewonnene Land.

T2 Von der Zweifelder- zur Dreifelderwirtschaft

Bisher hatte der Bauer sein Ackerland in etwa zwei gleich große Felder aufgeteilt. Das erste Feld wurde bestellt. Das zweite blieb brach liegen und wurde als Viehweide benutzt. Im nächsten Jahr wechselte der Bauer den Anbau. Mittlerweile hatten die Bauern herausgefunden, dass manche Getreidearten besser reiften, wenn sie bereits im Herbst gesät wurden und überwinterten. Das Wintergetreide konnte früher als das im Frühjahr ausgesäte Sommergetreide geerntet werden. Deshalb teilte der Bauer jetzt sein Ackerland in drei Felder auf. Ein Feld bestellte er mit Wintergetreide, das zweite mit Sommergetreide, das dritte blieb brach liegen und wurde als Weide genutzt. Im folgenden Jahr wurde der Anbau gewechselt. So konnten bei der Dreifelderwirtschaft statt der Hälfte zwei Drittel der Ackerfläche bewirtschaftet werden. Im Laufe der Zeit wurden auch immer bessere Geräte entwickelt. Das alles führte zur Steigerung der Ernteerträge.

T3 Bauern verlieren ihre Freiheit

Wer Land besaß, musste Kriegsdienst leisten. Deshalb musste jeder freie Bauer in den Krieg ziehen, wenn sein König ihn rief. Die Kriege wurden im Sommer geführt – also wenn der Bauer auf seinem Feld arbeiten musste. Um nicht in den Krieg ziehen zu müssen, übergaben viele Bauern ihr Land einem Ritter oder einem Kloster. Einige Bauern hatten Schulden, andere besaßen nur noch einen kleinen Hof – auch für diese Bauern war es ein Ausweg, ihr Land einem Ritter oder Kloster zu übergeben.

Auf diesem Wege wurden die freien Bauern von einem Ritter oder Abt abhängig. Sie mussten nun ihrem Grundherrn Abgaben zahlen und Dienste leisten. Die neuen Herren verpflichteten sich, ihre Untertanen zu schützen.

M1 Bauer beim Pflügen, Ausschnitt aus einem Monatsbild, 1416.
Der Räderpflug, der den Hakenpflug ersetzte, wendete die abgetrennten Erdschollen gleichzeitig um.

1. Noch heute erinnern Ortsnamen, wie mit den Endungen -wald, -tann, -rode, -brand, an die Zeit der Rodungen. Suche solche Ortsnamen aus deiner Gegend. (T1)

2. Beschreibe die neuen Anbauweisen und Arbeitsgeräte in der Landwirtschaft. (T2, M1, M4 – M7)

3. Welche Folgen hatte die neue Technik auf die Ernteerträge und auf die Arbeit der Bäuerin und des Bauern?

M 2 Bäuerlicher Abgabenkalender. Aus der Heidelberger Bilderschrift des Sachsenspiegels. In dieser Rechtssammlung wurde genau festgelegt, welche Abgaben die Bauern im Laufe des Jahres an ihren Grundherrn leisten mussten. Am 1. Mai musste der Bauer Lämmer abliefern (siehe oberste Zeile).

M 3 Ein unbekannter Verfasser aus dem Kloster Muri berichtete im 12. Jh. über das Verhältnis eines Grundherrn zu seinen Bauern:

„ Im Dorf Wohlen wohnte einst ein mächtiger weltlicher Mann namens Guntran. Er hatte dort und auch anderswo große Besitzungen
5 und war gierig auf das Eigentum seiner Nachbarn. Einige Freie nun, die in dem Dorf wohnten, waren im Glauben, er sei ein gütiger und gnädiger Mensch. Daher übergaben sie
10 ihm Land gegen den üblichen rechtmäßigen Zins unter der Bedingung, dass sie unter seinem Schutz und Schirm immer sicher leben könnten. Jener freute sich darüber und
15 begann sie sofort arglistig zu unterdrücken: erst richtete er Forderungen an sie, dann machte er willkürlich von seiner Macht Gebrauch und befahl ihnen, ihm zu dienen,
20 als wenn sie seine Knechte wären. In seiner Landwirtschaft mussten sie mähen und Heu machen. Er bedrückte sie bei jeder Gelegenheit, die er fand. (…) Er untersagte den
25 Leuten seinen Wald zum Holzfällen zu betreten, wenn sie ihm nicht jährlich zwei Hühner gäben. (…) Da sie unfähig waren sich zu wehren, befolgten sie widerwillig seine Be-
30 fehle. "

< **Extra** >

Neue Arbeitsgeräte:
M 4 Neues Pferdegeschirr:
Statt Leinen, die den Pferden den Hals zuschnürten, legte man ihnen das Kummet um, einen „gepolsterten Kragen".
Die Kraft der Pferde konnte so besser genutzt werden.

M 5 Das Hufeisen:
Es schützt die Pferde vor Verletzungen.

M 6 Die Sense:
Mit der Sense brauchten die Bäuerin und der Bauer sich beim Gras- oder Getreideschneiden nicht mehr so tief zu bücken als zuvor mit den Sicheln.

M 7 Der Dreschflegel:
Das Getreide wird gedroschen, um die Getreidekörner aus der Ähre herauszulösen. Bisher taten das Tiere, die auf dem Getreide herumtrampelten.

---

*
4. Spielt folgende Szene:
Du bist Bauer Friedhelm/Bäuerin Gundula und willst die anderen Bauern und Bäuerinnen von den Vorteilen der Dreifelderwirtschaft überzeugen.
Was würdest du sagen?
(T 2, M 1, M 4 – M 7)

*
5. Nenne Gründe, warum freie Bauern sich in die Abhängigkeit begaben?
(T 3)

*
6. Welche Folgen hatte die Abhängigkeit vom Grundherrn für die Bauern des Dorfes Wohlen?
(M 2, M 3)

Von Gugel bis Beinling

Ähnlich wie heute war auch den Menschen im Mittelalter ihre Kleidung sehr wichtig.
Mit der Art und der Farbe der Stoffe, die die Leute trugen, konnten sie zeigen,
wer sie waren und wie sie sich fühlten.

T1 Weben, färben und nähen
In den Bauernfamilien trug man eher einfache Kleider, denn die Stoffe waren teuer, mussten von Hand gewebt und gefärbt werden. Meist wurden Leinenstoffe und Schafswolle verwendet, denn Schafe konnte fast jede Familie halten. Den Flachs, aus dem Leinen hergestellt wird, konnten die Bauern gut auf den Feldern anbauen. Die Stoffe färbten die Frauen dann mit Naturfarben ein, etwa mit dem Saft aus roten Beeren oder gekochter Rinde. Leider hielten die Farben beim Waschen nicht besonders gut, sodass viele Menschen graue Kleider hatten. Denn auch das Färben war nicht ganz billig.

T2 Gewänder für Sie und Ihn
Ähnlich wie die Römer trugen die Menschen im Mittelalter meist einteilige Gewänder. Die Frauen hatten in der Regel lange Überkleider, die bis zu den Füßen reichten, bei Männern konnten die Gewänder kürzer sein, dann zogen sie Beinkleider darunter, eine Vorform unserer Hosen. Vor allem die Männer trugen häufig einen Gürtel, an dem Schlüssel oder Werkzeuge befestigt wurden, denn die Gewänder hatten keine Taschen.

T3 Zeigt her eure Kleider . . .
Kleidung war im Vergleich zu heute viel teurer und kostbarer. Jeder hatte nur wenige Kleidungsstücke, die nicht so häufig gewechselt oder gewaschen wurden. Die Kleidung musste vor allem praktisch und relativ einfach herzustellen sein, denn die Familien fertigten sie sich meistens selbst an. Trotzdem versuchte jeder, der es sich irgendwie leisten konnte, sich durch besonders schöne Kleider nach außen darzustellen. So amten gerne ärmere Leute die Mode der reicheren nach. Dies wurde allerdings bald in vielen Städten von den Stadträten verboten.

M2 Ein Kämpfer mit Schwert und Schild (Zeichnung aus der Manesse-Handschrift aus dem 14. Jh.).

M3 Eine vornehme Frau (Zeichnung aus der Manesse-Handschrift aus dem 14. Jh.).

M1 Ein Bauer bei der Arbeit auf dem Feld (Englische Buchmalerei um 1340).

1. Aus welchen Stoffen fertigte man in der Regel die Kleidung? (T1)

2. Warum hatten die meisten Menschen keine Kleidung aus Fellen oder aus Stoffen wie Seide? (T1)

3. Lies M5 durch und betrachte die Bilder M1–M4. Erkennst du auf den Bildern einige der beschriebenen Kleidungsstücke wieder?

Bilder beschreiben

4. Überlege, wie viele Kleidungsstücke du hast und wo du sie her hast. Was ist daran anders als im Mittelalter? (T3)

T 4 Modenschau auf dem Mittelalter-Markt

Wie sich die Kleidung der Menschen vor tausend Jahren von unserer unterscheidet, kannst du sehen, wenn du einen mittelalterlichen Markt besuchst. Solche Märkte gibt es jedes Jahr in vielen Städten. Viele Leute an den Ständen versuchen, sich so zu kleiden wie die Marktbesucher zur damaligen Zeit. Dabei ist das gar nicht so einfach, denn es gibt nur wenige genaue Beschreibungen der Kleidungsstücke. Außerdem zeigen die meisten Zeichnungen aus der Zeit nur die Kleidung von reichen Leuten.

M 4 Nachahmung der Kleidung eines Mannes um das Jahr 1300.

M 5 Die „Gewandung": Typische mittelalterliche Kleidungsstücke

Beinlinge eine Vorform unserer heutigen Hosen, wurde nur von Männern getragen; es waren zwei einzelne Hosenbeine aus gefärbtem Stoff.

Bundhaube Mütze aus weißem Leinenstoff.

Cotte Unterhemd, meist aus Leinen, wurde sowohl von Männer als auch von Frauen getragen, reichte bei den Männern bis zum Knie oder zur Hüfte, bei den Frauen bis zum Knöchel.

Gugel Kopfbedeckung für Männer, schmale Kapuze mit breitem Kragen; häufig mehrfarbig.

Schapel Stirnhaube und Stirnreif aus Stoff oder Metall, der vor allem von Frauen getragen wurde; eine verheiratete Frau musste immer eine Kopfbedeckung tragen.

Surcott Langes und weites Obergewand, mit langen (Männer) oder halblangen (Frauen) Ärmeln, meist aus gefärbter Wolle; bei Frauen reichte es bis zum Knöchel, bei Männern oft nur bis zum Knie; meist wurde darauf ein Gürtel oder ein Band um die Hüfte getragen.

M 6 In vielen Städten gab es Kleiderordnungen. Diese wurde 1417 in Kiel erlassen:

> Keine Frau darf gekrauste Tücher tragen und mehr als zwei Mäntel haben, die mit Pelz gefüttert sind. Sie darf auch keinen Schmuck 5 mit teuren Steinen und Perlen an allen ihren Kleidern tragen, wenn ihr Mann nicht mindestens 400 Mark Steuern zahlt. Wenn eine Frau dessen überführt wird, so soll das 10 der Stadt mit 10 Mark wieder gutgemacht werden. (…) Wenn der Mann zwar Steuern zahlt, aber nicht für 100 Mark, so darf seine Frau keinen Schmuck tragen. Besonders darf 15 keine Bürgersfrau Pelz unter ihren Kleidern tragen. Besonders wird empfohlen, dass keine Dienstmagd Spangen, rotes Tuch und vergoldeten Schmuck trägt, die mehr als 8 Schil-20 linge (½ Mark) wert sind. Wer dagegen verstößt, soll den Schmuck sofort abgegeben und sein Dienstherr oder seine Dienstherrin sollen drei Mark Silber Strafe zahlen oder die 25 Dienstmagd davon jagen.

Tipp

Interview
Besucht einen Mittelaltermarkt und befragt Handwerker und Besucher mit mittelalterlichen Gewändern, was sie über ihre Kleidung wissen und warum sie sich diese Kleidungsstücke ausgewählt haben.

5. Lies die Kleiderordnung M 6 genau durch. Welche Verbote gab es für die Frauen in der Stadt? Kannst du dir vorstellen, warum man manchen Frauen bestimmte Kleider oder Schmuck verbot?

6. Warum ist es schwierig, sich genau über die Kleidung im Mittelalter zu informieren? (T 4) Welche Quellen kann man aber nutzen?

7. Sucht weitere Abbildungen von mittelalterlichen Gewändern (z. E. in Sachbüchern oder im Internet) und macht eine kleine Fotoausstellung. Versucht alle Kleidungsstücke zu benennen.

Leben in der Grundherrschaft

Fronen heißt ins heutige Deutsch übersetzt „Herrschaftsdienst".
Die abhängigen Bauern „fronten" ihrem Grundherrn.

T 1 Der Aufbau der Grundherrschaft
Wir bezeichnen den Herrschaftsbereich des Grundherrn mit allen seinen Untertanen als Grundherrschaft. Zu einer Grundherrschaft gehörten oft mehrere Dörfer. Für den Grundherrn war es schwierig, alle Arbeiten auf seinen Höfen und Feldern zu beaufsichtigen und zu kontrollieren. Die Menschen, die das in seinem Auftrag taten, hießen „Meier" oder „Vögte". Sie bewirtschafteten einen Meierhof oder Fronhof. Zum Fronhof gehörten die Wohngebäude des Meiers und diejenigen des Grundherrn, wenn dieser auch auf dem Fronhof lebte. Außerdem gab es dort Stallungen, Scheunen, Wirtschaftsgebäude, Werkstätten und die Unterkünfte für Knechte und Mägde.

T 2 Leibeigene des Grundherrn
In der Grundherrschaft lebten die Knechte und Mägde gewöhnlich auf dem Herren- oder Fronhof. Sie „gehörten dem Grundherrn durch ihre Person". Wir bezeichnen sie deshalb auch als Leibeigene. Die Knechte und Mägde mussten auf dem Hof, im Haushalt oder auf den Feldern des Grundherren arbeiten und besaßen keine Rechte. Ohne Einverständnis ihres Herrn durften sie nicht vom Hof wegziehen. Sogar für die Heirat benötigten sie die Erlaubnis des Grundherrn. Da sie keine Einnahmen hatten, leisteten sie auch keine bzw. wenige Abgaben. Es war aber auch möglich, dass ein Leibeigener eine Hofstelle des Grundherrn verwaltete oder als Pächter auf dieser eingesetzt wurde.

T 3 Hörige Bauern
Die meisten Bauern waren Hörige. Sie waren an ihren Hof gebunden, den sie zur Bewirtschaftung vom Grundherrn erhalten hatten. Der Grundherr durfte das Grundstück dem Hörigen nicht einfach entziehen. Der Hörige vererbte es an seinen Sohn, der damit auch wieder hörig wurde. Da die Frondienste sich ständig erhöhten, hatten die Bauern immer weniger Zeit ihre eigenen Felder zu bewirtschaften.

T 4 Grundherr als Gerichtsherr
Hatten die abhängigen Bauern Streit oder wurden sie eines Verbrechens angeklagt, so mussten sie vor dem Hofgericht erscheinen. Dort entschied der Grundherr oder ein von ihm eingesetzter Richter. Mächtige Grundherren besaßen auch die Blutgerichtsbarkeit: Sie konnten körperliche Züchtigungen und sogar die Todesstrafe verhängen.

Bauernhöfe

Herrensitz

Fron- oder Meierhof

Bauernhöfe

M 1 Aufbau einer Grundherrschaft

1. Wo wohnten und lebten der Grundherr, der Meier, die Mägde, Knechte und die hörigen Bauern innerhalb einer Grundherrschaft? Erstelle eine kleine Tabelle. (T 1 – T 3, M 1, M 3)

2. Wodurch unterschieden sich die leibeigenen von den hörigen Bauern? (T 2 – T 4, M 2)

3. Lies die einzelnen Textabschnitte aufmerksam durch. Lege eine Folie darüber und markiere die wichtigsten Stellen. Diskutiert in der Klasse, warum die ausgewählten Stellen wichtig sind. (T 1 – T 4)

M 2 Aus dem Inventar des Fronhofes Staffelsee, das im 9. Jh. für den Grundherren, den Bischof von Augsburg, aufgeschrieben wurde. In seiner Grundherrschaft gab es acht weitere Fronhöfe.

" Zu den Fronhöfen gehören 740 Tagwerk [1 Tagwerk = ca. 3 400 m²] Ackerland und Wiesen mit einem Ertrag von
5 610 Wagenladungen Heu, (…) eine Tuchmacherei, in der 24 Frauen arbeiten. Es gibt auch eine Mühle, die jährlich zwölf Scheffel (Mehl) abgibt [ein Scheffel: etwa 8,7 l]. Zu diesem
10 Hof gehören 23 besetzte freie Hufen; Sechs von ihnen geben jährlich jeweils 14 Scheffel Getreide, vier Ferkel, Leinen in bestimmtem Gewicht, zwei Hühner, zehn Eier (…).
15 (Ihre Inhaber) leisten fünf Wochen Frondienst jährlich, pflügen drei Tagwerk, mähen eine Wagenladung Heu auf der Herrenwiese und führen sie (in die Scheune) ein. (…)
20 Es gibt dort 19 besetzte unfreie Hufen. (Jeder ihrer Inhaber) gibt jährlich ein Ferkel, fünf Hühner, zehn Eier, zieht vier Schweine des Grundherren auf, pflügt ein halbes
25 Tagwerk; er leistet drei Tage Frondienst in der Woche, macht Transportdienst und stellt ein Pferd. Seine Ehefrau gibt ein Hemd und ein Wolltuch, braut Malz und bäckt
30 Brot. (…) Insgesamt hat das Bistum Augsburg 1 006 (mit Bauern) besetzte und 35 nicht bebaute freie Hufen, 421 besetzte und 45 nicht bebaute unfreie Hufen. "

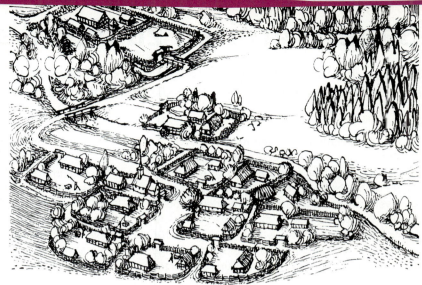

M 3 Mittelalterliches Dorf mit Herrenhof und Bauersiedlung (Rekonstruktionszeichnung).

< Extra >

M 4 Als Kaiser Konrad II. 1035 das Kloster Limburg gründete und ihm Güter schenkte, legte er fest:

" Es schien uns gut anzuzeigen, was der Abt, wenn nötig, fordern darf und was die Gemeinschaft der Grundholden [Bauern, die außerhalb
5 des Fronhofes auf eigenen Bauernhöfen leben] zahlen muss. Jeder Mann muss jährlich zwölf, jede Frau sechs Pfennig* zahlen oder einen Tag in der Woche am Hof des Abtes dienen.
10 Der Abt hat auch das Recht, jeden der unverheirateten Söhne zu jedem Dienst einzuteilen; den einen kann er in der Bäckerei, den anderen zum Wäschewaschen, den dritten zum
15 Bewachen der Pferdeherden einsetzen. Die Verheirateten aber sollen, je nach dem Willen des Abtes, Kellermeister, Getreideverwalter, Zöllner oder Förster sein. (…) Nach dem Tod
20 des Mannes soll sein bestes Stück Vieh zum Abtshof gehören, wenn die Frau stirbt, ihr bestes Kleid. Tötet ein Grundholde einen andern Grundholden, muss er 7 ½ Pfund
25 (Silber) und noch einen halben Pfennig zahlen. Wenn eine Frau außerhalb der Grundherrschaft heiratet, muss sie trotzdem 6 Pfennige zahlen. Diese Pflichten haben die Leute
30 aus Dürkheim, Eichen, Sindlingen und Fauerbach; ebenso die aus Schifferstadt (…). "

*Der Pfennig war die einzige Geldmünze des früheren Mittelalters. Sie bestand aus Silber und wog zur Zeit Karls des Großen etwa 1,6 g. Ein Huhn war im 12. Jahrhundert etwa ½ Pfennig wert, ein gewöhnliches Arbeitspferd konnte 240 Pfennig bis 480 Pfennig kosten.

*
4. Welche Ländereien und Gebäude gehören zum Fronhof Staffelsee? Welche Abgaben und Dienste müssen die abhängigen Bauern dem Kloster erbringen? (M 2)

*
5. Die Grundherrschaft wird von Historikern oft als „Herrschaft über Land und Leute" bezeichnet. Begründe warum.

*
6. In M 4 werden die Rechte des Grundherrn und die Pflichten der hörigen Bauern genau beschrieben. Liste sie im Einzelnen auf:
a) Rechte des Grundherrn,
b) Pflichten der hörigen Bauern.

Bauern greifen zu den Waffen

Die Menschen vor 500 Jahren wussten, Ungehorsam gegen die Obrigkeit ist eine schwere Sünde. Warum griffen 1524/25 die Bauern dennoch zu den Waffen?

T1 Die Ungerechtigkeiten nehmen zu

Am Ende des 15. Jahrhunderts nahm die Not der abhängigen Bauern zu. Das lag daran, dass die Grundherren immer mehr Abgaben und Frondienste verlangten. Auch versuchten sie, die seit Jahrhunderten bestehenden Rechte der Bauern einzuschränken. Viele Grundherren verlangten zusätzliche Abgaben für die Nutzung der Allmende, obwohl sie Gemeindeeigentum war. Auch die Landesherren – die Fürsten, Herzöge und Bischöfe – forderten von den Bauern immer neue Steuern für ihre kostspielige Hofhaltung und für den Ausbau der Verwaltung.

T2 Für mehr Gerechtigkeit

Die Bauern waren nicht damit einverstanden, dass ihre Herren immer mehr Abgaben und Frondienste verlangten. Um das deutlich zu zeigen, schlossen sie sich in verschiedenen Gegenden in Bündnissen zusammen. Ihre Beschwerden und Forderungen schrieben Handwerker oder Prediger, die Schreiben gelernt hatten, auf. Im Mittelpunkt stand die Forderung nach mehr Gerechtigkeit. Die Bauern beriefen sich dabei auf die Bibel: Vor Gott waren alle Menschen gleich. Ungerechtigkeit und Unterdrückung widersprachen dem göttlichen Gebot.

T3 Die Bauern erheben sich

Da die Obrigkeit auf die Forderungen der Bauern nicht einging, erhoben sich im Sommer 1524 die Bauern im südlichen Schwarzwald. Sie verweigerten ihren Herren den Gehorsam und schlossen sich zu militärischen Einheiten, den „Haufen" zusammen. Bewaffnet mit Sensen, Dreschflegeln, Heu- und Mistgabeln stürmten die aufrührerischen Bauern Burgen, Schlösser und Klöster und zerstörten sie. Im Frühjahr 1525 erfasste der Aufstand ganz Schwaben, das Elsass, auch Thüringen und Tirol. In einigen Gegenden schlossen sich auch Handwerker, Ackerbürger und Lohnarbeiter den Bauern an. Wo die Aufständischen siegten und ihre Herren ablösten, begannen sie ihre Angelegenheiten selbst zu regeln: Sie suchten kriegserfahrene Männer, die ihnen beim Kampf helfen sollten. Sie schrieben Briefe an die Bürger der Städte, an Geistliche und Adlige mit der Bitte sich ihnen anzuschließen. Sie wählten Räte, die ihre Interessen in den Verhandlungen vertraten.

M1 „Der Bundschuh" 1513, Bewegung aufständischer Bauern. Sie schwören auf die Fahne mit dem Christusbild.

1. Nenne Gründe dafür, dass Anfang des 15. Jahrhunderts die Not der Bauern zunahm. (T1–T3)

2. Erarbeitet in Gruppen die Forderungen der Bauern in den „Zwölf Artikeln" (M3): Geht in folgenden Schritten vor:

a) Worüber beschweren sich die Verfasser?

b) Was fordern sie?

M 2 Bauern umringen einen Ritter (Holzschnitt von Petrarca, 1532). Manchmal nahmen die Aufständischen einen Ritter oder Abt gefangen. So eine Situation hat ein damals lebender Künstler im Bild festgehalten. Stellt euch vor, ihr wäret bei der Verhaftung des Ritters dabei gewesen. Ihr seid neugierig und habt viele Fragen an die Bauern. Schreibt eure Fragen auf. Anschließend besprecht ihr in der Klasse, über welche historischen Sachverhalte ihr mehr erfahren möchtet, um die Fragen gut beantworten zu können.

M 3 Aus den Zwölf Artikeln der Schwäbischen Bauern. Verfasst vom Kürschnergesellen und Laienprediger Sebastian Lotzer und dem Stadtpfarrer von Memmingen, Christian Schappeler, gedruckt Februar / März 1525.

,, 1. Es ist unsere demütige Bitte und unser Begehr, dass jede Gemeinde den Pfarrer selbst wählen soll und diesen auch wieder absetzen kann. (…)
2. Wir geben gern den rechten Korn-Zehnten, wie es
5 die Bibel gebietet. Der Viehzehnt soll wegfallen, denn Gott der Herr hat das Vieh dem Menschen abgabenfrei erschaffen.
3. Bisher hat man behauptet, wir seien Eigenleute. Nun hat uns aber Christus alle mit seinem kostbaren vergos-
10 senen Blut erlöst – den Hirten ebenso wie den Höchsten, keinen ausgenommen. Nicht, dass wir völlig frei sein und keine Obrigkeit haben wollen. Das lehrt uns Gott nicht. Wir wollen der Obrigkeit gehorsam sein, wie es die Heilige Schrift lehrt. Wir bezweifeln auch
15 nicht, ihr werdet als wahre Christen uns aus der Leibeigenschaft gern entlassen. (…)
5. Alle Wälder, die geistliche und weltliche Herren nicht durch Kauf erworben haben, sollen wieder an die Gemeinde fallen. Daraus soll jeder seinen Bedarf an
20 Brennholz und Bauholz mit Wissen derer, die von der Gemeinde gewählt werden, umsonst haben. (…)
6. Unsere Dienstleistungen werden von Tag zu Tag vermehrt. Wir erkennen aber nur die an, die unsere Eltern geleistet haben. (…)
25 8. Die Abgaben der Bauern sollen nach der Ertragslage des Hofes festgesetzt werden. ,,

3. Nicht alle Pflichten wollten die Bauern abschaffen. Was erkennen sie an? (M 3)

* **4.** Warum berufen sich die Bauern in ihren Beschwerden und Forderungen auf die Heilige Schrift und in welchen Artikeln wird das sichtbar? Sage in diesem Zusammenhang deine Meinung zum Bild M 1.

* **5.** Welchen Weg wollen die Bauern zur Durchsetzung ihrer Forderungen gehen? Wollen sie sich friedlich mit der Obrigkeit verständigen oder wollen sie Krieg? Begründe deine Meinung. (T 1–T 3)

War der Kampf der Bauern gerecht?

Auch der Reformator Martin Luther (1483–1546) äußerte sich dazu ...

T1 An die Fürsten und an die Bauern

In seinen Schriften äußerte sich Martin Luther zum Verhalten der Obrigkeit und zum Kampf der Bauern. Er äußerte sich aber auch darüber, ob die Heilige Schrift den Bauern das Recht gibt, sich gegen ihre Herren zu erheben.

M1 An die Fürsten schrieb Martin Luther im April 1525:

" Eigentlich verdanken wir den Aufruhr euch, ihr Fürsten. Als weltliche Herren tut ihr nichts anderes, als zu schinden und zu schatzen [Steuern zu erheben] und in Pracht und Hochmut zu leben, bis der arme
5 Mann es nicht länger ertragen kann und mag. (…) Was würde es helfen, wenn der Acker eines Bauern ebenso viele Halme und Körner trüge? Die Obrigkeit würde nur umso mehr davon nehmen. Sie würde ihre Pracht vergrößern und das Gut der Bauern verschleudern mit
10 Kleidern, Fressen, Saufen, Bauen und dergleichen, (…). Ich kann euch nur raten, meine Herren, einigt euch mit den Bauern im Guten, damit nicht ein Funke ganz Deutschland entzündet. **"**

M3 An die aufständischen Bauern schrieb Martin Luther im Mai 1525:

" Dreierlei gräulich Sünden laden diese Bauern auf sich: Erstens haben sie ihrer Obrigkeit Treue geschworen, untertänig und gehorsam zu sein. Nun brechen sie diesen Gehorsam mutwillig und frevelhaft und wider-
5 setzen sich ihren Herren. Zweitens stiften sie Aufruhr. Sie berauben und plündern Klöster und Schlösser. Dadurch machen sie sich zu Straßenräubern und Mördern. Sie verspielen damit ihr Leben an Leib und Seele, (…). Darum soll die Aufrührer niederwerfen, würgen und
10 stechen, wer es immer vermag, denn es gibt nichts Teuflischeres als einen aufrührerischen Menschen. Drittens decken die Bauern solch schreckliche Sünde noch mit dem Evangelium. Sie nennen sich christliche Brüder und sind doch eigentlich die größten Gotteslästerer und
15 Schänder seines heiligen Namens. **"**

M2 Gefangene Bauern werden abgeführt
(Holzschnitt vom Petrarca-Meister)

1. Welche Ratschläge gibt Luther den Fürsten? Wie begründet er seine Ratschläge? (T1, M1)

2. Welche Meinung hat Luther zu den Forderungen der Bauern und ihrem Kampf?
Wie begründet er seine Ansichten? (M3)

3. Nenne Gründe für die Niederlage der Bauern. (T2, T3)

T 2 Überlegenheit der Fürstenheere

Die anfänglichen Erfolge der Bauern jagten den Grundherren, Herzögen und Fürsten einen mächtigen Schrecken ein. Im Sommer 1525 stellten die Fürsten überall
große Heere auf, die von erfahrenen Heerführern befeh-
ligt wurden. Doch die Bedingungen für den Kampf der
Fürsten- und Bauernheere waren ungleich. Die Soldaten
der Fürsten erhielten Sold (Geld). Sie waren militärisch
ausgebildet und besser bewaffnet als die aufrührerischen Bauern mit ihren primitiven Waffen.

T 3 Die Niederlage der Bauern

Die vereinzelt kämpfenden Bauernhaufen schafften es
nicht, sich zu einem großen gemeinsamen Heer zu ver-
einigen. So gelang es den Fürsten, einen Bauernhaufen
nach dem anderen zu besiegen. Gnade kannten die
Sieger nicht. Allein in der Schlacht von Zabern im Elsass
verloren über 70 000 Bauern ihr Leben.

M 5 Bauern werden verurteilt, gefoltert und hingerichtet
(Zeitgenössischer Holzschnitt)

M 4 Erzherzog Ferdinand befiehlt seinen Kommissaren (Helfern):

> Die Kommissare sollen mit 300 Reitern nach den
aufrührerischen, ungehorsamen Bauern und Untertan-
nen (…) fahnden, sie fangen und unter der Folter befragen, wer ihre Hauptleute, Anführer und Rädelsführer
5 sind. Danach sollen sie diese (…) erstechen, erwürgen
oder auf andere Weise ernstlich strafen (…) Besonders
sollen sie die Rädelsführer mit allem Fleiß ausspähen,
wo sie sich am meisten aufhalten, (…) unversehens und
ungewarnt zu nächtlicher Stunde in ihren Häusern,
10 Herbergen und Wohnungen überfallen und sie auf die
genannte Weise, wie es am bequemsten ist, verderben.
Diejenigen, die nicht ergriffen werden können, sondern in die Wälder oder an andere Orte flüchten, denen
sollen ihre Häuser und Güter (…) verödet, verdorben,
15 verbrannt werden. Den flüchtigen obersten Rädelsfüh-
rern aber sollen nicht nur ihre Häuser und Güter ver-
heert werden, sondern auch ihre Frauen und Kinder
verjagt und aus dem Lande gewiesen werden. "

T 4 Umsonst war der Kampf dennoch nicht

Nach der Niederlage der Bauernhaufen folgte ein
schlimmes Strafgericht für die Bauern. Tausende
Bauern wurden hingerichtet, gefoltert und verstüm-
melt. Auch ließen sich die Herren den angerichteten
Schaden gut bezahlen.
Umsonst war der Kampf der Bauern trotzdem nicht.
In den folgenden Jahrhunderten mussten die Grundherren die Abgaben und Frondienste teilweise
begrenzen. Trotz der Niederlage hatte der Kampf der
Bauern ihr Selbstbewusstsein gestärkt. Sie wider-
setzten sich ihren Herren, wenn diese die Abgaben
und Frondienste erhöhen wollten. Auch deshalb, weil
sich die Bauern nicht mehr alles gefallen ließen. Bis ins
18. Jahrhundert hinein kam es in Deutschland immer
wieder zu Bauernunruhen.

---

*
4. Welche Meinung habt ihr zu den
Ansichten Luthers. Sprecht darüber
in der Klasse.

*
5. Wie gingen die siegreichen
Fürsten mit den Bauern um?
Beurteile das Vorgehen der Fürsten.
(M 1, M 4, M 5)

*
6. Schreibt aus den Texten, den
bildlichen und schriftlichen Quellen
einen kurzen Text, der das Ende der
Bauernkriege beschreibt.

Klosterleben

„Bete und arbeite", nach dieser Regel lebten Frauen und Männer, gestern wie heute.

T1 Im Kloster
In Deutschland und auf der ganzen Welt gibt es heute noch Frauen und Männer, die als Nonnen und Mönche in Klöstern leben, beten und arbeiten. Die Klöster werden von einem Abt oder einer Äbtissin geleitet. Das Leben im Kloster verläuft damals wie heute nach festen Regeln. Der Tagesablauf ist streng gegliedert.

T2 Bete und arbeite
So lautete das Motto der Benediktiner. Diese Mönche richteten ihr Leben nach den Regeln des Benedikt von Nursia. Er hatte im Jahre 529 in Süditalien ein Kloster gegründet und dort die Ordnung für das Klosterleben festgelegt. Die Benediktiner wollten und wollen auch heute noch Gott mit Gebet und Arbeit dienen.

T3 Bibliotheken und Schreibstuben
In den Bibliotheken findet man heute noch eine große Anzahl wertvoller Bücher, die von Nonnen und Mönchen angefertigt wurden. In ungeheizten Schreibstuben, bei schlechtem Licht, auf einfachen Holzstühlen schrieben sie nicht nur die Bibel ab, sondern auch Arbeiten alter Schriftsteller. Einmal, als ein Mönch genug von seiner Arbeit hatte, schrieb er ganz klein zwischen die Zeilen eines Buches: „Lieber Gott, erlöse mich von dieser Schreiberei!".

T4 Leben in Armut?
Durch ihre Arbeit und durch Geschenke von Fürsten und Adeligen wurden viele Klöster reich. Manche Nonnen und Mönche hielten sich einfach nicht mehr an die Regeln von Benedikt. Sie fasteten nicht mehr und lebten wie vornehme Damen und Herren. Da das einigen Mönchen und Nonnen nicht gefiel, zogen sie aus ihren Klöstern aus und gründeten neue.

M1 Benediktinerinnen heute

M2 Schreibender Mönch

M3 Arbeitende Mönche

1. Liste in einer Tabelle auf, was alles zu den drei Bereichen der Klosteranlage gehört. (M4)

2. Zeichne den Plan ab und trage die einzelnen Bereiche (Klosteranlage, Wirtschaftsgebäude, Bereiche der Nächstenliebe) farbig ein. (M4)

3. Vergrößert den Klosterplan und baut die Klosteranlage nach. Ihr könnt dabei Streichholzschachteln benutzen. (M4)

4. Fertige eine Liste an und trage die Tätigkeiten der Nonnen und Mönche ein. (T3, M1–M3)

M 4 Die Klosteranlage von Maulbronn in Baden-Württemberg wurde im 12. Jh. gegründet.
Das Foto (links) zeigt, wie die Kloster-anlage heute aussieht.
Auf dem Klosterplan (rechts) könnt ihr erkennen, dass das Kloster wie eine kleine Stadt aufgebaut ist. Wie die Mön-che in diesem Kloster lebten und ar-beiteten, kann aus diesem Plan her-ausgearbeitet werden: Die eigentliche Klosteranlage befindet sich im Zentrum mit Kirche, Kreuzgang, Schlaf- und Speisesaal der Mönche. Im südlichen Teil befinden sich die Wirtschaftsgebäude mit Herberge, Weinkellerei, Verwaltung, Schmiede, Pferdestall, Mühle, Bäcke-rei, Scheunen und Ställen. Im nördlichen Teil sind die Bereiche der Nächstenliebe: Schule, Pflege- und Krankenhaus und Friedhof.

**M 5 Schulalltag in einem Benediktinerkloster um 1000.
Der Abt Aelfric unterhält sich mit seinen Schülern:**

99 1. Schüler: Wir Jungen bitten dich, Lehrer, dass du uns lehrst, richtig Latein zu sprechen.
Lehrer: Worüber sollen wir sprechen?
5 2. Schüler: Was kümmert es uns, worüber wir sprechen, wenn die Rede nur nützlich und richtig ist.
Lehrer: Was hast du Schüler zu tun?
3. Schüler: Ich habe das Gelübde
10 des Mönchs abgelegt und singe je-den Tag die sieben Stundengebete zusammen mit den Brüdern und beschäftige mich mit Singen und Lesen. Zwischendurch aber möchte
15 ich lernen die lateinische Sprache zu sprechen.
Lehrer: Was isst du den Tag über?

4. Schüler: Ich esse noch Fleisch, weil ich zur Schule gehe.
20 Lehrer: Was isst du außerdem?
5. Schüler: Kohl und Eier, Fisch und Käse, Butter und Bohnen.
Lehrer: Was trinkst du?
6. Schüler: Bier, wenn ich es habe,
25 oder Wasser.
Lehrer: Wo schläfst du?
7. Schüler: Im Schlafsaal mit den Brüdern.
Lehrer: Wer weckt dich zum Gebet
30 um 2 Uhr nachts?
8. Schüler: Manchmal höre ich das Zeichen und stehe auf; manchmal weckt mich mein Lehrer unsanft mit dem Stock. **66**

---

5. Lest M 5 über den Schulalltag mit verteilten Rollen. Erzählt dann mit eigenen Worten, wie und was die Schüler lernen sollten.

6. Erkläre mit eigenen Worten das Motto der Benediktiner „bete und arbeite". (T 2)

7. Finde heraus, ob in deiner Nähe ein Kloster liegt.
Besuche das Kloster oder schreibe es an und bitte um Informationen. Vielleicht hat es auch eine eigene Homepage.

Religiöse und soziale Einrichtungen

Zu allen Zeiten gab es Menschen, die sich um Bedürftige kümmern.

T1 Nächstenliebe in der Vergangenheit

Die Benediktiner und andere christliche Gemeinschaften halfen den Menschen, die in Not waren. Wer krank war, wurde auf die Krankenstation gebracht und gepflegt. Aber nicht nur Arme, Kranke, Alte und Schwache bekamen Hilfe. Man kümmerte sich auch um Witwen, Behinderte, Waisen und Findelkinder. Die Menschen missachteten diese ausgestoßenen Kinder. Da es im Mittelalter noch keine besondere Einrichtung für diese Kinder gab, nahmen die Klöster sie auf. Sie wurden dort erzogen und konnten so lange bleiben, bis sie sich selbst ernähren konnten.

T2 Caritas und Diakonie heute

Auch zu unserer Zeit gibt es kirchliche Einrichtungen, die sich um die „Vergessenen" der Gesellschaft kümmern. Die evangelische und die katholische Kirche versuchen Fragen zu lösen, die damals und heute die Menschen beschäftigen. Wie geht die heutige Gesellschaft mit Schwachen und Hilfsbedürftigen um? Wo und wie muss für soziale Gerechtigkeit gesorgt werden? Die beiden großen Hilfswerke Caritas und Diakonie versuchen christliche Antworten zu geben.

M1 Die Diakonissen aus Kaiserswerth bei Düsseldorf kümmern sich liebevoll um die kranken Kinder.

M2 Die Beginen waren unverheiratete, fromme Frauen, die keinem kirchlichen Orden angehörten. Sie pflegten Kranke und bestatteten Tote. Ihre sozialen Taten wurden von der Kirche lange Zeit nicht anerkannt.

1. Lies dir die M3 genau durch und erkläre, warum viele Menschen sich heute ein Leben als Diakonisse nur schwer vorstellen können.

2. Erkundige dich in der Gemeinde oder im Internet, von wem bei uns Alte, Kranke und Not leidende Hilfen erhalten können.

3. Rufe im Internet die Seite www.caritas.de auf und suche den Unterpunkt „Unsere Arbeit". Fertige dann eine Liste mit den Bereichen der Arbeiten an.

M 3 Tagesordnung der Diakonissen

" 6 Uhr im Winter, 5 Uhr im Sommer: Aufstehen. Gebet, Betten machen, Schlafstube aufräumen. Beginn des Dienstes auf der Kran-
5 kenstation.
7 Uhr: Gebet, Frühstück der Diakonissen, Hausgottesdienst. Anschließend bis 11 Uhr Arbeit auf den Stationen: Betten machen, Waschen der
10 Kranken, Ausleeren der Nachttöpfe, Begleitung des Arztes bei den Krankenbesuchen, Berichten über den Zustand der Kranken, Anweisungen des Arztes aufschreiben.
15 11 Uhr: Mittagessen der Kranken.
12 Uhr: Mittagessen der Diakonissen, Bibelworte, Lied, Gebet.
13 – 14 Uhr: Abwechselnd können die Diakonissen im Garten spazie-
20 ren gehen.
14 – 18 Uhr: Dienst auf der Station.
18 Uhr: Abendessen der Kranken.
19 Uhr: Abendessen der Diakonissen, danach gemeinschaftliches Nä-
25 hen, Stricken, Häkeln, wenn kein Unterricht vom Arzt erteilt wird.
Um 21 Uhr werden noch einmal die Kranken besucht, danach ist die Hausandacht; um 22 Uhr schlafen
30 die Diakonissen. Sind die Krankheiten der Patienten sehr schlimm, so wacht eine Schwester von 22 bis 4 Uhr und darf dann bis gegen Mittag schlafen. "

M 4 Logo der Caritas

Diakonie

M 5 Logo der Diakonie

Lexikon

Caritas
Das Wort kommt aus dem Lateinischen und bedeutet „edle Liebe". In der katholischen Kirche gibt es eine Einrichtung (Caritas), die sich insbesondere um Menschen in Not kümmert.

Diakonie
Das Wort Diakonie ist abgeleitet von dem Begriff Diakon. Das Wort kommt aus dem Griechischen und heißt übersetzt Diener. In der evangelischen Kirche bezeichnet die Diakonie jede Form der Hilfe und Sorge für Arme und Bedürftige.

M 6 Rat und Hilfe in Not am Beispiel der katholischen Kirche in Mülheim an der Ruhr (Auszug)

Einrichtung	Telefonnummer
Alleinerziehende (Kath. Familienbildungsstätte)	30 83-141
Allgemeiner Sozialer Dienst (Caritas)	3 08 53-0
Aussiedlerberatung (Caritas)	40 40 34
Baby-Fenster, das Essener („Haus Nazareth", Beethovenstraße 15, Essen)	08 00/0 10 22 10
Begleitung von Schwerstkranken und Sterbenden (Hospizverein e. V.)	3 05 20 63
Ehe-, Familien- und Lebensberatung (Gemeindeverband)	3 00 08-80
Erziehungsberatung (Caritas)	3 00 08-90
Flüchtlingsberatung (Caritas)	44 83 48
Psychisch Behinderte, Tagesstätte (Caritas)	3 00 08-32
Schwangerenberatung (Caritas)	3 08 53-40/41
Suchtberatung (Caritas)	3 00 08-42/43/44
Telefonseelsorge (gebührenfrei)	08 00/111 0 111

4. Rufe im Internet die Seite www.diakonie.de auf und suche den Unterpunkt „Rat & Tat". Fertige dann eine Liste mit den Bereichen der Arbeiten an.

5. Vergleiche die beiden Listen. Was stellst du fest?

6. Informiere dich, wie sich andere Kulturen um arme und bedürftige Menschen kümmern.

Die Frommen kommen in den Himmel

Religiöse Vorstellungen bestimmten im Mittelalter das Denken und Handeln der Menschen. Fromm sein war der Schlüssel für den Himmel.

M1 Kirchenprozession in einem mittelalterlichen Dorf
(Luzerner Bilderchronik, Schweiz, 1513)

M2 Wallfahrt zur Kapelle zur „Schönen Madonna" in Regensburg 1519.
Holzschnitt von Michael Osterdorfer. Die Kirche war an der Stelle erbaut worden, wo vorher zwei jüdische Synagogen gestanden hatten. Diese waren nach schweren Ausschreitungen gegen die Juden 1519 zerstört worden.

T1 Frömmigkeit zur Rettung der Seele

Anders als heute spielte im Mittelalter der Gedanke an den Tod im Leben der Menschen eine weit größere Rolle. Die Lebenserwartung war damals bedeutend geringer als heute, denn die Menschen waren den Seuchen und Krankheiten, Naturkatastrophen und vielen Kriegen meist schutzlos ausgeliefert. Als Christen – und das waren damals fast alle – machten sie sich oft Gedanken darüber, was sie bereits zu Lebzeiten tun konnten, um nach dem Tode in den Himmel und nicht in die Hölle zu kommen.

Zuallererst war es wichtig, die christlichen Gebote einzuhalten und in der Beichte von einem Geistlichen die Sünden erlassen zu bekommen. Aber vielen Menschen genügte das nicht. Sie wollten durch einen frommen Lebenswandel ihre Seele retten.

T2 Fromme Taten

Es gab viele Möglichkeiten, mit frommen Taten etwas für das Seelenheil zu tun. Manche Menschen nahmen die Unterstützung der Armen und Hilfsbedürftigen besonders ernst. Sie verzichteten auf ihren Besitz

1. Welche Bedeutung hatte die Religion im Mittelalter für die Menschen? Beschreibe sie anhand der Materialien. (T1–T3, M1–M3)

2. Erkläre, warum ein „frommes Leben" für viele Menschen damals weit wichtiger war als heute.

3. Welche Möglichkeiten gab es, mit „frommen Taten" für sein Seelenheil zu sorgen? (T2, T3, M1–M3)

und traten ins Kloster ein, um die Armen und Hilfsbedürftigen besser zu unterstützen. Wer genügend Geld
oder Besitz hatte, spendete für den Lebensunterhalt
der Armen und Kranken in den städtischen Spitälern.
Andere kauften Reliquien, also Gegenstände aus dem
Leben heiliger Männer und Frauen. Geschäftstüchtige
Betrüger nutzten das nicht selten aus, denn oftmals
konnte man nicht nachweisen, ob die Gegenstände tatsächlich den Heiligen gehört hatten oder von ihnen
benutzt worden waren.

T3 Pilgerreisen

Wer besonders fromm sein wollte, machte eine Pil-
gerreise zu Orten, an denen Jesus und andere Heilige
gewirkt hatten. Menschen aus allen Bevölkerungsgruppen gingen auf eine lange und nicht ungefährliche
Reise zu einem Wallfahrtsort. Berühmt ist die Wallfahrt
nach Santiago de Compostella in Spanien. Hier wurde
der heilige Jakobus verehrt. Aber auch in Deutschland
gab es zahlreiche Wallfahrtskirchen.
Pilgern wurden die Sünden erlassen.

M3 Der Kleriker Bernhard von Angers setzt sich mit der Vereh-
rung von Heiligenstatuen auseinander, 1013 oder 1014:

" Es ist alte Sitte und Gewohnheit aus Vorzeiten,
dass (…) jeder aus Gold oder Silber oder beliebigem
Metall seinem Heiligen nach Vermögen eine Statue errichtet, in der das Haupt oder sonst ein bedeutender
5 Körperteil des Heiligen gar ehrfürchtig geborgen wird.
Wenn das auch den Weisen nicht als abergläubisches
Unrecht erscheinen mag, (…) so schien es mir Töricht-
tem nichtsdestoweniger in allzu hohem Maße eine ver-
kehrte und dem christlichen Gesetz entgegengesetzte
10 Sache, als ich zum ersten Male auf dem Altar die Statue
des heiligen Geraldus erblickte, durch reinstes Gold
und kostbarste Steine ausgezeichnet und so betont auf
die Ähnlichkeit mit der Menschengestalt hin gebildet,
dass den meisten Landleuten scheint, sie sähe, wenn sie
15 hinschauten, sie mit durchdringendem Blicke an und
sie sei mit erwidernden Augen zuweilen den Bitten der
Beter milder gewogen. "

M4 Aus dem Schenkungsbuch von Freising, 772:

" Ich Ramuolf habe von Krankheit befallen die
Hoffnung auf ein ferneres Leben aufgegeben. Für die
Sünden, die ich auf Einflüsterung des Teufels in gesunden Tagen begangen habe, habe ich meinen freieigenen
5 Besitz, den mir mein Vater Heripald als Erbe hinterlassen hat und den ich als meinen Anteil gegen meinen
Bruder erlöst habe, den Stätten der Heiligen geschenkt,
um dafür entsprechend beim gnädigen Gott Vergebung
der Sünden zu erlangen. "

M5 Pilger bei einem Heiligengrab (Meister von San Sebastian,
Palazzo Barberini, Rom, 16. Jh.)

4. Beschreibe M2 genau.
Folgende Fragen können dir dabei
helfen:
a) Wie verhalten sich die Menschen, was machen sie?
b) Welche Gegenstände tragen die
Menschen, welche hängen an
der Kirche?
c) Wie findest du die Frömmigkeit
der Menschen?
d) Erinnert dich das Bild an Ereignisse in der Gegenwart?
5. Was hält der Schreiber in M3
davon, Heiligenstatuen zu verehren?
Wie stehst du zu seiner Meinung?
Sprecht in der Klasse darüber.

Du bist, was du isst!

**Für die Menschen im Mittelalter war es nicht so einfach
wie für uns heute, sich mit Essen zu versorgen.
Was genau aßen die Menschen vor rund 1000 Jahren?**

T1 Getreide für Brote und Brei

Das wichtigste Nahrungsmittel im Mittelalter war
das Getreide, denn Kartoffeln kannte man damals in
Europa noch nicht. Das Getreide wurde zu Brot oder
Brei verarbeitet. Das teuerste Brot war weißes Wei-
zenbrot, das aus sehr feinem Mehl gebacken wurde.
Es war das typische Brot der reichen Leute. Bürger
in den Städten aßen Brot aus gröberem Weizenmehl,
Bauern begnügten sich mit billigerem, dunklen Brot
aus Roggen oder Gerste.
Bei den Bauern gab es häufig auch Breie aus Hafer und
Gerste. Sie waren leichter herzustellen als Brot, da man
keinen Backofen brauchte. Wer keinen Backofen hatte,
musste nämlich sein Brot beim Bäcker oder im Back-
haus backen lassen.

T2 Zwischen Frühmahl und Nachtmahl

Es gab zwei Hauptmahlzeiten am Tag: Das Frühmahl
am Vormittag und das Nachtmahl gegen Sonnenuntergang. In reicheren Familien gab es oft noch Zwischen-
mahlzeiten. Gab es bei ärmeren Leuten oft nur eine
Suppe oder einen Brei, so aßen die Reichen oft viele
Gänge, häufig mit Fleisch oder süßen Nachspeisen.
Rund die Hälfte ihrer täglichen Arbeit und etwa die
Hälfte des Geldes, das die Menschen verdienten,
benötigten sie, um ihr Essen anzubauen oder zu kaufen
und zu kochen.

T3 Gemüse und Obst

Die Bauernfamilien bauten fast alle Nahrungsmittel
selbst an. Erbsen, Bohnen und Linsen aus dem eigenen
Garten konnten getrocknet und so haltbar gemacht
werden. Aber auch Zwiebeln und Kohl gehörten zum
typischen Essen in einem Bauernhaus. Da sich die
Menschen in den Städten beim Essen gerne von den
Bauern unterscheiden wollte, vermieden sie Wurzel-
gemüse (z. B. Möhren und Sellerie) und Hülsenfrüchte
(z. B. Erbsen und Linsen), die als typisches Essen für
arme Leute galten. Je höher die Früchte vom Erdboden
entfernt wuchsen, umso vornehmer fand man sie. Im
Sommer und Herbst gab es frisches Gemüse und Obst
in Hülle und Fülle, im Winter blieben jedoch oft nur
gedörrte Früchte und eingelegtes Sauerkraut.

**M1 Eine mittelalterliche Backstube
(Buchmalerei aus dem 14. Jh.)**

---

1. Wovon hing es ab, welches Brot
in einer Familie gegessen wurde?
(T1)

2. Welches Problem gab es,
wenn man im Winter Obst und
Gemüse essen wollte? (T3)

3. Betrachte das Bild M1 und
beschreibe es.
Um welches Lebensmittel geht es
hier? Wie wird es hergestellt?

4. Betrachte das Bild M2.
Sind auf dem Bild wahrscheinlich Bauern, Bürger oder Adlige zu
sehen? Lies dazu noch einmal T4.

5. Betrachte das Bild M3.
Du bist Gast auf diesem Bankett.
Beschreibe deine Eindrücke.

🔦 **Bildquellen betrachten**

T4 Fleischessen zum Angeben

Die meisten Familien und selbst die Adligen auf
ihren Höfen hielten Tiere, um immer frisches Fleisch
zu haben. In den Städten war vor allem Rindfleisch
beliebt. Gebratenes Geflügel war ein typisches Gericht
bei reicheren Bürgern und beim Adel. Die Bauern
schlachteten meist Schweine.
Fleisch war teuer und galt daher als Zeichen für
Reichtum. Besonders Wildfleisch wie z. B. Hirsch,
aber auch Fisch wurde ausschließlich in Adelsfamilien
gegessen. Denn Bauern und Bürger hatten nicht das
Recht zu jagen oder zu fischen. Während ärmere Familien nur sehr selten frisches Fleisch essen konnten,
standen Fleischgerichte bei den Reichen regelmäßig,
manchmal mehrmals am Tag auf dem Speiseplan.

M2 Treibjagd auf Wildtiere
(Niederländische Buchmalerei aus dem 15. Jh.)

M3 Feierliches Essen in einer Adelsfamilie
(Französische Buchmalerei von 1460)

6. Teilt eure Klasse in zwei
Gruppen. Die eine stellt mit den
Angaben aus T1–T3 einen typischen
Tagesplan für das Essen in einer
Bauernfamilie, die anderen für eine
Adelsfamilie zusammen.
Notiert eure Ergebnisse auf Pla-
katen und stellt eure Pläne euren
Mitschülern vor.

7. Stell dir vor, ein Kind aus einer
Bauernfamilie aus dem Jahr 1200
kommt zu euch zum Mittag- oder
Abendessen.
Welche Fragen könnte es stellen?
Schreibe das Gespräch auf.

* 8. Sammelt Informationen über
Lebensmittel, die wir heute auf dem
Tisch haben (z. B. Reis, Spaghetti,
Tomaten, Gurke, Paprika). Nutzt
dafür ein Lexikon oder das Internet.
Seit wann gibt es diese Lebens-
mittel in Europa und wo kommen
sie eigentlich her?
Gestaltet dazu eine Wandzeitung.

Papst oder Kaiser – Wer bestimmt?

**Kennt ihr das? Zwei Menschen, die sich eigentlich gegenseitig brauchen,
geraten in Streit miteinander. Und das nur, weil jeder sich dem anderen überlegen fühlt.
Solche Streitereien gab es schon im Mittelalter – vor allem unter Päpsten und Kaisern.**

T1 Karl der Große wird Kaiser
Der Frankenkönig Karl der Große wurde im Jahr 800 von Papst Leo zum Kaiser gekrönt. Damit stand er über allen anderen christlichen Königen. Als Kaiser war es seine Pflicht, die Kirche zu verteidigen, das Christentum zu verbreiten und die Heiden zu bekämpfen.

M1 König Heinrich IV. vor der Burg Canossa (Buchmalerei aus dem 11. Jh.). Das Bild zeigt Heinrich IV. mit seinem Taufpaten Abt Hugo von Cluny und die Markgräfin Mathilde. In ihrem Gebiet lag Canossa. Der Text unter dem Bild lautet: „Der König bittet den Abt. Er fleht Mathilden an."

T2 Wer steht über wem?
Allerdings kam es schon sehr bald zu heftigen Auseinandersetzungen unter den Nachfolgern Karls und Leos. Sie gerieten immer wieder über dieselbe Frage in Streit: Steht das Oberhaupt der Kirche, also der Papst, über ihrem Beschützer, dem Kaiser, oder ist es genau umgekehrt? Sowohl die Päpste als auch die Kaiser meinten, Gott habe nur sie auserwählt. Beide Seiten sahen sich als Stellvertreter von Jesus Christus auf der Erde.

T3 Heinrich IV. gegen Papst Gregor VII.
Im 11. Jahrhundert erreichte dieser Machtkampf seinen Höhepunkt. Bischöfe und Äbte regierten zu der Zeit über große Ländereien und waren zu wichtigen Helfern des Königs geworden. Wenn ein Bischof starb, bestimmte der König den Nachfolger.
Im Jahr 1073 wurde Gregor VII. zum Papst gewählt. Er beschloss, dass die Könige keine Bischöfe mehr in ihr Amt einsetzen durften. Geistliche dürften nur von anderen Geistlichen gewählt werden, meinte Gregor. Der deutsche König Heinrich IV. hielt sich nicht an das Verbot. Stattdessen erklärte er,

dass er den Papst absetze. Gregor reagierte sofort und schloss den König aus der Kirche aus. Nun drohten Heinrichs Untertanen ihrem König damit, einen neuen Herrscher zu wählen.

T4 Der König geht in die Knie
Im Winter 1076/1077 machte sich Heinrich mit seiner Frau, seinem zweijährigen Sohn und einigen Begleitern zu einer gefährlichen Reise auf. Über die verschneiten Alpen zog er nach Norditalien. Dort hielt sich zu der Zeit Papst Gregor auf. Barfuss und nur mit einem einfachen Gewand bekleidet – so die Legende, erschien Heinrich vor dem Tor der Burg Canossa. Aber erst nach drei Tagen wurde er zum Papst vorgelassen. Heinrich fiel vor Gregor auf die Knie und bat um Verzeihung. Daraufhin nahm der Papst den König wieder in die Kirche auf.

T5 Das Ende eines langen Streits
Im Jahr 1122 schloss der Sohn Heinrichs IV. einen Vertrag mit Papst Kalixt II. Von nun an setzte der Papst die Bischöfe und Äbte in ihr geistliches Amt ein. Der König hatte nur noch das Recht, den Geistlichen ihre weltlichen Besitzungen, z.B. Ländereien, zu übergeben.

---

1. Vervollständige folgenden Satz: Kaiser und Päpste stritten im Mittelalter häufig über die Frage, …

2. Worum ging es zwischen König Heinrich und Papst Gregor? Wie verlief der Streit und welche Lösung wurde am Ende gefunden? (T3–T5)

3. Beschreibe M1. Überlege, worum König Heinrich IV. den Abt und die Markgräfin gebeten haben könnte.

< Extra >

M 3 Papst und Kaiser in Buchmalereien aus dem 13. und 14. Jh. Auf dem linken Bild erhält der Papst von Christus einen Schlüssel, mit dem er den Gläubigen den Himmel aufschließen kann. Kannst du erkennen, was Christus dem Kaiser gibt?

M 2 Papst Gregor VII. forderte 1075:

   3. Nur der Papst allein kann Bischöfe absetzen und auch wieder einsetzen.
8. Nur er verfügt über kaiserliche
5 Insignien (Herrschaftszeichen).
9. Alle Fürsten haben die Füße einzig und allein des Papstes zu küssen.
12. Der Papst kann Kaiser absetzen.
18. Sein Entscheid kann von nie-
10 mandem aufgehoben werden, er selbst aber kann Urteile aller anderen aufheben.
27. Der Papst kann Untertanen vom Treueid gegen ungerechte Herrscher
15 entbinden.

M 4 König Heinrich IV. schrieb 1076 an Papst Gregor VII.:

   Du hast unsere Demut für Furcht gehalten und dich nicht gescheut, dich sogar gegen die uns von Gott verliehene königliche Ge-
5 walt zu erheben. Du hast zu drohen gewagt, du würdest sie uns nehmen, als ob wir von dir das Königtum empfangen hätten, als ob in deiner und nicht in Gottes Hand
10 Königs- und Kaiserherrschaft lägen. (…) Mich, der ich (…) zum König-tum gesalbt worden bin, hast du angetastet, mich, von dem die Überlieferung der heiligen Väter sagt, dass
15 ich nur von Gott gerichtet werden darf, (…). So steige du denn, herab, verlasse den päpstlichen Stuhl, den du dir angemaßt hast (…). Ich, Heinrich, durch die Gnade Gottes
20 König, sage dir zusammen mit meinem Bischöfen: Steige herab, steige herab!

4. Vergleiche die Aussagen von Gregor VII. und Heinrich IV. aus M 2 und M 4.

🔆 Schriftliche Quellen auswerten

5. Betrachte die Bilder in M 3. Welche Aufgaben haben Papst und Kaiser? Wie ist ihr Verhältnis zueinander?

6. Die Bilder M 3 zeigen, wie sich die Menschen im Mittelalter das Verhältnis von Kaiser und Papst vorgestellt haben.
Erkläre mithilfe des Textes und der anderen Materialien, warum diese Vorstellungen mit der Wirklichkeit nicht übereinstimmten.

Angst im Mittelalter

**Religion half den Menschen des Mittelalters über ihre Ängste hinweg.
Die Kirche nutzte jedoch auch Ängste, um ihre Anhänger an sich zu binden.**

T1 Ängste im Alltag der Menschen

Die Menschen im Mittelalter mussten sich vor vielen Dingen fürchten. Unvorsichtiger Umgang mit dem Feuer zerstörte oft ganze Dörfer und Städte. Man konnte nach einem schlechten Erntejahr leicht an Hunger leiden, an heute heilbaren Krankheiten sterben oder im Winter frieren. Insgesamt war man der Natur stärker ausgeliefert als heute.

In den großen und dichten Wäldern lebten noch viele wilde Tiere (Bären, Wölfe) und Räuber lauerten dort auf einsame Reisende. Viele glaubten, dass in den Wäldern auch Riesen und wilde Leute hausten. Ähnliche Vorstellungen hatte man von der Nacht. In der Dunkelheit fürchtete man sich vor bösen Dämonen.

T2 Angst vor dem strafenden Gott

Die Menschen des Mittelalters hatten auch Angst vor Gott. Er konnte sie in ihrer Vorstellung bestrafen. Mit einem frommen Leben, dem Kirchgang und Gebeten versuchte man sich zu schützen. Auf diese Weise musste man sich nicht davor fürchten, nach dem Tod in der Hölle zu landen. Diese Angst nutzte die Kirche aus. Sie konnte Könige und Königinnen, aber auch einfache Bäuerinnen und Bauern beeinflussen. Nur mit der Hilfe der Kirche konnten die Menschen dem Teufel und der Hölle entkommen.

Der Teufel und seine Dämonen waren überall, das bezweifelte man nicht. Mit Bildern in Kirchen und hässlichen Figuren an den Fassaden wurden die Menschen schon im Kindesalter an das Böse erinnert.

< Extra >

M1 Der Dichter Dante aus der italienischen Stadt Florenz schrieb in einem Buch über die Hölle. Er fasste darin die Vorstellungen seiner Mitmenschen zusammen. Auch der Teufel wird beschrieben.

> 99 Der Herrscher des schmerzerfüllten Reiches ragte mit halber Brust aus dem Eis. (…)
> Oh, wie war ich verwundet,
> als ich drei Gesichter auf seinem Kopf gesehen habe!
> 5 Das eine vorne, das war hochrot;
> Die anderen zwei, die an dieses angewachsen waren,
> erhoben sich seitlich über jeder Schulter,
> und sie vereinten sich am Scheitel:
> das rechte schien zwischen weiß und gelb zu sein;
> 10 das linke war anzuschauen so, wie
> jene (Menschen) von dort, wo der Nil fließt.
>
> Unter jeden (der drei Gesichter) ragten zwei große Flügel heraus,
> 15 so wie es für einen solchen Vogel passend ist,
> solche Meeressegel habe ich noch nie gesehen.
> Sie hatten keine Federn, aber sie waren wie jene der Fledermaus, und sie flatterten,
> ja so, dass drei Winde von ihnen wegwehten.

---

1. Wovor hatten die Menschen im Mittelalter Angst? Versuche Begründungen zu geben. (T1, T2)

2. Beschreibe die Dämonen der Hölle in M3. Achte dabei auf Einzelheiten der Figuren.

3. Nicht nur die Gestalt der Dämonen in M3 sollen den Menschen Angst machen, sondern auch die Bestrafungen in der Hölle. Welche Bestrafungen kannst du erkennen?

M 3 Das Bild stammt aus einem handgeschriebenen Buch (Spätmittelalter / Mitte 15. Jh.). Die kleine Darstellung erzählt den Traum des fünfzehnjährigen Wilhelm aus England über die Hölle. Er erlebte den Traum 1146. Wie in einer Bildgeschichte werden drei Szenen aus seiner Reise durch die Hölle gezeigt.

M 2 **Fratze** – Vor allem an Außenwänden von Kirchen wurden seltsame und teilweise furchterregende Köpfe und Wesen angebracht. Man nennt sie „Fratzen" (Gesichter).

4. Wer könnte solche Bilder den Menschen des Mittelalters gezeigt haben? (T 1, T 2, M 3)

5. Welchem Zweck dienten Bilder von Dämonen? (T 1, T 2, M 3)

*6. Der Dichter Dante beschreibt in M 1 den Teufel. Literatur dient hier als historische Quelle. Lies dir die Quelle M 1 nochmals durch und male ein Bild vom Teufel. Achte dabei darauf, dass alle Einzelheiten der Quelle vorhanden sind.

Ist die Kirche noch zu retten?

Im späten Mittelalter befand sich die Kirche in einer schweren Krise.
Viele Gläubige machten sich deshalb große Sorgen und forderten,
dass sich die Kirche verändern müsse.

T1 Ein Glaube, zwei Kirchen
Warum gibt es heute eine evangelische und eine katholische Kirche, obwohl doch beide Glaubensgemeinschaften christlich sind? Um dieser Frage nachzugehen, müssen wir ins 16. Jahrhundert zurückblicken.

T2 Die Kirche in der Krise
Am Ende des Mittelalters besaß die Kirche großen Einfluss auf die Menschen. Die Gläubigen hatten nicht nur große Angst vor dem Teufel und der Hölle, sondern auch vor dem Zorn Gottes. Sie fürchteten sich davor, von Gott für ihre Fehler bestraft zu werden. Priester erlegten den Gläubigen deshalb harte Strafen für begangene Sünden auf. Dabei verhielten sich die Geistlichen selbst oftmals sehr eigenartig: Die Päpste in Rom führten Kriege und lebten verschwenderisch.

M1 Auf diesem Flugblatt gegen den Ablasshandel sind im Vordergrund drei Gruppen zu sehen: Rechts ein Kardinal (hoher Geistlicher) auf einem Pferd, daneben ein Kreuzträger. In der Mitte fertigt ein Mann Siegel zum Verschließen von Ablassbriefen an. Ein reicher Mann schaut ihm dabei zu. Kannst du erkennen, was die drei Männer am linken Bildrand machen?
(Holzschnitt von Jörg Breu d. Ä. um 1530)

1. Schreibe die Namen möglichst vieler Kirchen aus deiner Umgebung auf. Finde heraus, ob sie evangelisch oder katholisch sind.

2. Übertrage das Schaubild M2 in dein Heft und setze folgende Begriffe richtig ein.
Ungerechtigkeit – kriegerisches – Kritik – Ablassbriefen – unchristlich – Thesen – ausgebildet – Zustand

3. „Sobald das Geld im Kasten klingt, die Seele in den Himmel springt."
Erkläre diesen Satz mithilfe der Informationen aus dem Text.
(T1 – T3)

Missstände in der Kirche

Päpste
- führen ein _____ …
  und verschwenderisches Leben.

- verdienen viel Geld mit den
  _____ … .

Geistliche
- verhalten sich zum Teil
  _____ … .

- sind oftmals schlecht
  _____ … .

Luther
- will mit seinem Schreiben auf eine
  _____ …
  aufmerksam machen.

- verurteilt in seinen
  95 _____ … das Geschäft
  mit den Ablassbriefen.

Gläubige
- sind verärgert über den
  _____ … ihrer Kirche.

- stimmen der
  _____ … von
  Martin Luther zu

M 2 Das Schaubild zeigt, wie die mittelalterliche Kirche in die Krise geraten ist und welche Folgen das für die Gläubigen hatte. Es ist noch unvollständig.

Lexikon

Ablassbriefe
Die Päpste ließen seit dem späten Mittelalter so genannte Ablassbriefe anfertigen. Die Gläubigen konnten diese Briefe kaufen. Dafür wurden ihnen die Strafen für ihre Sünden erlassen.

So gab Papst Leo X. riesige Geldsummen für Musiker und Dichter, für Jagden und Karneval und für seine Elefantenwärter aus. Einige Bischöfe, Priester und Mönche tranken übermäßig viel Alkohol und hatten Geliebte. Die Prediger waren zum Teil so ungebildet, dass sie im Gottesdienst nicht einmal aus der Bibel vorlesen konnten. Die Menschen wurden deshalb immer unzufriedener mit ihrer Kirche.

T 3 Geld befreit von allen Sünden
Der Papst in Rom benötigte für den Bau des Petersdoms sehr viel Geld. Darum versprach er allen Christen die Vergebung von Sünden, wenn sie einen Ablassbrief kauften. Prediger zogen durch das Land, um den Christen den Ablass zu verkaufen.

T 4 Ein Mönch namens Luther
Im Oktober 1517 schrieb der Mönch Martin Luther an den Erzbischof von Mainz einen Brief mit 95 Thesen (= Behauptungen) gegen diesen Ablasshandel. Mit seinem Schreiben wollte er lediglich auf die Missstände in der Kirche aufmerksam machen. Aber jetzt geschah, was niemand vorausahnen konnte: Die Thesen verbreiteten sich wie ein Lauffeuer in ganz Deutschland und viele Menschen stimmten ihnen zu.

M 3 Der Ablassprediger Johann Tetzel spricht vor vielen Menschen in der Nähe von Magdeburg, zwischen 1507 und 1519

" Du Adliger, du Kaufmann, du Frau, du Jungfrau, du Braut, du Jüngling, du Greis! … Wisse, dass ein jeder, der gebeichtet, bereut und Geld in den Schrein getan hat, so viel ihm der Beichtvater geraten hat, eine volle Vergebung aller seiner Sünden haben wird. Habt ihr nicht die Stimmen eurer Verstorbenen gehört, die rufen: Erbarmt euch, denn wir leiden unter harten Strafen und Foltern, von denen ihr uns durch eine geringe Gabe loskaufen könnt. "

---

4. Mit welchen Argumenten versucht der Ablassprediger Johann Tetzel die Gläubigen dazu zu bringen, bei ihm Ablassbriefe zu kaufen? (M 3)

5. Beschreibe die einzelnen Figuren auf dem Flugblatt möglichst genau. Woran kann man erkennen, dass sich dieses Flugblatt gegen das Geschäft mit den Ablassbriefen richtet? (M 1)
Begründe deine Beobachtungen.

*6. Damals haben die Menschen mit Flugblättern gegen den Ablasshandel protestiert.
Heute würde man wahrscheinlich eher eine Demonstration mit Plakaten und Transparenten veranstalten. Entwirf ein solches Plakat gegen den Ablasshandel.

Ein Mönch verändert die Kirche

Vor Martin Luther war die Einheit der Kirche etwas Selbstverständliches.
An ihrer Spitze stand der Papst, der als unfehlbar galt.
Wer war der Mensch, der dies alles verändern sollte?

T1 Luther und Gott

Über seine 95 Thesen hatte er viele Jahre lang nachgedacht. Immer wieder hatte er sich gefragt, wie die Menschen leben sollten, um nach ihrem Tod in Gottes Reich aufgenommen zu werden. Luther kam schließlich zu dieser Auffassung: Denjenigen Menschen würden die Sünden vergeben werden, die fest an Gott glaubten und nach seinen Geboten lebten. Darüber dürfe aber kein Mensch, nicht einmal der Papst, urteilen, sondern nur Gott selbst.

T2 Der Kaiser verhört den Mönch

Der Papst verlangte, dass Luther seine Thesen zurücknahm. Luther weigerte sich aber. Deshalb schloss der Papst ihn aus der Kirche aus. Drei Monate später lud der Kaiser Luther zum Reichstag nach Worms. Dort wurde er verhört und sollte seine Lehre widerrufen (= sagen, dass etwas nicht richtig ist). Doch auch vor den Mächtigen des Reiches nahm Luther kein Wort zurück.

T3 Luther übersetzt die Bibel

Seine Anhänger mussten Luther anschließend heimlich auf die Wartburg bei Eisenach bringen, da der Kaiser ihn für „vogelfrei" erklärt hatte: Niemand sollte ihn aufnehmen, seine Bücher durften nicht gedruckt oder gelesen werden und wer ihn tötete, würde nicht bestraft. Monatelang lebte Luther auf der Wartburg ohne erkannt zu werden. In dieser Zeit übersetzte er das Neue Testament vom Lateinischen ins Deutsche. Jetzt konnten es viel mehr Menschen verstehen.

M1 Luther wird in Worms auf dem Reichstag von Kaiser Karl V. verhört (Holzschnitt, 1557). Der Reichstag war eine Versammlung von Reichsfürsten und Vertretern der Städte.

M2 Über Martin Luther schwebt die Taube des Heiligen Geistes (Holzschnitt, 1521).

1. Übertrage die Grafik M4 in dein Heft und vervollständige sie mit deinen eigenen Worten.

2. Ordne folgende Personen und Personengruppen M1 zu: Kaiser Karl V., Luther, geistliche Fürsten, weltliche Fürsten. Lässt sich anhand des Bildes etwas über das Verhältnis zwischen dem Kaiser und dem Mönch sagen?

3. In M2 und M5 wird Luther von zwei Künstlern unterschiedlich dargestellt. Haben die Künstler wohl auf der Seite Luthers oder auf der Seite des Papstes gestanden? Begründe deine Meinung.

T4 Evangelische Kirchen entstehen

Die Reformation breitete sich rasch aus. In vielen Städten und Gemeinden kam es dabei allerdings zu heftigen Auseinandersetzungen. Oft wurden katholische Priester einfach aus ihren Kirchen verjagt. Die evangelischen Gemeinden schafften die Beichte und die katholische Messe ab. Sie hielten ihre Gottesdienste in deutscher, nicht mehr in lateinischer Sprache. Mit der Zeit wurden manche Landesteile evangelisch, andere blieben katholisch. Die einfachen Menschen mussten den Glauben annehmen, zu dem sich ihr Herrscher bekannte.

M3 Der Theologe Johannes Cochläus berichtet über die Wirkung der Lutherbibel:

" Luthers Neues Testament wurde durch die Buchdruckerei dermaßen vermehrt, dass auch Schneider und Schuster, ja Weiber und
5 andere einfältige Idioten dies neue lutherische Evangelium angenommen haben. Wenn sie auch nur ein wenig Deutsch lesen gelernt hatten, lasen sie es wie einen Brunnen der
10 Weisheit mit größter Begierde. Etliche lernten es auswendig und erwarben innerhalb weniger Monate so viel Geschicklichkeit und Erfahrung, dass sie keine Scheu hatten
15 mit Priestern und Mönchen, ja selbst mit Doktoren der Heiligen Schrift zu disputieren. Ja, es fanden sich auch armselige Weiber, die so vermessen waren mit Doktoren und ganzen Uni-
20 versitäten zu disputieren. "

Lexikon

Reformation
Erneuerung und Umgestaltung der Kirche im 16. Jahrhundert. Luther löste die Reformation mit seinen 95 Thesen aus. Durch die Reformation entstanden die evangelischen Kirchen.

M5 Luther und der Teufel reichen sich die Hand
(Titelseite eines Buches, 1535).

Extra

M4 Der Verlauf der Reformation

1517	1518	1520	1521	1522	1555
Luther kritisiert in seinen 95 Thesen den Ablasshandel der Kirche.	Der Papst fordert den Mönch vergeblich dazu auf, …	Luther wird vom Papst …	Der Kaiser erklärt … In Worms verteidigt Luther vor den Mächten des Reiches …	Die Reformation … Auf der Wartburg …	Ein Teil des Landes …

4. Lies M3 und finde heraus, ob Cochläus ein Anhänger oder ein Gegner Luthers war. Begründe deine Meinung.

5. Welche Folgen hat Luthers Übersetzung der Bibel ins Deutsche aus der Sicht des Geistlichen Johannes Cochläus?

6. Erkundige dich, welche Unterschiede es zwischen katholischem und evangelischem Glauben gibt. Woran kann man diese Unterschiede in den Kirchen erkennen? Du könntest z. B. deine Religionlehrerin oder deinen Religionslehrer fragen.

Luthers Leben als Kinohit

**Der Kinofilm „Luther" schildert das Leben des Reformators.
Ein Mönch als Leinwandheld, die schwierige Geschichte der Glaubensspaltung
als spannendes Kinoereignis – geht das überhaupt?**

T1 „Luther" lässt die Kinokassen klingeln

Im Jahre 2003 lockte der deutsche Spielfilm „Luther" fast drei Millionen Menschen in die Kinos. Er zeigt wichtige Stationen aus dem Leben des Reformators. „Luther" gehört zu den so genannten Historischen Filmen, in denen Personen und Ereignisse aus vergangenen Zeiten im Mittelpunkt stehen. Durch aufwändige Kostüme und herrliche Kulissen lassen solche Filme die Vergangenheit für die Zuschauer noch einmal lebendig werden.

T2 Geschichte auf der Leinwand

Die Filmemacher von „Luther" wollten eine Geschichte erzählen, die „möglichst interessant, einzigartig und voller Überraschungen" ist. Gleichzeitig sollte der Film aber auch über Luther und seine Zeit informieren und so die Kenntnisse der Zuschauer über die Reformation vergrößern. Daraus ergibt sich ein Problem, das typisch für Historische Filme ist: Wer geschichtliche Ereignisse darstellen möchte, sollte möglichst genau und nah an der Wirklichkeit sein. Wer einen erfolgreichen Film machen möchte, muss jedoch vor allem dafür sorgen, dass Handlung und Figuren möglichst spannend und außergewöhnlich sind. Das passt nicht immer zusammen.

T3 Film ≠ historische Wirklichkeit

Um die nötige Spannung zu erzeugen, werden die historischen Geschehnisse auf der Leinwand deshalb manchmal abgewandelt. So verändern die Filmemacher zum Teil die Reihenfolge der Ereignisse. Daneben werden einige Begebenheiten in selbst erdachten Szenen besonders ausführlich dargestellt, andere müssen aus Zeitgründen ganz wegfallen.

T4 Frei erfundene Dialoge und Figuren

In Filmen wie „Luther" sind auch die Dialoge (Gespräche) fast immer frei erfunden. Das gibt den Filmemachern die Möglichkeit, bestimmte Personen besonders sympathisch, andere besonders unsympathisch erscheinen zu lassen. Denselben Zweck können auch frei erfundene Filmfiguren erfüllen. So tritt in „Luther" mehrfach eine arme Mutter namens Hanna mit ihrer behinderten Tochter auf. Martin Luther kümmert sich rührend um die beiden und wirkt durch diese guten Taten auf das Kinopublikum noch großherziger und heldenhafter.

M1

M1 Luther übergibt seinem Landesherrn, dem Kurfürsten Friedrich dem Weisen, seine Übersetzung des Neuen Testamentes (Filmszene).

M2 Martin Luther befestigt den Zettel mit seinen 95 Thesen am Tor der Wittenberger Schlosskirche (Filmszene).

M3 Luther begegnet Frau Hanna und ihrer verkrüppelten Tochter (Filmszene).

---

1. „Film ≠ historische Wirklichkeit" Erkläre, was mit dieser Überschrift aus dem Text gemeint ist. (T3)

2. Beschreibe das Szenenfoto M3 möglichst genau.
Wie wirkt Luther in dieser Situation auf dich?

3. Film-Check „Luther": Überprüfe, ob die Aussagen der beiden Historiker über Martin Luther und Friedrich den Weisen mit der Filmszene übereinstimmen. (M1, M4, M5)

M 4 Friedrich der Weise war als Kurfürst von Sachsen der Landesherr von Martin Luther. Er beschützte seinen berühmten Untertanen gegen die Anfeindungen durch Papst und Kaiser. Der Historiker Bernd Moeller beschrieb 1988 das Verhältnis zwischen Friedrich dem Weisen und Luther:

> „ Der mit dem Wittenberger Professor [Martin Luther] etwa gleichaltrige Georg Spalatin, seit Herbst 1516 Mitglied der kursäch-
> 5 sischen Kanzlei [Verwaltung] und bald enger Vertrauter des Kurfürsten, knüpfte und pflegte die Beziehung des Landesherrn zu Luther (…); nicht weniger als 427 Briefe hat
> 10 Luther im Lauf der Jahre an Spalatin geschrieben, die meisten vor 1525. Zwar haben Friedrich der Weise und Luther sich nach Aussage des letzteren nie gesprochen, und der
> 15 Kurfürst hat den Reformator nur in Worms gesehen. Doch war der Schutz, den er dem Professor seiner Landesuniversität in der Folge zuteil werden ließ, eine Bedingung für
> 20 dessen Überleben. "

M 5 Der Historiker Heinz Schilling schrieb 1994 in seinem Buch „Aufbruch und Krise" über Friedrich den Weisen:

> „ Wesentlich für das Schicksal Luthers – und damit für die reformatorische Volksbewegung – war die Identifizierung [Übereinstimmung]
> 5 Kurfürst Friedrichs von Sachsen mit dem Professor seiner Landesuniversität [Martin Luther]. (…) In religiöser Hinsicht blieb der Sachse indes eher konservativ [am Alten festhal-
> 10 tend], wahrscheinlich auch aus angeborener Vorsicht dem Neuen gegenüber. Nicht zufällig nannte man ihn den Weisen. Der Kurfürst soll einer Begegnung mit Luther konse-
> 15 quent aus dem Weg gegangen sein. Auf seinem Sterbebett im Mai 1925 im Schloss Lochau nahm er dann aber das Abendmahl in beiderlei Gestalt und bekannte sich somit doch
> 20 noch zum Neuen. "

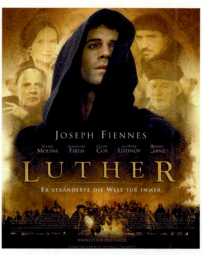

M 6 Cover der DVD des Filmes „Luther"

M 2

M 3

* **4.** „Die Geschichtsbuchhalter werden uns für diesen Film eine Rüge erteilen."
Was könnte Christian Stehr, einer der Filmemacher von „Luther" mit dieser Aussage gemeint haben?

* **5.** Die evangelische Kirche hat die Herstellung von „Luther" mit Geldmitteln unterstützt. Überlege, was das für Auswirkungen auf den Inhalt des Films gehabt haben könnte.

* **6.** Hat der Thesenanschlag an der Schlosskirche stattgefunden? Versuche, dich über das Internet und mit Fachbüchern auf die Suche zu machen, ob diese Szene wirklich stimmt.

Dreißig Jahre Krieg

**Von 1618 bis 1648 kämpften in Deutschland Christen gegen Christen.
Worum ging es in diesem Krieg?
Wer waren die Gewinner, wer die Verlierer?**

T1 Ein Krieg um Glaube ...
Die Reformation hatte die Christen Deutschlands in zwei große religiöse Lager gespalten: die Katholiken und die Anhänger Luthers. Ein friedliches Nebeneinander gab es zwischen diesen beiden Religionsgemeinschaften nicht. Im Gegenteil – mit den Jahren wurden die Auseinandersetzungen der Glaubensparteien immer heftiger.

T2 ... und Macht
Der Streit um den „richtigen" Glauben war aber auch ein Kampf um die Macht im Reich: Dem katholischen Kaiser und seinen Verbündeten standen die evangelischen Fürsten gegenüber. 1618 kam es schließlich zum Krieg, an dem sich auch zahlreiche andere europäische Staaten beteiligten. Er dauerte 30 Jahre und forderte über 7 Millionen Opfer.

T3 Söldnerheere bringen den Tod
Beide Seiten warben Soldaten an, die für Geld und Beute Krieg führten. Diese Soldaten nannte man Söldner. Sie kamen aus ganz Europa. Für sie spielte die Religion kaum eine Rolle, sie sollten nur für Geld töten. Deshalb kämpften sie für den Heerführer, der das meiste Geld zahlte und die größte Beute versprach.

T4 Endlich Frieden!
Als die Gegner erkannten, dass es in diesem Krieg keinen Sieger geben konnte, begannen sie zu verhandeln. 1648 wurde in den Städten Osnabrück und Münster schließlich der Westfälische Friede geschlossen. Unter den Folgen des Krieges – Zerstörung, Hungersnot und Pest – litten die Menschen jedoch noch lange nach seinem Ende.

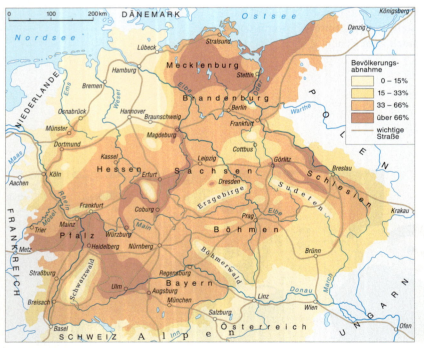

M1 Bevölkerungsabnahme während des Dreißigjährigen Krieges

1. Eine Stadt wird zerstört, ein Dorf wird geplündert.
Solche Szenen haben sich im Dreißigjährigen Krieg unzählige Male abgespielt.
Beschreibe die Vorgänge, die auf den zwei Gemälden zu erkennen sind, möglichst genau. (M3, M5)

2. Zeige mithilfe der Karte M1:
– Welche Teile Deutschlands mussten besonders stark unter dem Krieg leiden?
– Welche Teile blieben weitgehend verschont?
– Was kannst du über deine eigene Region sagen?

3. Schreibe einen Bericht über das Vorgehen der Soldaten und die Leiden der Bevölkerung im Dreißigjährigen Krieg.
Verwende dazu die bildlichen Quellen M3 und M5 sowie die schriftliche Quelle M4. Achte darauf, dass du nur solche Dinge anführst, die du auch in den Quellen nachweisen kannst.

  Geschichtskarten lesen

M 2 Ein Bauer klagt in einem Gedicht über das brutale Vorgehen der Soldaten gegenüber der Landbevölkerung, Ort und Zeit unbekannt

" Die Häuser seind verbränt/die Kirchen seind zerstört/
Die Dörfer seind verkehrt/der Vorrhat ist verzehrt/
Mann siht der Länder trost die grossen Stäät verbrennen/
Die Herrlichkeit deß Landes mag keiner mehr erkennen/
5 Durch Krieg/raub/mord und brand wird es zur wüsteney/
Das freye Römisch Reich wird jetzt zur Barbarey/
Trägt schon der acker frucht/unnd meinen wir zuschneiden/
So dörffen wir nicht hin/und müssen solches leyden/
Das sie der Reuter nimt/und uns noch drüber schmiert/
10 Daß wir nit mehr gesät/weil ihm noch mehr gebürt;
Wie werden auff das blut und marck gantz außgesogen/
Ja gar biß auff die Haut/gantz nackend außgezogen/
Es geht Gut/Blut und Muth/mit sambt dem Leben auff/
Es herschet über uns der mehr als Höllen hauff/
15 Das schwerd frist weib und kind; nach dem die pferd gestohlen/
Und nichts mehr übrig ist/das die Soldaten holen/
So muß der arme Baur o übergrosse pein!
Mit einem Maul-Gebiß das Roß und Esel sein/
Der Reuter dummelt ihn/gibt ihm die scharpffe sporen/
20 Meint wann er nicht so renn/er hät die sach verloren. "

M 3 Die Plünderung des Dorfes Wommelgen
(Gemälde von Sebastian Vrancx, um 1620)

M 4 Ein Geistlicher schreibt über die Lage Deutschlands am Ende des Dreißigjährigen Krieges:

" Wie jämmerlich sehen die Städte aus!
Wo zuvor tausend Gassen waren, sind nun nicht mehr hundert (…).
Wie elend sehen die kleinen Städte aus! Da
5 liegen sie verbrannt, zerfallen, zerstört, dass weder Dach, Türen, noch Fenster zu sehen sind. Was haben die Soldaten aus den Kirchen gemacht! Sie haben sie verbrannt, zu Pferdeställen oder Kneipen gemacht (…). Ach Gott,
10 wie jämmerlich sind die Dörfer! Man wandert zehn Meilen und sieht nicht einen Menschen, nicht ein Stück Vieh, nicht einen Sperling, nur manchmal sieht man einen alten Mann oder ein paar alte Frauen (…). "

🔆 **Bilder beschreiben**

M 5 Während des Dreißigjährigen Krieges wurde die Stadt Magdeburg durch kaiserliche Truppen völlig zerstört. Dabei kamen etwa 20 000 Menschen ums Leben (Gemälde eines Augenzeuger aus dem Jahre 1631).

*
4. Das Gedicht M 2 liefert dir weitere Informationen, die du für deinen Bericht in Aufgabe 3 verwenden kannst.
Es ist in der Sprache des 17. Jahrhunderts geschrieben.

Du kannst seinen Inhalt aber „entschlüsseln", indem du
– den Text mehrfach laut liest.
– die Bedeutung schwieriger Begriffe durch den Satzzusammenhang klärst.
– das Gedicht Satz für Satz mit deinen eigenen Worten wiedergibst.

Armut im Mittelalter

Heute versucht der Staat die Bedürftigen mit Sozialhilfe zu unterstützen. Im Mittelalter war ein solches System noch nicht bekannt ...

T1 Armut und Hunger

Im Mittelalter waren viele Menschen arm oder von der Armut bedroht. Auf dem Land waren die Menschen zudem vom Wetter abhängig. Eine schlechte Ernte konnte zu Hungersnöten führen. Für viele Kleinbauern mit wenig Land und schlechten Geräten reichte die normale Ernte schon kaum für das Überleben aus. Andere Auslöser von Armut waren hohe Abgaben an die Obrigkeit, Seuchen oder Kriege (Diebstahl, Plünderungen). Oft waren es aber ganz persönliche Schicksale der Menschen, die in die Armut führten (Unfälle, Krankheiten etc.). Der Tod des Ehepartners konnte für Frauen eine erhebliche Belastung darstellen, aber auch im Alter lebten die meisten ohne Absicherung und waren auf die Hilfe anderer angewiesen.
Auch die Städte hatten ähnliche Probleme. Teilweise lebte weit über die Hälfte der Stadtbevölkerung von der Hand in den Mund.

T2 Fürsorge

Eine staatliche Fürsorge gab es noch nicht. Neben der Versorgung der Armen durch Bekannte, Gemeinden und Zünfte war es vor allem die Kirche, die sich um die Armenfürsorge kümmerte. Kirchliche Einrichtungen verteilten Nahrung, Kleidung oder gaben Unterkunft. Die Bevölkerung war durch ihren christlichen Glauben zur Nächstenliebe aufgerufen. Durch milde Gaben konnten sie ihre „Barmherzigkeit" (caritas) zeigen und traten so als gute Menschen in der Öffentlichkeit auf.

M1 „Von der Traurigkeit und der Trübseligkeit"
(Holzschnitt des Petrarca-Meisters, 1532)

1. Nenne Gründe, die im Mittelalter zur Armut führen konnten. (T1)

2. Wer kümmerte sich im Mittelalter um die Armen? (T2)

3. Arbeite mit Bild M1: Während verarmte Menschen aus dem oberen und mittleren Schichten Hilfe über persönliche Bekanntschaften erhielten, mussten viele andere betteln. Das Bild aus dem Spätmittelalter zeigt eine Szene von Bettlern.

a) Versuche das Bild M1 so genau wie möglich zu beschreiben: Wer wird gezeigt? Wie werden diese Personen dargestellt? Wo wird hier gebettelt? Begründe deine Antworten. Notiere auch die Koordinaten (vgl. Tipp).

3

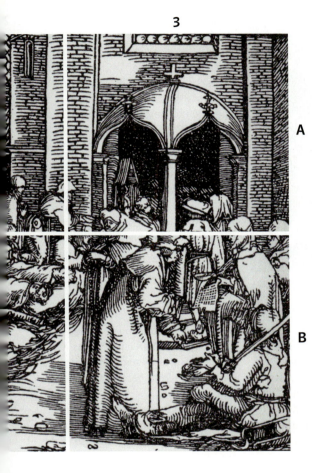

A

B

Lexikon

Sozialhilfe
Darunter versteht man eine gesetzlich geregelte Unterstützung für mittellose Bürgerinnen und Bürger. Diese Unterstützung kann durch Geld oder auch durch Sachleistungen (z. B. Wohnungseinrichtung) erfolgen. Die Menschen, die Sozialhilfe bekommen, nennt man Sozialhilfeempfänger.

Tipp

Bild einteilen
Wenn man ein Raster über ein Bild legt, wie bei M1, kann man sich besser mit anderen über das Abgebildete unterhalten.
Die Koordinaten helfen dabei, sich schneller zurecht zu finden.

b) Versuche die Bettlerin links unten so genau wie möglich zu beschreiben (Koordinaten: 1B)! Achte dabei darauf, dass du nur das festhältst, was du im Bild Erkennen kannst.

c) Stelle Überlegungen an, warum die Bettler und Bettlerinnen genau an diesem Ort betteln.

4. Welche Gründe für das Betteln kann man auf dem Bild erkennen? (M1, T1, T2)

Bettler und Bettlerinnen

Nicht alle, die bettelten, wollte die mittelalterliche Gesellschaft unterstützen.

Ⓐ „Von der Traurigkeit und der Trübseligkeit" (Holzschnitt des Petrarca-Meisters, 1532)

T1 Am Ende des Mittelalters nahm die Zahl der Bettlerinnen und Bettler zu. Die Gesellschaft versuchte trotzdem den armen und verarmten Menschen zu helfen. Gesunde und arbeitsfähige Menschen sollten aber nicht unterstützt werden. Dazu zählten „Berufsbettler", die eigentlich einer Tätigkeit nachkommen hätten können, jedoch lieber bettelten. ① Gleich erging es jenen Armen, die kein geregeltes Leben an einem Ort führten oder in den Augen der Gesellschaft unmoralisch waren. Als unmoralisch galten zum Beispiel offen gelebte uneheliche Beziehungen. ②

Ⓒ In der Nürnberger Bettelordnung von 1478 regelte die Stadt Nürnberg das Betteln:

"" Zum ersten ordnen unsere Ratsherrn an, setzten fest und gebieten, dass weder Bürger noch Bürgerin, weder männlicher Gast
5 noch weiblicher Gast in dieser Stadt Nürnberg, weder Tag noch Nacht betteln darf, wenn es ihm nicht von jemandem, der durch den erhabenen Rat damit betraut und einge-
10 setzt ist, zugestanden oder erlaubt wird. (…)

Die Bettler und Bettlerinnen, denen hier zu betteln erlaubt ist und die nicht Krüppel, lahm oder blind sind,
15 sollen an keinem Werktag vor den Kirchen müßig an dem Bettelort sitzen, sondern spinnen oder andere Arbeit, die zu verrichten sie in der Lage sind, ausführen. (…)
20 Es dürfen auch solche, die nicht Bürger sind, hier betteln, jedoch nicht mehr als zwei Tage je Vierteljahr, und überhaupt nicht dürfen hier betteln, wenn sie es nicht mit
25 Wissen des (…) vom ehrbaren Rate

Beauftragten tun, sowie darüber hinaus noch das Vaterunser, das Ave Maria, das Glaubensbekenntnis und die Zehn Gebote beten und aufsa-
30 gen können. (…)
Jeder selbstverschuldete Arme soll nicht mehr als einen Tag im Jahr hier in der Stadt betteln, wenn er das Stadtverbot auf ein Jahr vermeiden
35 will. (…) Auch Aussätzige, sowohl die hier vor der Stadt als auch fremde, sollen sich nicht hier in der Stadt betteln herumtreiben (…) ""

1. Lies T1 genau durch.

2. Erzählungen über die Vergangenheit beziehen sich auf Quellen aus der Vergangenheit und auf Forschungsergebnisse von Historikern. Sieh dir alle Materialien, die um den Text angeordnet sind, an.

Wobei handelt es sich um Quellen aus dem Mittelalter und wobei handelt es sich um Darstellungen von Historikern oder Historikerinnen? Beachte dafür die Angaben zu den Texten.

6

Seit dem Spätmittelalter versuchten einige Städte die wachsende Schar an Bettlern in unterschiedliche Gruppen einzuteilen. Man wollte nämlich nur den wirklich Bedürftigen helfen. Die meisten Städte führten dazu „Bettelordnungen" ein. Diese Ordnungen schrieben vor, welche Menschen betteln durften. Oft wurden darin auch die Orte festgelegt, an denen gebettelt werden konnte. ③ Einige Städte vergaben auch „Bettelzeichen". Sie waren eine Art Ausweis. Wer ein solches Zeichen hatte, durfte in der Stadt betteln. ④ Das „Bettelzeichen" alleine reichte aber nicht aus, um als Bettlerin oder Bettler genügend Almosen zu bekommen. Der Platz, wo sie bettelten, war dafür ebenso entscheidend, wie ihr Aussehen. Kranke und Menschen mit Behinderung nutzen ihre Gebrechen, um Mitleid zu erwecken. ⑤

Tipp

Quellenkunde
Unter den Materialien befindet sich auch eine Verordnung. Verordnungen gehören zu den Quellen aus dem Bereich des Rechts. Solche Quellen zeigen vorrangig auf, wie man eine Situation haben wollte. Sie wurde verordnet. Das bedeutet aber nicht, dass die Menschen nicht auch anders handelten, also gegen die Verordnung verstießen.

B Ein Historiker stellte nach dem Studium der Quellen fest:

„ Für das Aussehen des Bettlers hat der Körper fundamentale Bedeutung. Zu den Techniken des professionellen Bettelns gehört vor allem, daß man seine Gebrechen, Krankheiten und körperlichen Mängel geschickt zur Schau stellt.
5 … Die Berechtigung zum Betteln beruht vor allem auf körperlicher Gebrechlichkeit, und sie in geeigneter Form zu betonen war ein Mittel, das Betteln zu legitimieren [= rechtfertigen] und Mitleid zu erwecken. "

F Eine Historikerin fand heraus:

„ Folgende Armen wurden vom Recht auf Almosen ausgeschlossen: Vagabundierende, Müssiggänger, Konkubinatspaare[1], Frauen von unmoralischem Lebenswandel, insbesondere ledige Mütter. Des weiteren besaß kein Recht auf Unterstützung, wer seine Armut selbst verschuldet hatte. Zu diesen zählte, wer in Trinkstuben Lohn, Hab und Gut verprasste oder sein Geld verspielte, anstatt zu arbeiten. "

[1]Konkubinatspaare = dauerhafte und eigentlich verheimlichte Beziehung zwischen einer Frau und einem Mann ohne verheiratet zu sein

E In der Darstellung von zwei Historikern heißt es:

„ Von Bettelei ernährten sich nicht nur diejenigen, für die es aufgrund individueller Notlagen, insbesondere Arbeitsunfähigkeit, keine anderen Erhaltungsmöglichkeiten gibt. Daneben gibt es „Nebenerwerbsbettler", das sind zumeist unselbständige Lohnabhängige, die ihr Einkommen nach Feierabend durch Bettelei aufbessern. Es gibt eine große Zahl von Berufsbettlern, also durchaus gesunde und arbeitsfähige, aber unwillige Individuen, die es vorziehen, ihren Unterhalt durch Betteln zu erwerben. "

D Bettelzeichen der Stadt Nürnberg

3. Versuche die Materialien (Darstellungen und Quellen) den Textabschnitten zuzuordnen. Manche können auch öfters zugeordnet werden. Die Kästen im Text und die Buchstaben vor den Materialien helfen dir dabei.

4. Auch heute gibt es noch arme Menschen und sie gehen teilweise auch betteln. Informiere dich, welche Möglichkeiten diese Menschen haben, damit ihnen geholfen wird. Denke dabei nicht nur an staatliche Hilfe, sondern auch an private Einrichtungen!

5. Lies dir die Nürnberger Bettelordnung und den Tipp zur Quellenarbeit nochmals genau durch. Welche Probleme könnte die Stadt gehabt haben, um solche Regelungen festzusetzen?

Weltreligionen

Überall auf der Welt beten Menschen – Christen zu „Gott", Juden zu „Jahwe" und
Moslems zu „Allah". Worin unterscheiden sich diese drei großen Religionen?
Und gibt es auch Gemeinsamkeiten?

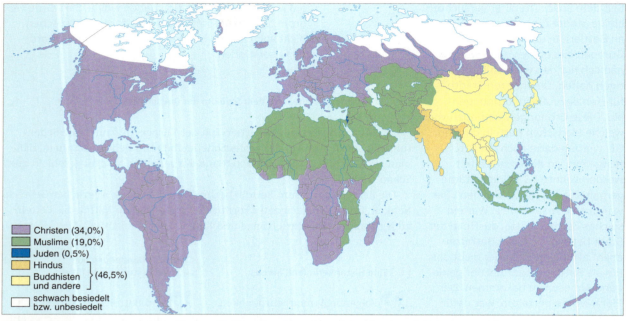

M1 Diese Karte zeigt nur, in welchen Ländern die Menschen überwiegend den einzelnen Religionen angehören.

T1 Verständnis für Andersgläubige
In jeder Religion gibt es Menschen,
die kein Verständnis für Andersgläubige haben. Sie glauben, dass ihre
eigene Religion die einzig Richtige
ist. Dabei wissen die meisten von
ihnen nicht einmal, nach welchen
Geboten Juden leben, dass Jesus
ein Mensch war, wie Muslime beten
oder wie Buddhisten den Weg zur
Erlösung finden. So entstehen Vor-
urteile.

T2 Fragen an die Religionen
Die verschiedenen Religionen
haben nicht nur Unterschiede,
sondern auch Gemeinsamkeiten.
Eigentlich stellen sich alle Menschen auf der ganzen Welt die gleichen Fragen: Woher komme ich?
Warum lebe ich? Was passiert mit
mir, wenn ich sterbe? In ihrem
Glauben finden sie Antworten auf
diese Fragen, egal, welcher Religion
sie angehören.

**T3 Unterschiede
und Gemeinsamkeiten**
Wie für das Judentum gelten auch
für Christen die Zehn Gebote.
Diese Religionen werden auch die
Buchreligionen genannt, weil sie
jeweils ein heiliges Buch haben,
nach denen die Gläubigen sich
richten: die Thora, die Bibel und
den Koran. Den Gottesdienst feiern
Juden in Synagogen, Christen in Kirchen und Moslems in Moscheen.

1. Nenne die Religionen, die in
diesem Kapitel vorgestellt werden.

2. Schreibe die Gründer der
jeweiligen Religion auf. (M 2)

3. Erkläre den Begriff Buchreligion
und nenne jeweils das entsprechende Buch. (M 2)

4. Beschreibe M 5 mit eigenen
Worten. Welche Person gehört wohl
welcher Religion an?

um 1250 v. Chr.	um 30 n. Chr.	622

Moses

Jesus

Moschee

Mohammed

Synagoge

Kirche

Bibel

Koran

Thora

M 2 Zeitstrahl

Die Buddhisten verehren Buddha in Tempeln. Der Buddhismus hat sich im Gegensatz zu anderen Religionen überwiegend friedlich ausgebreitet. Buddhas Botschaft, dass allein die guten Taten zählen, gilt für alle Menschen, egal ob sie arm oder reich sind.

M 3 Dudu, ein frommer Jude aus Jerusalem erzählt:

" Am Samstag gehe ich mit meinen Söhnen in den Synagogengottesdienst. Ansonsten ist der Tag der Ruhe gewidmet. Es ist ein er-
5 holsamer Tag. Gegen Abend verabschiede ich den Sabbat im Kreis der Familie. Dann essen wir gemeinsam das Abendbrot. "

M 4 Täglich sagen die Muslime: Es gibt keinen Gott außer Gott und Mohammed ist sein Prophet. Im Koran in der Sure 112 steht:

" 1. Im Namen Allahs, des Gnädigen, des Barmherzigen.
2. Sprich: „Er ist Allah, der Einzige;
3. Allah, der Unabhängige und von
5 allen Angeflehte.
4. Er zeugt nicht und ward nicht gezeugt;
5. und keiner ist Ihm gleich. "

M 5 Vier Religionen trafen sich im Januar 2002 in der italienischen Stadt Assisi, um für den Frieden zu beten. Auf dem Bild sind ein orthodoxer und zwei katholische Priester, ein Imam, ein Buddhist und ein Rabbiner abgebildet.

5. Erstelle eine Liste mit drei Merkmalen der Religionen und benenne anschließend auch ihre Gemeinsamkeiten.

6. Die Juden, die Christen und die Muslime haben einen „Feiertag" in der Woche, wie nennen sie ihn und um welchen Wochentag handelt es sich? Informiere dich dazu bei Freunden und Bekannten.

7. Besucht eine Kirche, eine Moschee und wenn möglich eine Synagoge.
Fertigt Notizen dazu an, wie die Gotteshäuser aussehen.
Schreibt anschließend einen Bericht für eure Schülerzeitung über euren Besuch.

Wer kennt sich im Mittelalter aus?

1. Hier stimmt doch etwas nicht!

Verbessere die falschen Aussagen und schreibe sie richtig auf. Manchmal sind mehrere Fehler in einer Aussage:

- Das Oströmische Reich ging im Jahre 399 unter.
- Im Mittelalter entschied die Leistung darüber, wer welchem Stand angehörte.
- Die Lieblingspfalz von Kaiser Karl des Großen war Ingelheim am Rhein.
- In den Burgräumen war es gemütlich und man fühlte sich wohl.
- Papst Gregor VII. bat König Heinrich IV. um Verzeihung.
- Martin Luther zeigte Mitgefühl mit den aufständischen Bauern und unterstützte sie.
- Der Westfälische Frieden, unterzeichnet in Osnabrück und Bielefeld, beendete den Bauernkrieg.
- Der Ablassprediger Johann Tetzel verurteilte die Missstände in der katholischen Kirche.

2. Silberrätsel

Löse mithilfe der Silben folgende Aufgaben. Die ersten Buchstaben, von oben nach unten gelesen bezeichnen ein Ereignis, das für die Christen große Folgen hatte.

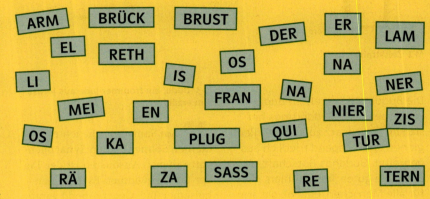

1. Name für Gegenstände aus dem Leben heiliger Männer und Frauen.
2. Gebiet, das vom Bauernkrieg erfasst wurde.
3. Christlicher Orden, der Hilfsbedürftige unterstützt.
4. Stadt, in der der Westfälische Frieden abgeschlossen wurde.
5. Ackergerät, das den Hakenpflug ablöste.
6. Ein vom Grundherr eingesetzter Verwalter.
7. Waffe zur Verteidigung der Burg.
8. Wettstreit zwischen den Rittern mit Waffen.
9. Religion, die im arabischen Raum entstand.
10. Hoher christlicher Feiertag
11. Stadt, die mit dem Leben von Jesu verbunden ist.

Wichtige Begriffe:

Karl der Große

Thesen

Papst

Dreißigjähriger Krieg

Martin Luther

3. Glaube und Reformation

Löse das Bilderrätsel und erläutere
die gesuchten Begriffe.
Schau dir dazu die Seiten über die
Reformation und den Dreißigjährigen Krieg noch einmal an.

a)

2,1

F=L

b)

+N

3 4

6-12
S=G

4. Papst oder Kaiser – wer bestimmt?

Hier sind die Aussagen von Gregor VII. und Heinrich IV. durcheinander geraten. Schau dir dazu die Materialien 2 und 4 auf Seite 192/193 an.
Ordne sie zu und gib auch die Zeile
an, in der du sie gefunden hast.

- Wenn ich mein Einverständnis ge-
  be, brauchen Untertanen ihrem
  ungerechten König nicht mehr zu
  gehorchen.
- Niemand darf sich meinem Urteil
  widersetzen.
- Der einzige Richter, dem ich mich
  fügen muss, ist Gott.
- Ich darf als einziger Geistliche in
  ihr Amt einsetzen.
- Zum König hat mich Gott gemacht
  – und nicht der Papst.
- Ich habe das Recht, den Kaiser zu
  entmachten.
- Papst Gregor muss von seinem
  Amt zurücktreten, weil meine
  Bischöfe und ich das so beschlossen haben.

5. Wie heißt doch gleich . . .
Schreibe die gesuchten Begriffe auf.

- der fränkische König, der zum
  Christentum übertrat;
- der „Vorsteher" eines Klosters;
- das Ereignis, wenn ein Knappe
  zum Ritter geschlagen wird;
- das Gemeindeeigentum, das alle
  Dorfbewohner nutzen durften;
- der Bereich des Grundherrn mit
  allen seinen Untertanen;
- der Missionar, der die Germanen
  am Bodensee zum Christentum
  bekehrte;
- die Heilige Stadt, die Ziel der
  Kreuzfahrerheere war;
- der sächsische Kurfürst, der Martin Luther Schutz gewährte.

Lehnspyramide

Kaiser

Grundherrschaft

Kirche

Lehen

Christen

Frankenreich

7 Die Stadt im Mittelalter

Du warst sicher schon einmal in einer mittelalterlichen Stadt und hast viel rund um den Marktplatz entdeckt: das Rathaus, die Stadtkirche oder die schmucken Fachwerkhäuser.

Wie sie entstanden sind und welche Bedeutung sie hatten – darüber wird in diesem Kapitel berichtet. Vor allem aber erfährst du mehr über die Bürgerinnen und Bürger vor über 500 Jahren.

Bezug zu heute

Historisches aus dem Mittelalter entdecken. Das Rathaus von Paderborn.

Damals wie heute gab es Vorschriften beim Handel auf dem Markt.

Geschichte erleben

Chronologie

1150 – 1350
Städtegründungen in Mitteleuropa. Köln wurde bereits durch die Römer gegründet.

1347/1348
Die Pest erfasst Europa. Millionen Menschen sterben.

Einen Bürgermeister, nicht aber eine Bürgermeisterin gab es schon damals.

Sogar Banken gab es schon in mittelalterlichen Städten.

1368
Kämpfe um die Stadtherrschaft.
In Augsburg übernehmen die Zünfte die Macht.

1405
Der große Stadtbrand in Bern, 1405.

Städte entstehen und wachsen

Im Jahr 1000 gab es in Deutschland – die alten Römerstädte ausgenommen – praktisch keine Städte, 400 Jahre später gab es bereits 4 000. Wie kam es dazu?

T1 Aus Bauern werden Handwerker

Im 11. Jahrhundert wuchs in Deutschland die Bevölkerung stark an. Da die Bauern neue Anbaumethoden und Arbeitsgeräte benutzten, konnten sie mehr ernten und es ging ihnen besser. So entstand bei den Menschen das Bedürfnis, Waren zu kaufen, die für ihr Leben wichtig waren. Das waren Nahrungsmittel, Kleidung und Arbeitsgeräte. Die besseren Ernten führten auch dazu, dass nicht mehr so viele Menschen in der Landwirtschaft arbeiten mussten. Einige Bauern wurden Handwerker, die jetzt Geräte für die Landwirtschaft, Sensen oder Pflüge, herstellten.

T2 Marktsiedlungen entstehen

Die Plätze, an denen die Menschen ihre Waren anboten, entwickelten sich allmählich zu Märkten. Sie lagen dort, wo viele Menschen zusammenkamen: in der Nähe von Römersiedlungen, Burgen, Bischofssitzen, Kaiserpfalzen und Klöstern. Mit der Zeit wurden aus den Märkten Marktsiedlungen, weil sich neben den Handwerkern auch Kaufleute ansiedelten. Sie boten ihre Waren – auch aus anderen Gegenden und Ländern – an: Tuche, Gewürze, Schmuck. Bäuerinnen und Bauern verkauften Früchte vom Feld und aus dem Garten oder auch selbst angefertigte Körbe.

T3 Von der Siedlung zur Stadt

Die Bewohner der Marktsiedlungen waren vielen Gefahren ausgesetzt. Groß war die Angst vor Soldaten, Räubern und Dieben. Deshalb suchten sie Schutz bei Königen, Fürsten, Bischöfen und Äbten. Dieser Schutz wurde ihnen gern gewährt, denn die Bewohner mussten dafür bezahlen. Stolz waren sie, wenn ihnen vom Landesherren das Stadtrecht verliehen wurde. Dann bauten sie auf dem Marktplatz ein Rathaus und eine Kirche. Im Zeughaus lagerten sie die Waffen, um die Stadt zu verteidigen. Um die Stadt wurde eine hohe Stadtmauer mit Wehrtürmen und Stadttoren gebaut.

M1 Das mittelalterliche Köln von der Rheinseite aus gesehen. Aus der Schedelschen Weltchronik um 1493.

·COLONIA·

» **1.** Warum wurden Marktsiedlungen und später Städte gegründet? (T1–T3)

2. An welchen Stellen wurden Städte gegründet? (T2)

3. Woran erkennst du, dass Köln eine ziemlich große mittelalterliche Stadt war? (T3, M1)

4. Suche die in M3 genannten Städte in deinem Atlas. In welchen Staaten liegen sie heute? (M3)

5. Erkläre die Begriffe: Stadtrat, Bürgermeister, Freiheitsbrief, freie Reichsstadt, Stadtsiegel. (T3, T4, M4)

< Extra >

M 2 Die Gründungsurkunde von Freiburg im Breisgau wurde zum Vorbild für viele Städte im 12. Jahrhundert:

99 Ich verspreche all jenen, die zu meinem Markt kommen, Frieden und Schutz. Wenn einer in diesem Bereich beraubt wird und er nennt
5 den Räuber, soll er den Schaden ersetzt bekommen. (…)
Allen Kaufleuten der Stadt erlasse ich den Zoll.
Meinen Bürgern will ich keinen an-
10 deren Vogt [Vertreter des Herzogs in der Stadt] oder Priester geben, außer dem, welchen sie selbst gewählt haben.
Wenn ein Streit oder Rechtsfall ent-
15 steht, soll nicht von mir oder meinen Richtern darüber entschieden werden, sondern nach Gewohnheit und Recht aller Kaufleute, wie sie besonders in Köln geübt werden. (…)
20 Jede Frau wird dem Mann gleichgesetzt und umgekehrt. (…)
Jeder, der in diese Stadt kommt, darf sich hier frei niederlassen, wenn er nicht der Leibeigene ir-
25 gendeines Herrn ist und diesen auch anerkennt als seinen Herrn. (…) Wenn aber ein Leibeigener seinen Herrn verleugnet, kann der Herr mit sieben Zeugen beweisen,
30 dass der Leibeigene ihm gehört. Dann soll der Leibeigene ihm gehorchen. Wer aber über Jahr und Tag in der Stadt gewohnt hat, ohne dass irgendein Herr ihn als seinen
35 Leibeigenen gefordert hat, der genieße von da an sicher die Freiheit. (…) 66

T 4 Die Bürger regieren sich selbst

Bald wollten die Bürger unabhängig vom Schutzherrn sein und selbst ihre Stadt regieren. Einige Städte kauften sich von ihrem Schutzherrn frei. Andere bekamen ihre Unabhängigkeit erst nach heftigen Kämpfen. Jetzt verwaltete ein Stadtrat mit dem Bürgermeister an der Spitze die Stadt. Wieder andere Städte bekamen einen Freiheitsbrief vom Kaiser verliehen. Die Bürger dieser Städte waren besonders stolz. Sie waren von nun an freie Reichsstädte, unterstanden direkt dem Kaiser und besaßen besondere Privilegien [Vorrechte].

M 3 Die Einwohnerzahl einiger europäischer Städte im 14. Jh.:
Im Mittelalter gab es noch keine genauen Bevölkerungsstatistiken. Die Einwohnerzahlen in der Tabelle wurden anhand der Stadtfläche und der Anzahl der Haushalte in einer Stadt geschätzt:

Konstantinopel	über 100 000
Gent	60 000
Barcelona	35 000
Venedig	90 000
Neapel	60 000
Lübeck	25 000
Genua	84 000
Köln	40 000
Nürnberg	23 000
Mailand	über 80 000
London	40 000
Hamburg	17 000
Paris	über 80 000
Rom	40 000
Frankfurt/Main	10 000

M 4 Siegel der Stadt Trier aus dem 12. Jh. Seit dieser Zeit führten deutsche Städte eigene Siegel. Sie zeigten den Schutzheiligen der Stadt oder typische Stadtansichten (Türme, Tore, Rathäuser). Die Umschrift dieses Siegels lautet: „Der Herr segne die Trierer und ihre Stadt." Petrus ist der Schutzpatron, Eucharius der erste Bischof Triers.

M 5 Mit folgendem Eid wurden Stadtbewohner um das Jahr 1355 in die Bürgerschaft Kölns aufgenommen:

99 Dies sollen diejenigen schwören, welche man als Neubürger von Köln aufnimmt. Zum Ersten sollen sie schwören, dem Rat und der Stadt
5 Köln treu und hold zu sein und ihren Nutzen zu fördern und Schaden [von ihr] abzuwenden, wo irgend sie davon wissen oder vernehmen; sodann der Sturmglocke zu folgen und
10 eine volle Rüstung zu besitzen zum Nutzen des Rates und der Stadt Köln. Wenn sie diesen Eid geleistet haben, so soll man ihnen das Bürgerrecht verleihen mit der vollen Freiheit, die
15 andere Bürger haben. 66

6. Welche Rechte gewährte der Schutzherr Konrad den Freiburger Bürgern und welche Pflichten hatten sie? (M 2)

7. Welche Verpflichtungen gegenüber der Stadt übernahm der Schutzherr? (M 2)

8. „Stadtluft macht frei", hieß es im Mittelalter. Erkläre den Satz anhand von M 2.

✱
9. Welche Pflichten übernahmen die neuen Bürger der Stadt Köln? (M 5)

Auf dem Markt

Der Markttag war ein besonderer Tag für die Stadtbewohner.
Aber auch für die wirtschaftliche Entwicklung der Stadt war dieser Tag wichtig.

M1 Markt in einer mittelalterlichen Stadt (Rekonstruktionszeichnung)

T1 Markttag in der Stadt

Der Mittelpunkt der Stadt war der Marktplatz. Das war ein runder oder lang gestreckter Platz, um den das Rathaus, die Kirche, Häuser und Läden einiger Kaufleute und Handwerker standen.

Ursprünglich gab es im Jahr nur wenige Markttage, im Frühjahr oder Herbst oder zu kirchlichen Feiertagen. Später wurde der wöchentliche Markt üblich.
An den Markttagen drängten sich die Menschen schon frühmorgens auf dem Marktplatz. Wenn die Marktfahne aufgezogen war, konnte der Handel beginnen:

1. Zähle die Vorteile auf, die eine Stadt durch das Marktrecht besaß. (T2)

2. Setze die durcheinander geschüttelten Wörter sinnvoll zusammen und ordne sie a, b oder c richtig zu:
ÖTPEF – IEER – ÖRKEB – IEDSE – FEPFRFE – EFGLGFLEÜ – USECHH – EZLPE – ÜREBN

a) Waren der Bauern,
b) Waren der Handwerker,
c) Waren der Fernhändler.
(T1, T2)

M 2 Brotmaß am Freiburger Münster.
Wenn sich ein Bäcker nicht an die vorgeschriebenen Maße hielt, wurde er hart bestraft.

Bäuerinnen und Bauern aus der Umgebung hatten ihre Stände aufgeschlagen. Laut schreiend boten sie ihre Waren an: Eier, Honig, Geflügel, Zwiebeln und anderes von Feld und Hof. Auch Handwerker stellten ihre Ware aus. Wer Töpfe, Körbe, Tonwaren oder anderes Geschirr brauchte, fand es hier. Lag die Stadt an einer großen Handelstraße, verkauften auch Fernhändler ihre Waren: Salz und Heringe, aber auch Tuche, Seide, Pelze, Waffen und manchmal sogar Pfeffer und Gewürze aus dem Orient. Anfangs wurde auf dem Markt noch Ware gegen andere Ware getauscht. Später setzten sich Geldmünzen als Zahlungsmittel durch. Der Kaiser konnte einer Stadt das Recht verleihen (das Recht geben), Münzen zu prägen.

T 2 Die Stadt lebt vom Markt

Nicht in jeder Stadt durfte Markt gehalten werden. Dazu benötigten die Bürger das Marktrecht. Es wurde ihnen vom Landesherrn, manchmal auch vom Kaiser, verliehen. Jeder musste sich an die Marktordnung halten. Wer beim Betrügen erwischt wurde, Streit anfing oder mit Waffen angetroffen wurde, brach den Marktfrieden. Er wurde von einem Marktgericht verurteilt. Viele Stadtbewohner lebten vom Markt: nicht nur Handwerker und Kaufleute, sondern auch Lastenträger, Gaukler, Bettler und Herbergsbesitzer.

M 3 Stadtwaage in Nürnberg. Der Wiegemeister (Mitte) wiegt den Stoffballen eines Kaufmanns (rechts), um den Zoll festzulegen. Sein Gehilfe (links) setzt die Gewichte.

M 4 Aus der Marktordnung der Stadt Landshut aus dem Jahr 1526:

,, 1. Wir verbieten, Schwerter und Dolche innerhalb der Stadt zu tragen. Wer ein Schwert trägt, zahlt 6 Schilling und dem Richter 60 Pfennig. (…)
10. Wir verordnen, dass kein Kauf außerhalb des öffent-
5 lichen Marktes stattfindet. Dies gilt für Leute, die Waren in die Stadt bringen. Wer gegen diese Anordnung verstößt, muss der Stadt 6 Schilling und dem Richter 60 Pfennig bezahlen. Wenn er kein Geld besitzt, wird ihm die Hand abgeschlagen (…).
10 11. Wir verordnen, dass zwei gute Würste, die die vorgeschriebene Größe besitzen, für einen Pfennig verkauft werden, sie dürfen aber nur aus reinem Schweinefleisch gemacht sein. Zuwiderhandelnde müssen 1 Pfund (= 240 Pfennig) zahlen und werden ein Jahr lang von ih-
15 rem Handwerk ausgeschlossen (…).
20: Lotterbuben jeder Art, fahrende Schüler mit langen Haaren halten wir fern. Die Leute, die sie über eine Nacht hinaus beherbergen, verurteilen wir zu 1 Pfund. "

3. Erläutere, was alles in der Marktordnung M 4 geregelt wird.

4. Stell dir vor, du führst einen Freund, der zum ersten Mal in der Stadt ist, über den mittelalterlichen Markt. (M 1 – M 3)
Erkläre ihm, was an den einzelnen Ständen geschieht und was sonst noch alles passiert.

✳
5. Erkläre, warum das Brotmaß (M 2) und die Stadtwaage (M 3) für den Handel damals wichtig waren.

Handwerker und Zünfte

Ein Sprichwort aus dem Mittelalter heißt: „Handwerk hat goldenen Boden."
Traf es für das Handwerk damals zu?

T1 Ohne Handwerker geht es nicht

In der mittelalterlichen Stadt waren die Handwerker begehrte Leute. Für das leibliche Wohl der Bürger sorgten Metzger, Bäcker und Bierbrauer. Es wurden auch Schneider, Schuster, Weber, Zimmerer und Bauleute gebraucht. Um die Stadt zu verteidigen, waren Waffenschmiede, Kettenhemd- und Eisenhandschuhmacher notwendig.

Die Anforderungen der Stadtbewohner und Bauern an das Handwerk stiegen. Deshalb spezialisierten sich Handwerker, wenn sie auf bestimmten Gebieten besondere Fähigkeiten erworben hatten. Im Schmiedehandwerk arbeiteten beispielsweise Huf- und Nagelschmiede, aber auch Löffel-, Pfannen- und Goldschmiede. Einige damalige Berufe gibt es heute noch, andere sind ausgestorben. Kannst du dir vorstellen, was ein Harnischmacher, Drahtzieher, Teersieder oder ein Heringswäscher machte?

T2 Im Hause des Meisters

Die Werkstatt lag im Erdgeschoss des Fachwerkhauses. Hier arbeitete der Meister mit den Gesellen und Lehrlingen. Seine Frau führte den Haushalt und verkaufte die Waren. Sie war auch für die Erziehung der Kinder verantwortlich. Nur in einigen Berufsgruppen führte sie selbst auch das Handwerk aus. Die Gesellen und Lehrlinge, aber auch die Mägde und Knechte lebten in winzigen Kammern unter dem Dach. Die Familie des Meisters wohnte im ersten Stock. Handwerker, die denselben Beruf ausübten, hatten ihre Werkstätten in einer Straße. Namen, wie Gerberstraße, Weber- oder Schustergasse, erinnern noch heute daran.

T3 Die Zünfte

Alle Meister, die das gleiche Handwerk ausübten, gehörten einer Zunft an. Jede Zunft hatte ihre Zunftordnung. Darin war festgehalten, wie man Meister wurde, wie viele Meister es in der Zunft geben und wie viele Gesellen und Lehrlinge ein Meister einstellen durfte.

M1 Schusterwerkstatt und Laden.

---

1. In M2 werden die Zeichen folgender Zünfte vorgestellt: Radmacher, Schuhmacher (zweimal), Bäcker, Schneider, Metzger, Dachdecker.
Ordne die Zunftzeichen den Berufen richtig zu.
Begründe deine Entscheidung.

2. Beschreibe, wie es in der Werkstatt eines Schuhmachers (M1) oder eines Hufschmieds (M3) zuging.
Beantworte dabei folgende Fragen.

– Wie sind Laden und Werkstatt eingerichtet?
– Welche Arbeiten werden ausgeführt und welche Werkzeuge werden dabei benutzt?
– Welche Aufgaben haben der Meister und die Meisterin sowie die Gesellen?

Auch über Menge, Qualität und Preise der Erzeugnisse gab es Vorschriften. Wer dagegen verstieß, wurde bestraft. In der Kirche hatten die Zünfte oft ihren eigenen Altar und verehrten einen Heiligen als ihren Schutzpatron. Auch im Kriegsfall traten die Zünfte als Gemeinschaft auf: Jeder Berufszweig verteidigte einen bestimmten Teil der Stadtmauer.

T 4 Ein Lehrvertrag damals
Sollte der Sohn eine Lehre beginnen, dann schloss sein Vater mit dem Meister einen Vertrag ab. In einem Lehrvertrag aus dem Jahre 1406 steht: „Meister Marten soll meinen Sohn die ganzen fünf Jahre anständig kleiden, wie es die Zunft verlangt. Für die Lehre will ich dem Meister sechzehn Gulden an Lehrgeld aushändigen."

Hatte der Lehrling die Ausbildung erfolgreich beendet, nahmen die Gesellen ihn in ihre Gemeinschaft auf. Der neue Geselle ging oft zunächst auf Wanderschaft, um in der Fremde Berufserfahrungen zu sammeln. Meister zu werden, blieb für viele Gesellen ein Traum. Meisterstellen waren selten. Außerdem verlangte die Zunftordnung die Anfertigung eines Meisterstückes, aber auch die Zahlung eines hohen Geldbetrages in die Zunftkasse.

M 2 Zunftzeichen.
Jede Zunft hatte ihr Wappen oder Zunftzeichen.

M 4 Aus dem Zunftbrief der Schmiede der Stadt Nördlingen:

" Wer vom Land hereinkommt und unserer Zunft angehören will, der muss ehelich geboren sein (…) Der soll unserer Zunft innerhalb
5 von acht Tagen drei Gulden zahlen. (…) Kein von auswärts kommender Meister, der nicht Bürger von Nördlingen ist, darf in der Stadt unser Handwerk ausüben. (…)
10 Wir wählen zwei Zunftmeister, von denen einer aus dem Schmiedehandwerk und der andere aus anderen Handwerken sein soll, und zwölf Geschworene. Jedes Jahr am St. Georgs-
15 tag sollen von allen Zunftgenossen die unter uns ausgewählt werden, die unserer Absicht nach tauglich sind. Und wer von der Mehrheit gewählt wurde, denen müssen wir
20 anderen Zunftgenossen gegenüber treu und wahrhaftig sein. (…) Sollten Streit und strafbare Handlungen unter uns begangen werden, dann sollten die Zunftmeister und die
25 Geschworenen eingreifen, darüber richten und die Strafe nach ihrer Meinung festsetzen. "

M 3 Hufschmiede in der Werkstatt (Niederlande, 14. Jh.)

3. Welche Bestimmungen enthalten die Zunftordnungen? (T 3, M 4)

4. Welche Bedeutung hatte die Zunftordnung (T 3, M 4) für …
a) die Zunftmitglieder,
b) die Käufer der Waren,
c) die Stadt insgesamt?

* 5. Informiere dich, ob es heute auch noch Zünfte, Meister und Gesellen gibt.

Reichtum und Elend

Wohlhabende Patrizier und Kaufleute, Bettler und Aussätzige – die mittelalterliche Stadt war voller Gegensätze.

T1 Nicht alle Stadtbewohner waren „Bürger"

In der mittelalterlichen Stadt wurde streng unterschieden, ob ein Bewohner zu den „Bürgern" zählte oder nicht. Das Bürgerrecht besaßen meist nur die Patrizier (die Reichen oder die Adligen), Kaufleute und Handwerksmeister. Bürger einer Stadt konnte man nur sein, wenn man ein Grundstück, ein Haus und ein Vermögen besaß. Handwerksgesellen, Fuhrleute, Lastenträger, Knechte und Mägde, Tagelöhner und Lohnarbeiter galten nicht als Bürger, weil sie nicht über Grund und Boden verfügten. Kein Bürgerrecht hatten auch die Obdachlosen, Bettler, Totengräber, Scharfrichter, Spielleute und Gaukler sowie Juden. Frauen besaßen das Bürgerrecht nur in Ausnahmefällen, wenn sie selbstständig Handel oder ein Gewerbe betrieben, d. h. wenn sie selbst ihr Geld verdienten. Als Bürger war man frei und unterstand nur der Gerichtsbarkeit der Stadt.

T2 Die städtische Ober- und Mittelschicht

Je nach dem Vermögen, das die Bewohner einer Stadt besaßen, ordnete man sie der städtischen Oberschicht, den Mittelschichten oder Unterschichten zu. Die städtische Oberschicht bildeten die Reichen der Stadt – Adlige und Fernkaufleute. Anfangs waren nur diese Personengruppen „ratsfähig", bestimmten also allein als Ratsherren über die Geschicke der Stadt. Auch einige Handwerksmeister brachten es im Laufe der Zeit zu einigem Wohlstand. Die städtische Mittelschicht bildete die größte Bevölkerungsgruppe, in manchen Städten bis zu 70 Prozent der Bevölkerung. Hierzu zählten die Handwerker und Gewerbetreibenden, Kleinhändler und die städtischen Beamten.

M1 Geschlechterreigen in einem Augsburger Tanzhaus im Jahre 1500 (Zeitgenössisches Gemälde im Maximilian-Museum in Augsburg).

1. Im Grundgesetz steht heute: „Alle Menschen sind vor dem Gesetz gleich". Erläutere, ob das auch damals zutraf.

2. Welche Voraussetzungen mussten erfüllt sein, um das Bürgerrecht einer Stadt zu erhalten? (T1)

3. Beschreibe die Bilder M1 und M2. Was sagen sie aus über die unterschiedliche Lebensweise der abgebildeten Bevölkerungsgruppen?

4. Sag deine Meinung dazu, wie in der Stadt Nürnberg mit den Leprakranken verfahren wurde. (M4)

5. Vergleicht das Jahreseinkommen der Bevölkerungsgruppen. Überlegt, was ein Tagelöhner nach Abzug der Kosten für Nahrungsmittel noch übrig hatte und was er sich dafür leisten konnte. (M3)

T 3 Städtische Unterschichten

Zu den Unterschichten zählten die Tagelöhner, Hilfs- und Transportarbeiter, Knechte und Mägde sowie Lehrlinge und Gesellen. Wenn sie auch keinen Grundbesitz hatten, so verfügten sie doch über ein bestimmtes, wenn auch geringes Einkommen. Sie wohnten zur Miete oder in den Häusern ihrer Dienstherren und Meister. Eine besondere Gruppe bildeten die „Pfahlbürger". Das waren neu in die Stadt gezogene Personen, die sich vor der Stadtmauer, in der so genannten Vorstadt ansiedelten. Zur Unterschicht zählten auch die „unehrlichen Berufe" – Bader, Schäfer, Scharfrichter, Totengräber – und die „Außenseiter": Bettler, Gaukler, Aussätzige, Obdachlose, Arbeitslose, Verarmte, Dirnen und auch die Juden. Sie lebten am Rande der städtischen Gesellschaft und konnten aus der Stadt verwiesen werden. Sie durften auch nicht vor Gericht als Zeugen aussagen. Weil sie oft in Armut lebten, besaßen diese Gruppen in vielen Städten das Recht, Almosen (Gaben, Geschenke) zu empfangen. Von der Stadt angestellte Ärzte, Apotheker und Hebammen behandelten sie oftmals kostenlos. Zu den Unterschichten gehörte fast jeder fünfte Bewohner. Die Angehörigen der Unterschichten lebten in primitiven Hütten, Kellern oder Mietshäusern. Wichtigste Erwerbsquelle zum Überleben war das Betteln.

M 3 Jahreseinkommen (in Gulden) einiger Berufsgruppen in Deutschland zu Beginn des 16. Jahrhunderts:

Dienstmädchen	3 – 5
Hausknechte	6 – 7
Tagelöhner*	20
Niedere Geistliche	20 – 40
Professoren	50 – 150
Hohe städtische Beamte	150 – 250

* Ein Tagelöhner benötigte jährlich allein 14 Gulden für Lebensmittel.

M 4 Wie mit Aussätzigen in der Stadt Nürnberg verfahren wurde:

„ Wenn Verdacht auf Lepra [ansteckbare, unheilbare Krankheit, die zum Tod führt] auftrat, untersuchte der Stadtarzt (…) den Patienten. Fiel die Untersuchung schlecht aus, dann schickte man die Kranken hinaus aufs Feld, wo sie sich Hütten bauten und vom Betteln ernährten. Einmal im Jahr durften sie die Stadt betreten, und es wurde ihnen reiches Almosen zugeteilt. (…)
Die Ausstoßung aus der weltlichen Gemeinde war hart genug. Die armen Menschen, die oft noch jahrzehntelang im Besitz ihrer geistigen Kräfte waren, wurden, wie heute Geisteskranke, entmündigt. Ihr Vermögen wurde ihnen damit entzogen und durch Verwandte oder durch die Stadt verwaltet. Auch durften sie nicht vor Gericht als Zeuge oder Kläger erscheinen. Da der fromme mittelalterliche Mensch die Krankheit als Strafe Gottes empfand, war die Ausstoßung aus der christlichen Gemeinschaft die Folge. (…) "

M 2 Bettler (Ausschnitt aus einer Miniatur in der Chronique de France, 14. Jh.).

---

* 6. Untersucht die gesellschaftliche Stellung der Personengruppen in der mittelalterlichen Stadt.
Bildet dazu drei Gruppen, die sich jeweils mit einer der drei städtischen Bevölkerungsschichten beschäftigen. (T 2, T 3)

Ein Mitglied jeder Gruppe trägt die Ergebnisse der Arbeit in der Klasse vor.
Die folgenden Teilaufgaben helfen euch, die Gesamtaufgabe gut zu lösen:

a) Welche Bevölkerungsgruppen gehörten der Schicht an?
b) Beschreibe diese Bevölkerungsgruppen näher (Lebensverhältnisse, gesellschaftliche Stellung, Ansehen in der Stadt, Rechte und Pflichten).

Juden und Christen

In den mittelalterlichen Städten lebten Juden und Christen
oft friedlich zusammen. Es gab aber auch Zeiten, in denen Christen
jüdische Mitbürger verfolgten und töteten.

T1 Gemeinsam für das Wohl der Stadt

Innerhalb der Stadtbevölkerung bildeten die Juden eine
besondere Gruppe. Obwohl sie keine Christen waren,
standen sie schon seit der Herrschaft Karls des Großen
unter dem Schutz der Kaiser und Könige. Diese gestat-
teten ihnen auch, ihre Religion frei auszuüben. In vielen
Städten waren die Juden geachtete Mitbürger, die es
als Händler, Geldverleiher, Gelehrte oder Ärzte oft zu
beträchtlichem Wohlstand gebracht hatten. In Städten,
wie Speyer, Worms, Köln, Frankfurt, Wien oder Prag,
hatten die jüdischen Bürger großen Anteil am wirtschaft-
lichen Aufschwung. Jüdische und christliche Gelehrte
tauschten ihre Meinungen aus und trugen so gemeinsam
dazu bei, Wissenschaft und Bildung zu fördern.

T2 Jüdisches Leben

Die Juden lebten in eigenen Stadtvierteln, den Gettos.
Hier regelten die jüdischen Gemeinden ihr Zusammenleben nach Rechtsvorstellungen, die im jüdischen
Glauben wurzelten. Die Gemeindemitglieder besaßen
ein eigenes Gotteshaus, die Synagoge. Die Gemeinde
kümmerte sich um die Kranken, Alten und Hilfsbedürftigen. Sie besaß ein eigenes Spital und einen eigenen
Friedhof. In der jüdischen Schule lernten die 5 bis 13-
jährigen Mädchen und Jungen lesen und schreiben
und waren den christlichen Kindern in der Bildung oft
überlegen. In den Tanz- und Badehäusern pflegte man
die Geselligkeit. Eigene Backstuben und Fleischereien
sorgten für Brot und Fleisch, das nach den besonderen
Glaubensvorschriften zubereitet wurde.

M1 Gespräch zwischen christlichen und jüdischen Gelehrten
(Holzschnitt von 1483).
Juden waren oft verpflichtet, Spitzhüte zu tragen.

T3 Juden – Menschen zweiter Klasse

Trotz des kaiserlichen Schutzes benachteiligten zahlreiche Bestimmungen die jüdischen Mitbürger und verletzten ihre Ehre: Juden hatten eine vorgeschriebene
Kleiderordnung, damit man sie sofort auf der Straße
erkannte. Sie durften kein Handwerk ausüben, kein
Land erwerben und nicht Bauer sein. Auch für öffentliche Ämter wurden sie nicht zugelassen.

1. Beschreibe das Leben der Juden
in ihren Vierteln (Gettos). (T2)

2. Welche Rolle spielten die Juden
in der mittelalterlichen Stadt?
Wie waren die Beziehungen
zwischen Christen und Juden?
(T1–3, M1)

3. Sage deine Meinung zu den Vor-
würfen mancher Christen gegenüber den jüdischen Mitbürgern.
(T4)

T 4 Hass und Verfolgung

Es gab auch Zeiten, in denen die religiösen Vorstellungen der Juden, ihre Bräuche und Gewohnheiten Misstrauen und Neid bei den christlichen Bürgern weckten. Das hatte noch einen anderen Grund: Da es für Christen verboten war, für geliehenes Geld Zinsen zu nehmen, betrieben die Juden im Mittelalter das Geschäft des Geldverleihes. Einige wurden sehr reich dabei. Dies alles führte dazu, dass unter den Christen ungeheuerliche Beschuldigungen gegen die Juden die Runde machten. Einer der schlimmsten Vorwürfe war, die Juden hätten sich am Tod Jesu schuldig gemacht. Auch wurde behauptet, sie würden Christenkinder schlachten, um mit dem Blut Brot für ein Fest zu backen. Juden wurde auch vorgeworfen, sie hätten die Brunnen vergiftet und damit die Tod bringende Pest verbreitet. Der aufkommende Hass führte immer wieder dazu, dass der Besitz jüdischer Bürger geplündert wurde und sie aus den Städten verjagt wurden. Tausende wurden bei den Judenverfolgungen umgebracht.

M 3 Richtlinien deutscher Städte für die jüdischen Mitbürger:
a) Beschluss des Rates der Stadt Köln, 1510:

99 Fortan wird keinem Juden in (…) Aufenthaltserlaubnis gewährt, der nicht einen gelben Ring an seinem äußersten Kleide trägt, wie das von alters her üblich und auch in anderen Städten Gewohnheit ist. 66

b) Straßburger Judenordnung vom 25. September 1383:

99 Unsere Herren, Meister und Rat, Schöffen und Amman, sind übereingekommen, dass alle Juden, Jüdinnen und ihre Kinder, die in unserer Stadt Straßburg sesshaft sind, in dieser unserer Stadt Frieden und
5 Schirm haben und behalten sollen und dass man sie handhaben soll, wie alle anderen Bürger. Was ihnen geschieht, es sei durch Schlagen, Stoßen, Wunden, Totschlag oder andere Dinge, in welcher Weise es auch sei, darüber sollen Meister und Rat richten in gleicher
10 Weise, als ob es einem anderen unserer Bürger geschehen sei. 66

M 4 In Straßburg verfolgten christliche Bürger Juden, weil sie von Juden geliehenes Geld nicht zurückzahlen wollten. Die geschah mit der Begründung, die Juden hätten sie betrogen. In einer Chronik steht 1349:

99 Am Freitag fing man die Juden, am Samstag verbrannte man die Juden, deren waren schätzungsweise wohl gegen zweitausend. Die sich aber wollten taufen lassen, die ließ man leben. Es wurden auch gegen ihrer
5 Mütter und Väter Willen viele junge Kinder aus dem Feuer genommen, die getauft wurden. Was man den Juden schuldig war, das war alles erledigt, und es wurden alle Schuldbriefe, die diese hatten, zurückgegeben. Das bare Geld, das sie hatten, das nahm der Rat und teilte
10 es unter die Zünfte und Handwerker. 66

M 2 Juden fliehen aus einer fränkischen Stadt
(Illustration in einer Handschrift jüdischer Klagelieder)

---

4. Gib mit eigenen Worten den Inhalt der Verordnungen der Städte Köln und Straßburg über die jüdischen Mitbürger wieder. (M 3) Wodurch unterscheiden sie sich?

5. Welche Absichten verfolgten die Verfasser dieser Verordnung?

*
6. Beschreibe M 2 und M 4. Warum kam es zu den Judenverfolgungen und wie verliefen sie? (T 4)

Fernhandel bringt Gewinn

Der Seehandel war ein einträgliches Geschäft.
Das hatten auch norditalienische und deutsche Kaufleute bald entdeckt.

T1 Der Seehandel gewinnt an Bedeutung

Seit den Kreuzzügen blühte der Handel zwischen Ober-
italien und dem Orient auf. Die italienischen Kaufleute
erreichten mit dem Seehandel große Gewinne, denn
Teppiche aus Persien, Gewürzen aus Indien, Weihrauch
aus Arabien oder auch Baumwolle aus Ägypten waren
in Europa sehr begehrt. Städte wie Venedig, Genua,
Mailand und Florenz erreichten Ansehen und Macht.

M1 Hamburger Hafen (Buchmalerei von 1497)

T2 Die Gründung der Hanse

Inzwischen waren auch die deutschen Kaufleute an
der Nord- und Ostseeküste – begünstigt durch deutsche Siedler, die nach Osten gezogen waren – reich
und bekannt geworden. Ihre seetüchtigen Schiffe,
die Koggen, liefen Häfen in Russland, Schweden, Nor-
wegen und England an. Doch das war ein schwieriges
und gefährliches Geschäft:
Ein Fernhändler konnte es sich kaum leisten, allein
eine Kogge auszurüsten und auf Fahrt zu schicken.
Außerdem überfielen immer wieder Piraten, wie der
berühmte Klaus Störtebeker, die Koggen. Deshalb
schlossen sich die Kaufleute der Nord- und Ostseeküste
zu Genossenschaften zusammen. Daraus entstand
später ein Städtebund, die Hanse. Gemeinsam rüsteten
die Kaufleute nun ihre Schiffe aus, organisierten die
Fahrten und besorgten sich bewaffnete Männer zum
Schutz der Schiffe und der Waren.

T3 Von London nach Nowgorod

In der Blütezeit gehörten mehr als 80 Städte der Hanse
an – nicht nur Hafen-, sondern auch Binnenstädte. Im
Ausland gründeten die Hansekaufleute Handelskontore
auf einem eigenen Hafengelände. Kräne be- und ent-
luden Schiffe, Arbeiter transportierten die Waren in die
Lagerhallen und in den Büros schlossen die hanseati-
schen Kaufleute mit ausländischen Unternehmern Verträge ab. Die Hanse war wirtschaftlich und politisch
sehr mächtig geworden. Ihre Mitglieder hatten eine
eigene Maß- und Münzordnung und eine eigene Rechts-
sprechung. Über 200 Jahre beherrschte die Hanse den
Handel an der Nord- und Ostsee. Im 16. Jahrhundert
wurden England und Holland die führenden Seemächte.
Die Hanse verlor immer mehr an Bedeutung.

1. Beschreibe die Handelsrouten
der norditalienischen Handels-
schiffe. Zeige sie an der Karte.
(T1, M2)

2. Welche Bedeutung hatte der
Handel für Italien? (T1)

3. Warum schlossen sich deutsche
Kaufleute in der Hanse zusammen?
(T2)

4. Beschreibe das Handels- und
Geschäftsleben im Hamburger
Hafen. (M1)

5. Warum konnten die Hansekaufleute über lange Zeit ihre Vormacht-
stellung gegenüber anderen Kaufleuten behaupten? (T2, T3)

6. Welche Handelsstraße führte
durch deine Gegend? Welche Städte
lagen an der Handelsstraße?

Extra

Aufgaben:
Jede Gruppe löst einen der „vier Fälle" und bestimmt dabei mithilfe der Karte die günstigste Reiseroute für den Transport der Ware.

Gruppe 1: Im Petershof in Nowgorod:
Russische Adlige haben Geschmack am Wein gefunden. Du brauchst dringend 100 Fässer aus dem Rheingebiet. Elbe und Weichsel führen zur Zeit aber Hochwasser und können nicht überquert werden. Welche Reiserouten sind möglich? Welche Waren aus Russland könntest du im Rheinland verkaufen?

Gruppe 2: In Danzig:
Es ist bald Fastenzeit. Die Christen essen in diesen Wochen kein Fleisch. Krakau hat bei dir 200 Fässer eingesalzene Heringe bestellt. Salz zum Einsalzen kaufst du in Lübeck, Holz für die Fässer in Stockholm. Wo kaufst du die Heringe? Denke daran, dass sie schnell verderben! Stelle die günstigste Route zusammen.

Gruppe 3: Im Handelskontor in Brügge:
Flandrische Tuche sind bei den adeligen Damen in ganz Europa gefragt. Auf deinem Tisch liegen mehrere Bestellungen: 30 Ballen von Ratsmitgliedern aus Riga, 50 Ballen vom Königshof in Paris, 40 Ballen von Kaufleuten aus Florenz. Wie gelangen die Tuche am günstigsten auf dem See- und Landweg zu den Abnehmern?

Gruppe 4: Im Stalhof zu London:
Der englische Königshof hat orientalische Gewürze bei dir angefordert. Du hast diese bei einem Gewürzhändler in Venedig bestellt und möchtest die Waren abholen. Aber: Bei Straßburger Kaufleuten hast du hohe Schulden und willst besser nicht in ihre Nähe kommen. Wie sehen deine Reiserouten aus?

🔆 Geschichtskarten lesen

M 2 Wichtige Hansestädte und Handelswege der Hansekaufleute um 1400.

7. Hinweise zur Gruppenarbeit:
Geht in folgenden Schritten vor:
a) Findet das entsprechende Symbol für „eure" Ware in der Kartenlegende.
b) Grenzt das Gebiet ein, in dem der Handel stattfindet, und beschreibt die See- und Handelswege für den Transport.
c) Entscheidet euch für einen Weg. Schreibt in Stichworten auf, auf welchen Flüssen, Seen, Meeren (Seeweg) oder auf welchen Landstraßen – die wichtige Städte berühren (Landweg) – der Transport erfolgen soll.
d) Ein Vertreter der Gruppe begründet die Entscheidung vor der Klasse und zeigt auf der Schulwandkarte den Transportweg. Die anderen Schüler der Klasse vollziehen ihn an der Schulbuchkarte nach.

Eine uralte Handelsstraße

Bereits vor mehr als 2 000 Jahren gab es regen Handel zwischen Europa und China.
Das verzweigte Netz an Handelswegen wurde in unserer Zeit als „Seidenstraße" bezeichnet.

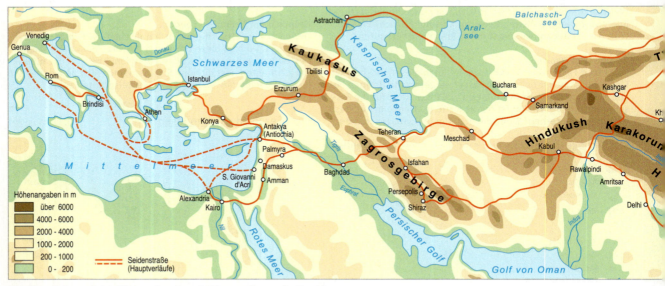

M 1 Eine Reise auf den Wegen der alten Seidenstraße von Italien bis zur alten Kaiserstadt Chang'an (heute Xi'an) ist über 10 000 Kilometer lang.

T 1 Kostbarkeiten aus weiter Ferne

Bereits vor Christi Geburt wussten die Römer die chinesische Seide zu schätzen. Sie rätselten, woraus sie bestand und wie sie hergestellt wurde. Sie wussten auch nicht, woher sie kam. Aber es war nicht nur die Seide, die in Europa heiß begehrt war: Gewürze wie Zimt und Ingwer, kostbare Figuren und Gefäße aus Keramik, aber auch Pelze, besondere Hölzer und Edelsteine wurden in Europa mit Gold aufgewogen.

T 2 Eine lange Reise

Wahrscheinlich hat kaum ein Kaufmann die lange Reise in einem Stück unternommen. Nach Berechnungen von Kaufleuten im 14. Jahrhundert dauerte eine Reise von Italien bis Beijing (Peking) über 280 Tage. Die Reise durch Wüsten, Gebirge und Steppen war weder für Lasttiere noch für Menschen an einem Stück zu bewältigen. Deshalb wurden die Waren in Etappen von Händler zu Händler weiter gereicht.

T 3 Eine gefährliche Reise

Sehr leicht konnten sich die Karawanen der Kaufleute verirren. Fast unüberwindbar mussten die steilen Bergketten, riesigen Geröllfelder und Gletscher erscheinen. Gebirgspässe lagen manchmal auf einer Höhe von mehr als 5 500 m. Wüsten mit bis zu 200 m hohen Wanderdünen wie die Taklia Makan mit Temperaturen bis zu 60 °C im Sommer und lebensbedrohlichen Sandstürmen mussten bewältigt

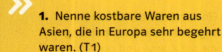

1. Nenne kostbare Waren aus Asien, die in Europa sehr begehrt waren. (T 1)

2. Erläutere, warum die lange Reise zumeist von verschiedenen Kaufleuten und in Etappen unternommen wurde. (T 2, T 3)

3. Die Europäer wussten lange nicht, woher die kostbare Seide stammt. Welchen Grund könnte das gehabt haben? (T 2)

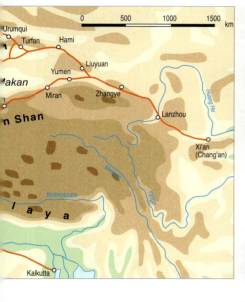

M 2 Ein Blick von der chinesischen Mauer bei Jiayuguan in die Wüste Gobi.
Die Chinesen hatten diese lange Mauer gebaut, um sich vor den Völkern aus dem Norden zu schützen.

werden. Hitze und Kälte setzten Mensch und Tier zu: In der Wüste Gobi konnte es im Winter bis –35 °C kalt werden. Man musste die Wasserstellen kennen und sich auf die Führer verlassen können, denn man begegnete vielen Völkern mit unterschiedlicher Sprache und Religion und sehr verschiedenen Gebräuchen. In manchen Gebieten waren die Herbergen von Mauern umgeben, denn es gab viele Räuber.

M 3 Ein Mongolenzelt (Jurte) in der weiten Hochebene. Die Menschen leben hier als Hirten.

M 4 Eine Karawane im Inneren der Taklia Makan. Stürme wühlen die Oberfläche der Flugsandwüste auf – wie Wellen im Meer.

4. Erläutere, warum die Reise auf der Seidenstraße sehr beschwerlich und gefährlich war. Nutze dabei auch M 2, M 3, M 4.

***
5.** Nutze den Atlas: Durch welche heutigen Staaten verlaufen die Hauptwege der Seidenstraße?

China

Nur wenige Kaufleute und Abenteurer aus Europa haben bis zum Ende des
15. Jahrhunderts den Weg nach China gefunden.
Die Wege über die Seidenstraße waren beschwerlich und gefährlich.

M 1 Die Kokons des Seidenspinners werden vorsichtig im ko-
chend heißen Wasser gewendet. Noch heute wird Seide in Teilen
Chinas auf dieselbe Weise gewonnen wie sie vor mehreren tausend Jahren entwickelt hat.

M 2 Eine Porzellanschale mit einer Drachenfigur aus der Ming-
Zeit. Die Kaiser aus der Ming-Dynastie herrschten zwischen
1368 – 1644. Das kostbare Porzellan wurde vor allem auf portugi-
sischen Schiffen nach Europa gebracht und dort teuer verkauft,
denn es war an den Fürstenhöfen sehr begehrt.

T 1 Ein kostbarer Stoff

Keine andere Naturfaser lässt sich so fein verweben
wie Seide. Selbst mit alten Naturfarbstoffen kann auch
kein anderer Stoff besser und kräftiger gefärbt werden.
Ebenfalls lassen sich die unterschiedlichsten Muster
mit Seide weben. Anschmiegsam und glänzend, ist
noch heute die Seide ein Stoff, mit dem sich die Menschen gern schmücken.
Archäologische Funde von Seidenresten zeigen, dass
die Chinesen diesen besonderen Stoff bereits seit mehr
als 4700 Jahren schätzen. Die Seide war so kostbar, dass
sie in Europa und Asien ein Wertgegenstand wurde. Im
Römischen Reich wurde sie mit Gold aufgewogen.

T 2 Wie Seide hergestellt wird

Der Seidenspinner ist ein Schmetterling. Nachdem sich
aus dem Ei eine Raupe entwickelt hat, frisst diese etwa
35 Tage lang nur die Blätter von Maulbeerbäumen.
Danach spinnt sich die Raupe in einen Kokon aus feinen
Fäden ein und wird zur Puppe. Diese Fäden sind die Sei-
denfäden.

1. Nenne Gründe dafür, warum
Seide so begehrt war und es auch
heute noch ist. (T 1)

2. Berichte über die Geschichte
der Seide – zum Beispiel seit wann
die Kunst der Seidenherstellung
bekannt ist, wo sie besonders
geschätzt war und womit dafür
bezahlt wurde. (T 1)

3. Nenne die wichtigsten Stationen
der Seidenherstellung. (T 2)

M 3 **Zwei Windhunde (15. Jahrhundert).** Neben der Malerei erzählen die gestempelten Schriftzeichen eine Geschichte.

M 4 **Die Terrakotta-Armee**

Bevor die Schmetterlinge schlüpfen, werden die Kokons aussortiert, die zur Zucht dienen sollen. Die anderen Kokons kommen in kochendes Wasser. Dadurch werden die Raupen getötet. Zugleich wird der Leim gelöst, der die Fäden zusammen hält.
Jetzt können die Fäden von den Kokons abgerollt werden. Der Faden eines einzelnen Kokons kann bis zu einem Kilometer lang sein. Aus diesen Fäden werden später die Seidenstoffe gewebt.

T 3 Das Geheimnis der Seide

Das erste Geheimnis ist, dass der Kokon unzerstört sein muss. Die Puppe muss im Kokon getötet werden, ehe der schlüpfende Schmetterling die Fäden beim Herauskriechen zerstört.
Das zweite Geheimnis sind die frischen Blätter des Maulbeerbaumes. Nur wenn die Raupen dieses Futter haben, werden die Fäden elastisch, fein und sehr reißfest.
Die chinesischen Kaiser erkannten schnell, dass mit dem kostbaren Stoff einträgliche Geschäfte zu machen waren. Deshalb verboten sie unter Androhung der Todesstrafe die Ausfuhr von Maulbeerbaumsamen und von Seidenraupeneiern. Über Jahrhunderte hinweg blieb deshalb China das einzige Land, in dem Seide hergestellt werden konnte.

T 4 Erfindungen

Die Seide war nicht das Einzige, was China so geheimnisvoll erscheinen ließ. Bis in das 15. Jahrhundert hinein kamen viele kostbare Dinge aus dem weit entfernten Reich nach Europa.
Das Papier wurde in China ebenso erfunden wie das Drucken einzelner Schriftzeichen mit Stempeln.
Die aus Holz geschnitzten Stempel konnten so immer wieder verwendet werden. Selbst das Papiergeld ist eine Erfindung der Chinesen.
Das Schießpulver wurde in China erfunden, aber dort vor allem zum Bau von prächtigem Feuerwerk benutzt. Das erste Schiff mit einem Steuerruder wurde in China gebaut, auch die erste Brille gab es dort.

T 5 Zerbrechliche Kostbarkeiten

Der Reichtum der chinesischen Kaiser war so groß, dass sich mindestens einer von ihnen eine ganze Armee von Kriegern aus besonders gebranntem Ton bauen ließ. Die Kunstfertigkeit der chinesischen Töpfer war so groß, dass sie Vasen, Figuren und Geschirr aus Porzellan fertigten. Porzellan wurde ein begehrtes Gut. Und auch hier hat es bis ins 18. Jahrhundert gedauert, ehe das Geheimnis der Porzellanherstellung gelüftet werden konnte. Das Porzellan wurde praktisch im Fürstentum Sachsen noch einmal neu erfunden.

4. Wie versuchten die chinesischen Kaiser das Geheimnis der Seidenherstellung zu schützen? (T 3)

***
5.** Nenne weitere Erfindungen im Reich der chinesischen Kaiser. (T 4, T 5)

***
6.** Stelle Vermutungen darüber an, warum mindestens einer der chinesischen Kaiser sich ein riesiges Grabmal und eine große Armee aus Tonfiguren hat bauen lassen. Begründe diese Vermutungen. Tipp: Denk an die Menschen der Jungsteinzeit und der Bronzezeit.

Marco Polo

Marco Polo berichtete von Jagden in großen Sänften auf dem Rücken von Elefanten oder auch vom Gold überdachten Palast des Kaisers von Cipangu (Japan).

M1 Marco Polo (1254 – 1324) – wie man sich ihn später vorstellte.
Mosaik im Palazzo Doria Tursi in Genua.

M2 1271: Die beiden Brüder Nicolao und Maffeo Polo, sowie Marco Polo, Sohn des Nicolao, verabschieden sich von ihren Verwandten in Venedig. Das Buch Marco Polos war so berühmt, dass einige Buchausgaben mit aufwändigen Bildern illustriert wurden.

T1 Reger Handel

Nicht nur Seide und Porzellan waren Kostbarkeiten, die in Europa heiß begehrt waren. Ebenso konnten wagemutige Händler mit Gewürzen wie Zimt, Koriander, Nelken, Pfeffer, mit Edelsteinen und vielen anderen Dingen Geld verdienen. Man konnte sie in China und entlang der Seidenstraße erwerben. Deshalb war bereits 1300 Jahre vor Marco Polo die Seidenstraße eine bekannte und oft genutzte Route nach China.

T2 Marco Polos Reise

Marco Polo war also längst nicht der erste Kaufmann, der sich auf dem Landweg auf die Reise nach China machte. Er war auch nicht der Einzige, der die gesamte Strecke bereiste. Viele Kaufleute waren häufiger und länger in Asien auf Reisen. 1271 verließ er als Siebzehnjähriger mit seinem Vater und seinem Onkel Venedig und erreichte 1275 China. Dort blieb er 17 Jahre lang in den Diensten des Kublai Khan und bereiste fast ganz Südostasien. 1295 kehrte er nach Venedig zurück.

T3 Die Wunder der Welt

Berühmt wurde Marco Polo durch seinen Reisebericht. Das Buch „Il Milione" war zu seiner Zeit der einzige sehr ausführliche Bericht über das Reich der Mongolen, über China und Asien. Die Menschen waren begierig danach, etwas über die fantastischen Reiche und Menschen zu erfahren. Sie wollten wissen, was Kaufleute und Reisende über die Gebiete längs der Seidenstraße und über China berichteten. Marco Polos Buch erzählte ausführlich über das Staunenswerte, den

1. Berichte über die Reise der Polos: Wer waren die Reisenden? Wo begann ihre Reise? Wie lange dauerte ihre Reise? Was machten sie auf der Reise? Wann kehrten sie zurück? (M1, M2, T2)

2. Warum waren so viele Kaufleute an Reisen entlang der Seidenstraße und nach China interessiert? (T3)

3. Worüber will Marco Polo berichten? Nutze den Textauszug und den Hinweis auf den italienischen Titel des Buches (Il Milione).

Reichtum, die vielen Erfindungen und die Merkwürdigkeiten.
So wurde das Buch neben der Bibel zu einem der meistgelesenen Bücher des Mittelalters.

T4 Zweifel

Ob Marco Polo wirklich in China war und dort in den Diensten des Kublai Khan gestanden hatte, wurde immer wieder bezweifelt. Marco Polo berichtet nämlich nichts über die chinesische Schrift, den Buchdruck, den Tee, den Kompass, die große Mauer und das Einbinden der Füße der chinesischen Frauen. Auch findet man seinen Namen in keinem chinesischen Bericht, obwohl er in Diensten des Kublai Khan gewesen sein soll.
Andere meinen dagegen, dass zum Beispiel die große Mauer zu Marco Polos Zeiten noch gar nicht so groß war und erst 300 Jahre später die Ausmaße bekommen habe, die sie heute so berühmt machen. Außerdem sei der damalige Herrscher ein Mongole gewesen und habe sicher weniger nach chinesischer Sitte gelebt. Auch habe Marco Polo auf den sonderbaren Gang der Chinesinnen hingewiesen und über das Papiergeld berichtet, das schließlich auch gedruckt wurde.

T5 Bedeutung

Auf jeden Fall hat Marco Polos Buch viele Menschen beeindruckt, hat den Europäern ein Bild über Asien vermittelt, die Weltkarte verändert und Entdeckern wie Kolumbus als Grundlage ihrer Planungen gedient.

M3 So beginnt das Buch, das auch unter dem italienischen Titel „Il Milione" (Die Million) bekannt wurde, denn Marco Polo benutzte diese Zahl immer wieder, wenn er von der großen Anzahl an Reitern, Menschen, Flüssen, Schiffen, Städten und Schätzen sprach, die er auf seiner Reise gesehen hatte:

> Kaiser, Könige und Fürsten, Ritter und Bürger – und ihr alle, ihr Wissbegierigen, die ihr die verschiedenen Rassen und die Mannigfaltig-5keiten der Länder dieser Welt kennenlernen wollt – nehmt dieses Buch und lasst es euch vorlesen. Merkwürdiges und Wunderbares findet ihr darin, und ihr werdet erfahren, wie 10sich Groß-Armenien, Persien, die Tatarei, Indien und viele andere Reiche voneinander unterscheiden. Dieses Buch wird euch genau darüber unterrichten; denn Messer Marco Polo, 15ein gebildeter edler Bürger aus Venedig, erzählt hier, was er mit eigenen Augen gesehen hat. "

M4 Weltkarte von Fra Mauro. Viele Karten wie diese wurden nach dem Reisebericht Marco Polos gezeichnet. Erstmals taucht darauf auch Cipangu (Japan) auf, von dem Marco Polo berichtete, dass es dort Gold im Überfluss geben müsse.

4. Fertige eine Tabelle als Gegenüberstellung an:
Links die Argumente der Kritiker, rechts die Argumente der Verteidiger des Buches von Marco Polo.

5. Erkläre den großen Erfolg des Buches im Mittelalter. (T3)

6. Welchen Einfluss hatte das Buch auf die Menschen der damaligen Zeit? (T5)

Einflussreiche Geldgeschäfte

**Geld ist nicht nur ein Zahlungsmittel. Wer das Geld für sich „arbeiten"
lässt, kann manchmal sehr reich und einflussreich werden.
Das ist heute genauso wie vor 600 Jahren.**

T1 Geldgeschäfte statt Tauschhandel

Lange Zeit war der Warenhandel ein Tauschgeschäft: Der Schuster gab dem Bauern ein Paar Schuhe und erhielt dafür Lebensmittel. Mit der Zeit wurde es üblich, Waren nicht mehr zu tauschen, sondern gegen Münzgeld zu verkaufen. Die Landesherren prägten eigene Münzen, sodass es bald in Europa viele Münzen von unterschiedlichem Gewicht und Wert gab. Das erschwerte den Handel, weil der Kaufmann die im Land gültige Währung besitzen musste.

Italienische Kaufleute richteten die ersten Wechselstuben ein. Der Kaufmann konnte sein Geld in die gewünschte Währung umtauschen. Die Banken, so nannten sich die Wechselstuben, verwalteten sein Geld gegen eine Gebühr. Der Kaufmann erhielt dafür eine Bescheinigung, mit der er Geld bei einer anderen Bank einlösen konnte. Banken stellten auch Kredite zur Verfügung. Die Kreditnehmer verpflichteten sich, den Kredit zu einem festgelegten Termin mit Zinsen zurückzuzahlen. Die Bankgeschäfte brachten Vorteile: den Kaufleuten und den Banken.

T2 Von der Weberfamilie zum größten Handelshaus

Wohlhabende Fernkaufleute nahmen bald nicht mehr selbst an den beschwerlichen Handelsreisen teil. Sie organisierten von ihrem Stammsitz aus die Handelsgeschäfte und gründeten in anderen Städten Niederlassungen. Auf diese Weise entstanden vor allem in Italien, aber auch Deutschland die ersten Handels- und Bankhäuser. Eines der bekanntesten war das der Familie Fugger in Augsburg.
Die Fugger hatten klein angefangen. Sie lieferten Flachs und Baumwolle an Bauern und städti-

M1 Das Wirtschaftsnetz der Fugger

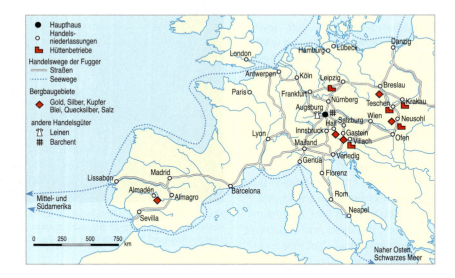

1. Wie kam es, dass die Geldwirtschaft sich im Handel durchsetzte? Wie unterstützten die Banken die Kaufleute? (T1)

2. Welche Vorteile hatten die Kaufleute, welche die Banken? (T1)

3. Sage mit eigenen Worten, was du unter den Begriffen Bank und Monopol verstehst. Erkundige dich auch bei deinen Eltern oder bei einem Geldinstitut, welche Bedeutung heute die Begriffe bei der Abwicklung von Geldgeschäften haben. (Lexikon)

sche Weber, die diese dann weiterverarbeiteten. Die fertigen Stoffe kauften die Fugger den Webern zu einem festgelegten Preis ab und verkauften sie weiter – mit beträchtlichem Gewinn. So waren die Fugger „Verleger" geworden. Ihre Planwagen und Schiffe brachten die Tuche nach ganz Europa. Überall gründeten sie Niederlassungen. Der Gewinn war hoch und bald handelten die Fugger auch mit anderen Rohstoffen. Aus dem Verlag war das zu seiner Zeit mächtigste europäische Handelshaus geworden.

T3 Geld macht mächtig

Bald stiegen die Fugger auch ins Bankgeschäft ein und verliehen Geld gegen hohe Zinsen. Herzöge und Fürsten, sogar der Papst und der Kaiser liehen sich bei ihnen Geld. Einer ihrer Schuldner war der deutsche Kaiser Maximilian I. Er überließ den Fuggern als Pfand für seine Schulden alle Kupfer- und Silbergruben in Tirol, Böhmen und Ungarn. Im Laufe der Jahre besaß das Handelshaus alle wichtigen Kupfer- und Silberminen in Europa. Die Fugger bestimmten von nun an allein über die Preise für diese Metalle. Sie hatten das Monopol auf dem Markt. Der Nachfolger Maximilians I., Kaiser Karl V., hatte Bestechungsgelder von der Kaufmannsfamilie erhalten, um bei der Kaiserwahl 1519 seine Konkurrenten zu schlagen. Dafür wurde das Handelshaus der Fugger vom Kaiser reichlich belohnt.

M 2 Jakob Fugger und sein Buchhalter im Augsburger Kontor (Buchmalerei aus dem Jahre 1516).

M 3 1523 klagten Grafen und Ritter gegen Jakob Fugger. Dieser besaß fast alle Erzbergwerke und konnte so die Preise für Erze allein bestimmen. Daraufhin schrieb Jakob Fugger an Kaiser Karl V.:

❞ Allerdurchlauchtigster, großmächtigster Römischer Kaiser, Allergnädigster Herr!
Es ist auch wissentlich und liegt am
5 Tag, dass Ew. Kaiserl. Majestät die römische Krone ohne mein Zutun nicht hätten erhalten können. (…) Ich habe hierin auch meinen eigenen Nutzen nicht angesehen; denn
10 wenn ich von dem Hause Österreich abstehen und Frankreich hätte fördern wollen, so wollte ich groß Gut und Geld, wie mir denn angeboten worden ist, erlangt haben. Was aber
15 Ew. Kaiserl. Majestät für Nachteil daraus entstanden wäre, das mögen Ew. Kaiserl. Majestät aus hohem Verstande wohl erwägen.
Bisher ist mir nun Ew. Kaiserl. Majestät
20 jestät 152 000 Dukaten schuldig geblieben. Nach alledem ist an Ew. Kaiserl. Majestät mein untertänigstes Anrufen und Bitten, Sie wolle solch meine getreuen und untertä-
25 nigen Dienste, die Ew. Kaiserl. Majestät zu hohem Nutzen erwachsen sind, gnädiglich bedenken und verordnen, dass mir solch meine ausgelegte Summe Geldes samt der
30 Zinsen ohne längeren Verzug entrichtet und bezahlt werde. ❞

---

4. Erläutere, wie die Familie Fugger Reichtum und Macht gewann. (T2, T3, M3)

5. Anhand von T2, T3 und M1 kannst du einiges über die Fugger erfahren. Schau dir die Legende der Karte genau an und beantworte folgende Fragen:

– Wie organisierten sie ihre Handels- und Geldgeschäfte?
– Welche Handelswege benutzten die Fugger?
– Worin zeigt sich ihr Reichtum?

✳
6. Versuche aus dem Inhalt und dem Tonfall des Briefes von Jakob Fugger die Beziehungen zwischen dem Kaufmann und dem Kaiser näher zu beschreiben. (M2)

Der „schwarze Tod"

Die Pest – eine Strafe Gottes?
Damals glaubten es viele. Heute wissen wir es besser.

M1 Die Pest von Tournai, 1349.
Gilles de Muisit, Annales de la peste de Tournai. Brüssel, Königliche Bibliothek.
In großer Eile werden die Toten in Massengräbern bestattet.

T1 Die Pest – das große Sterben

Im Jahre 1346 brach im mongolischen Heer, das das genuesische Handelskontor Caffa auf der Halbinsel Krim belagerte, die Pest aus. Schwarze Schwellungen in den Achselhöhlen und in der Leistengegend waren erste Anzeichen bei den Infizierten. Bald bedeckten die Geschwüre den ganzen Körper, was zum qualvollen Tod führte. Die Seuche war ansteckend und niemand wusste, wie sie bekämpft werden konnte. Um die Leichen schnell loszuwerden schafften die Mongolen diese in die belagerte Stadt Caffa. Unter den Bewohnern brach Panik aus. Viele flohen auf Schiffen nach Sizilien und schleppten hier die Krankheit ein. In Windeseile breitete sich die Pest von hier aus über große Teile Europas, Nordafrikas und des Vorderen Orients aus.

T2 Todesangst und die Folgen

Die Angst ging unter den Menschen in den Städten und Dörfern um, wenn das Glöckchen läutete und die Toten auf Karren weggebracht wurden, um sie in Massengräbern zu verscharren. Die noch Gesunden, die den möglichen nahenden Tod auf sich zukommen sahen, reagierten unterschiedlich. Erst im Jahre 1353 – sieben Jahre später – hörte das große Sterben allmählich auf.

Die Folgen waren furchtbar: Jeder dritte Bewohner Europas starb an der Pest. Städte wurden entvölkert, ganze Landstriche verödeten. Die durchschnittliche Lebenserwartung der Menschen ging stark zurück: In England lag sie 1348 bei 25 Jahren, 1376 nur noch bei 17 Jahren.

T3 In den Städten „stank es zum Himmel"

Heute wissen wir, dass der Pestbazillus durch Flöhe übertragen wird, die von Ratten auf Menschen überspringen. Die Ursachen für damals auftretende Seuchen und Krankheiten lagen aber auch in den Lebensbedingungen der Stadtbürger. Auf engstem Raum lebten die Menschen zusammen. Aller Unrat wurde auf die Straße geschüttet, auf der auch Schweine, Gänse und Enten fraßen. Eine Kanalisation gab es nicht, die Abwässer flossen auf die Straße oder in den Stadtbach. Viele Brunnen wurden dadurch verunreinigt. Läuse,

---

1. Woran erkennt man, dass Menschen von der Pest befallen sind? (T1, T2)

2. Wie und warum breitete sich die Pest aus? (T3)

3. Nenne Gründe für die schnelle Ausbreitung der Seuche und ihren Einfluss auf die Lebensbedingungen. (T1–3, M1, M3)

Wanzen, Flöhe und Ratten nisteten sich in den Häusern ein und übertrugen die Erreger für Krankheiten.

T 4 Medizin und Aberglauben

Oft vermischten sich Heilkunst und Aberglauben, wenn es darum ging, Menschen zu heilen. Quacksalber, die nichts von Medizin verstanden, bereicherten sich am Unwissen der Menschen. Da die Ursachen der Krankheiten kaum bekannt waren, hielten viele Menschen Krankheiten und Seuchen für eine Gottesstrafe. Sie suchten nach Sündenböcken, denen sie die Schuld am Ausbruch der Seuche gaben. Das waren Minderheiten, die sich kaum wehren konnten. Nicht selten wurde den jüdischen Mitbürgern die Schuld an der verheerenden Pest gegeben.

M 3 Ehgraben und darüber ein Abtritt [Toilette]
(Buchmalerei, 15. Jh.)
Ehgraben dienten in den Städten als Kloake und Grundstücksgrenze.

M 2 Berichte, wie Menschen damals auf die Pest regierten und wie sie sich schützten:

99 a) Ein Professor an der Prager Universität mahnte, „von der Pest weder zu sprechen noch an sie zu denken, da schon allein die Angst
5 vor der Seuche, die Einbildung und das Reden Menschen ohne Zweifel pestkrank machen."

b) Sie zogen auf's Land, feierten
10 Feste in froher Gesellschaft, genossen jeden Tag, jede Stunde, die ihnen noch blieb. Musik, Spiel, gutes Essen, Geselligkeit sollte die Widerstandskräfte stärken.

15 c) Gegen die Pest sollte in Wein getauchtes Brot helfen und Gewürznelken wirken. Auch Süßigkeiten aus Melisse, Ochsenzungenblüten und sehr gutem Zucker sollten
20 gegen die Pest schützen. Ebenso wurde angepriesen, Holundersaft und Wolfsmilchpflanzen in Ziegenmilch zu lösen, und das zu trinken.

25 d) Wer zu Pestzeiten in die Stadt München kommen wollte, wurde auf ein Bärenfell gelegt und hoch in die Luft geschleudert. So wollte man die Pest abschütteln und verhüten,
30 dass sich die furchtbare Krankheit nach München einschleppte. 66

M 4 Der Jude Josef ha Cohen berichtet:

99 Die Juden hatten sich in Deutschland in der Landschaft Thüringen sehr vermehrt, und da die Bevölkerung des Landes neidisch
5 auf sie war, trachtete sie danach, sie zu töten. Als nun damals [wegen der Pest] viele erkrankten, sprachen sie: Die Juden haben Gift in die Brunnen geworfen, um uns zu töten. Sie
10 erhoben sich gegen die Juden und verbrannten sie. 66

* **4.** Wie verhielten sich die Menschen, die von der Pest bedroht waren?
Warum machten sie das? (M 2)

* **5.** Sage deine Meinung dazu, wie die Menschen sich damals vor der Pest schützten. (T 4, M 2)

* **6.** Warum glaubten damals viele Menschen, die Pest sei „eine Strafe Gottes" oder meinten, die jüdischen Mitbürger seien schuld? (T 4, M 4)

„Wenn Frau und Mann einig sind . . .“

Aus Bildern und Textquellen erfahren wir Interessantes über
das Zusammenleben von Mann und Frau in der mittelalterlichen Stadt.
War das so, wie bei uns heute? Über manches wirst du überrascht sein . . .

T1 Informationen aus Bildern und Quellen

Über das Zusammenleben von Mann und Frau gab
es im Mittelalter viele Bestimmungen. Sie erzählen
uns etwas darüber, wie nach den Vorstellungen der
Menschen damals die Beziehungen zwischen den
Geschlechtern geregelt sein sollten.
Aus Bildern und Textquellen könnt ihr euch selbst-
ständig eine Meinung von den Beziehungen zwischen
Mann und Frau in der mittelalterlichen Stadt machen.
Ihr könnt vergleichen, ob das Verhältnis von Mann und
Frau heute noch genauso ist. Was hat sich geändert?
Was glaubt ihr, warum es anders geworden ist?

M1 Die Stellung der Frau in der Ehe (Sachsenspiegel, um 1230)

,, Der Mann ist auch Vormund seines Weibes, sogleich wenn sie ihm getraut ist. Das Weib ist auch des
Mannes Standesgenossin, sogleich, wenn sie in sein
Bett tritt, nach des Mannes Todes ist sie ledig von des
5 Mannes Recht. ,,

M2 In einem Roman aus dem 11. Jahrhundert rät der Vater dem Sohn:

,, Sobald du sie [deine künftige Frau] gefunden
hast, ziemt es sich, sie in jeder Weise in Ehren zu halten und mit Güte zu behandeln, sei dennoch ihr Herr,
damit sie sich nicht etwas herausnimmt, mit dir ir-
5 gendeinen Streit zu haben; denn kein größeres Übel
kann es für Männer geben, wenn sie denen unterwor-
fen sind, deren Herren sie sein sollten. ,,

M3 In einer mittelalterlichen Anordnung heißt es:

,, Wenn ein Jüngling 14 Jahre geworden ist, so darf
er ohne Zustimmung seines Vaters eine Ehefrau nehmen (…), wenn eine Jungfrau 12 Jahre geworden ist, so
ist sie zu ihren Tagen gekommen. Und nimmt sie gegen
5 den Willen ihres Vaters und den Willen ihrer anderen
Verwandten einen Ehemann, so hat die Ehe dennoch
Bestand. ,,

M4 Aus dem Ratsbeschluss über die Schuldverpflichtung von Eheleuten, 1457:

,, Weiterhin, wenn Frau und Mann als Eheleute zusammenleben, und dann der Mann ein eigenes Kaufmannsgeschäft hat und betreibt, und die Frau gleichfalls ihr eigenes Kaufmannsgeschäft hat und betreibt,
5 und jeder sein gesondertes Gut hat, machen sie gemeinsam Schulden, so sollen sie die Schuld auch gemeinsam
bezahlen, und macht aber einer von ihnen gesondert
Schulden, so soll der Mann oder die Frau, der die Schulden gemacht hat, auch gesondert bezahlen. ,,

1. Zunächst musst du den Inhalt der Bilder und Textquellen genau erfassen. Die nachfolgenden Aufgaben helfen dir dabei:

a) Inwieweit konnten Mann und Frau selbstständig über die Eheschließung entscheiden? (M1, M3, M9)

b) Sag deine Meinung zu den Ratschlägen des Vaters, wie der künftige Ehemann seine Frau behandeln soll (M2).

c) Bewerte die Bestimmungen zur Ehescheidung (M9) und zum Erbrecht (M6).

d) Beschreibe das Bild M5. Welche Unterschiede in den Wohnverhältnissen zu heute stellst du fest?

e) Sage deine Meinung zur Stellung der Frau im Beruf (M4, M7 und M8). Findest du die Regelungen gerecht?

M 5 Kaufmannsfamilie in der Wohnung (Holzschnitt 1476)

M 6 Aus dem Mühlhäuser Reichsrechtsbuch, 1224/30 über das Erbrecht:

> Ist es, dass ein Mann und eine Frau zusammengekommen sind zu rechter Ehe und auch Gut miteinander haben und auch Kinder (…), so erbt ihr Gut gleich auf ihre Kinder, die sie beide hinterlassen haben, und das
> 5 eine Kind hat ebenso gutes Recht an dem Gute wie das andere, es sei Weibsperson oder Mannsperson, beides an Eigen und an Erbe (…). "

M 7 Töpferin (Spielkarte, 1450)

M 8 Aus der Ordnung der Lübecker Tuchfärber, 1500:

> Wenn jemand von den Färbern stirbt, darf die Frau des Verstorbenen die Ware, die sie bei sich hat, je nach Gelegenheit mit der restlichen Farbe aufarbeiten oder zu Geld machen, um dann von der Färberei abzu-
> 5 lassen, es sei denn, dass sie sich mit jemand verheiratet, der dem Rat genehm ist. "

M 9 Scheidung einer Ehe (Sachsenspiegel, um 1230).
Die Frau erhält ihr Leibgedinge, d. h. ein lebenslängliches Recht auf Leistungen. Außerdem erhält sie das Gebäude und vom Besitz ihres Mannes, was ihr bei der Eheschließung versprochen wurde.

2. Nachdem du die Aufgaben gelöst und die Ergebnisse mit deinen Mitschülern ausgetauscht hast, könnt ihr gemeinsam herausfinden, wie die Beziehungen zwischen Mann und Frau im Mittelalter geregelt waren:

a) Was sagen die Bilder und Textquellen aus, inwieweit Mann und Frau im Mittelalter gleichberechtigt oder nicht gleichberechtigt waren?

b) Welche Regelungen gefallen euch, welche gefallen euch nicht?

d) Welche Unterschiede gibt es in den Regelungen zu uns heute?

e) Worauf führt ihr die Unterschiede zurück?

Wer bestimmt in der Stadt?

**Darüber, wer im Rathaus bestimmte, gab es heftige Auseinandersetzungen.
Schon damals hatte die Stadtverwaltung vieles zu regeln ...**

T1 Die Patrizier regieren die Stadt

In den freien Städten, die sich von ihrem Schutzherrn freigekauft oder im Kampf ihre Unabhängigkeit
errungen hatten, waren nun die Patrizier an der Macht.
Das waren Nachkommen hoher Beamter, die im Auftrag des Königs, eines Herzogs oder Bischofs früher die
Stadt verwaltet hatten. Sie regierten gemeinsam mit
wohlhabenden Kaufleuten, Fernhändlern und anderen
reichen Stadtbürgern die Stadt. Sie stellten die Ratsherren, besetzten die wichtigsten Ämter und wählten
aus ihrer Mitte den Bürgermeister.

Grundlage für die Entscheidungen der Ratsherren war
die Ratsverfassung, in der die Rechte und Pflichten der
Bürger festgeschrieben waren. Außerdem gab es eine
Bau-, Straßen- und Marktordnung.

T2 Gewaltsame Auseinandersetzungen um die Macht

Im 14. Jahrhundert regte sich in vielen Städten Widerstand gegen die Alleinherrschaft weniger reicher Familien. Vor allem Handwerker waren unzufrieden. Sie
mussten Steuern zahlen und die Stadt in Notzeiten
verteidigen. Als Ratsherr oder Bürgermeister über die

M1 Rathaus von Paderborn. Das Rathaus wurde 1279
erstmals urkundlich erwähnt. Das Stadtrecht erhielt Paderborn
bereits um das Jahr 1000.

**M2 Die Zünfte werden 1368 an der Stadtherrschaft in Augs-
burg beteiligt.** Je ein Vertreter der Weber, Bäcker, Kürschner,
Metzger, Kaufleute und Bierbrauer betritt die Ratsstube, in der
30 Patrizier sitzen. Malerei im Ratsbuch in Augsburg.

---

1. Wer regierte ursprünglich
in den Städten?
(T1, blicke auch auf S.214/215
zurück)

2. Warum wollten die Zünfte in den
Städten mitbestimmen?
Erreichten sie ihr Ziel?
(T2, M2)

3. Beschreibe, was in der Stadt
Köln zu Pfingsten 1369 geschah:
(M3)
a) Warum kam es zu gewaltsamen
   Auseinandersetzungen?
b) Was veränderte sich im Rat der
   Stadt?

Entwicklung der Stadt mitbestimmen, das durften sie nicht. Es kam zu gewaltsamen Auseinandersetzungen zwischen den immer mächtiger werdenden Zünften und den Patriziern. In einigen Städten siegten die Handwerker und regierten im Rathaus. In anderen Städten blieben die Patrizier an der Macht. Andere Städte wurden von einem Fürsten oder Bischof regiert.

M3 Ein unbekannter Verfasser berichtet über einen Bürgeraufstand in Köln, Pfingsten 1369:

99 Da sprach ein Weber: „Ihr Herren, die Schöffen, haben einen Mann in der Hacht [Haft] liegen. Über ihn, so wollen unsere Zunftgenossen, soll Gericht gehalten werden; denn er hat auf der Straße geraubt." „Ihr Her-
5 ren", gab der Rat zur Antwort, „geduldet euch noch einige Tage, bis die Wahrheit an den Tag gebracht worden ist und man die Verteidigung gehört hat; dann mag er nach der Schöffen Urteil sein Leben verlieren." Hierauf hielten die Weber eine Einigung ab und berie-
10 ten, wie man den herrschenden Geschlechtern ihre Macht nehmen könne. (…) Der neue Rat wurde in folgender Weise gebildet: Fünfzehn Männer wurden aus den Geschlechtern gewählt, wie das von alters her Sitte war; daneben wurde noch ein weiterer Rat erkoren, der
15 zählte 15 Mitglieder. In diesem Rate waren viele Ämter [Zünfte] vertreten, Pelzer, Schmiede, Gürtelmacher, (…) So trieben es die Weber und hatten es dabei so eingerichtet, dass sie die Mehrheit im Rate hatten und alles nach ihrem Willen gehen musste. Ihre Gewalt war so
20 groß, dass es die Besten sehr verdross; aber sie konnten es nicht ändern. (…) Auch hatten sie die Schlüssel der Stadt, ihr Siegel und ihren Schatz. 66

M5 Stadtbrand in Bern (Zeitgenössische Buchmalerei).
Da im Mittelalter beim Hausbau viel Holz verwendet wurde und die Gassen sehr eng waren, kam es oft zu großen Stadtbränden. Deshalb erließ die Ratsversammlung Bestimmungen zur Einhaltung des Brandschutzes und der Brandbekämpfung. Jeder Stadtbewohner hatte die Pflicht, beim Löschen von Bränden zu helfen.

< Extra >

M4 In den Stadtordnungen von Zürich steht u. a.:

99 1417: Bürgermeister und Rat verordnen, dass niemand Mist, Erde und Abraum in den Stadtgraben schütten soll. Wer es dennoch tut, muss 10 Schilling zahlen und den Abraum auf eigene Kosten wegführen oder
5 wegtragen lassen.

1319: Sooft Meister Johannes, der Wundarzt, (…) seine gebrauchten Verbände vor das Haus auf die Straße wirft, muss er 10 Schilling Strafe zahlen.
10
1403: Man soll die Schweine nicht auf die Straße gehen lassen. Will einer seinen Stall misten, darf er die Schweine auslassen, doch muss ein Bote dabei sein. Nach dem Tränken und Misten müssen die Schweine
15 wieder in den Stall getrieben werden. Wird dennoch ein Schwein auf der Straße angetroffen, hat der Besitzer eine Buße zu zahlen. 66

---

4. Wer regierte am Ende des 14. Jahrhunderts in den verschiedenen deutschen Städten? (M2, T2)

5. Nenne einige Probleme in der mittelalterlichen Stadt, die die Ratsherren lösen mussten. (M1, M4, M5)

*
6. Was sagt die Stadtordnung von Zürich über die Lebensbedingungen in der mittelalterlichen Stadt und über das Umweltbewusstsein der Bewohner aus? (M4)

Stadtverwaltung heute

Die Elektrizität aus der Steckdose, eine funktionierende Wasserversorgung, beleuchtete Wege und Straßen – all das scheint heute selbstverständlich. Doch wer sorgt eigentlich dafür, dass dies auch wirklich alles gelingt?

T1 Kommunale Pflichtaufgaben

Die Bürger einer Stadt sind im Alltag auf eine Vielzahl unterschiedlicher Leistungen angwiesen. So beispielsweise auf den örtlichen Straßen- und Wegebau, die Wasser-, Strom- und Gasversorgung, den Bestand von Kindergärten, die städtische Feuerwehr oder auch die Totenbestattung. Für all dies kann der Einzelne nicht sorgen, sodass die Städte und Gemeinden zur Erfüllung dieser Aufgaben verpflichtet sind. Natürlich umfassen die Pflichtaufgaben, neben den Elementen der städtischen Grundversorgung, weitere wichtige Aufgaben. So die Führung eines Standesregisters. Hier werden Geburts- und Sterbefälle oder auch Eheschließungen registriert. Auch werden durch die Stadtverwaltung finanzielle Zuwendungen und Hilfen an Bedürftige ausgezahlt und Personaldokumente ausgestellt. Die Städte und Gemeinden müssen überdies die Kommunal-, Landtags-, Bundestags- und Europawahlen organisieren. Die Kommunen handeln dabei im Auftrag und nach Weisung von Bund und Ländern (Weisungsaufgaben).

T2 Freiwillige Leistungen der Kommunalverwaltung

Zu den Pflichtaufgaben der Kommunen kommen weitere so genannte freiwillige Aufgaben, welche die Lebensqualität der Einwohner erhöhen sollen. Dazu zählen der Unterhalt von Kinderspielplätzen, Sportstätten, Freizeitbädern, Jugendzentren, Alten- und Pflegeheimen, Bibliotheken, Museen, Konzert- und Theatersälen. Der Bestand dieser kommunalen Einrichtungen steht im Bezug zur finanziellen Situation der Städte und Gemeinden. Jährlich wird deshalb erneut darüber entschieden, welche freiwilligen Leistungen die Städte und Gemeinden dauerhaft übernehmen können.

T3 „Können wir uns das leisten?"

Für eine Gemeinde gilt dasselbe wie für eine Familie: Es gibt so genannte Fixkosten. In der Familie bedeutet das, dass jeden Monat ein bestimmter Betrag an Miete, Strom und Wasser gezahlt werden muss. Hinzu kommen Ausgaben für den täglichen Bedarf, aber auch für Kleidung und Versicherungen. Diesen und weiteren, manchmal auch ungeplanten Ausgaben, steht das Einkommen der Eltern gegenüber. Bei zusätzlichen Anschaffungen steht dann oft die Frage im Raum: „Können wir uns das leisten?" Ähnlich ist es in der Gemeinde. Das Geld, das ausgegeben wird, muss

M1 Städtische Kläranlage

M2 Müllsortieranlage

M3 Kinderspielplatz

1. Welche Unterschiede gibt es zwischen kommunalen Pflichtaufgaben und freiwilligen Aufgaben? (T1, T2) Stelle in einer Tabelle entsprechende Beispiele gegenüber. Verwende M3 – M5, M7, M8.

2. Was versteht man unter Weisungsaufgaben? (T1)

3. Warum werden bei angespannter kommunaler Haushaltslage zuerst die freiwilligen Leistungen gekürzt? (T2, T3)

M 5 Städtische Bibliothek

zuerst eingenommen werden. Einnahmen und Ausgaben werden dabei im Rahmen des kommunalen Haushaltsplans gegenübergestellt und geprüft. Sinken die Einnahmen aus Steuern und Abgaben, werden auch die Möglichkeiten zur Finanzierung freiwilliger Aufgaben geringer. Dies kann zur Folge haben, dass sich Eintrittspreise für kommunale Freizeit- und Kultureinrichtungen erhöhen oder diese im schlimmsten Fall sogar geschlossen werden müssen.

M 6 „Gemeindesteckbrief"

Lage und Fläche:
Geschichte:
– wichtigste Jahreszahlen
– historische Sehenswürdigkeiten
Bevölkerung:
– Einwohnerzahl
– Altersstruktur
Kultur:
– Kino
– Feste
– Veranstaltungen
Bildungseinrichtungen:
– Schulen
– Universitäten
– Volkshochschule

Sport- und Freizeitmöglichkeiten:
– Vereine
– Jugendtreffs
– Sport- und Freizeitanlagen
– Parks
– Naherholungsgebiete
Soziale Einrichtungen/Gesundheit:
– Pflegeheime
– Krankenhäuser
Partnerstadt/-städte:
Wirtschaft:
– ansässige Firmen
– Arbeitslosenquote
Tourismus:
Verkehrsanbindungen:

M 4 Museum

M 7 Friedhof

M 8 Sportplatz

4. Erstelle einen Steckbrief (M 6) zu deinem Wohnort.
Nutze dazu auch das Internet.
Tipp: www.meinestadt.de

✻
5. Betrachte M 1 und M 2.
Überlege, ob die Entsorgung des Hausmülls und die Bereitstellung einer Kanalisation auch in den Bereich der Pflichtaufgaben einer Gemeinde gehören. Begründe deine Meinung.

✻
6. Recherche: Informiere dich über den Haushaltsplan deiner Stadt oder Gemeinde.
Diskutiert in der Klasse:
Bei welchen Haushaltsposten sollte mehr Geld ausgegeben werden, wo könnte man sparen?

Mitbestimmung in der Gemeinde

Wie können die Bürger demokratischen Einfluss auf die politischen Entscheidungen in ihrer Gemeinde oder Stadt nehmen?

T1 Mitbestimmung durch Wahlen

In den 396 Gemeinden des Landes Nordrhein-Westfalen (NRW) findet alle fünf Jahre die Wahl zum Gemeinderat statt. Hierdurch besteht für die stimmberechtigten Einwohner die Möglichkeit, die Arbeit der von ihnen gewählten „Vertreter" zu bewerten. Die Bürger stimmen somit über die Leistungen der Gemeinde- und Stadträte ab.

Ebenso wird die Wahl des Bürgermeisters, durch die Gemeindebewohner (Direktwahl), alle fünf Jahre erneut abgehalten. Auch hier besteht die Möglichkeit über das Leben in der Gemeinde mitzubestimmen. Gemeinde- und Landkreiswahlen bezeichnet man auch als Kommunalwahlen. Gewählt werden neben dem Gemeinderat bzw. Stadtrat und dem Bürgermeister auch die Kreisräte.

T2 Wer darf wählen?

Alle deutschen Staatsbürger sind bei Kommunalwahlen stimmberechtigt. Voraussetzung ist jedoch ein Mindestalter von 16 Jahren und ein bestehender Gemeindewohnsitz von mindestens drei Monaten. Seit 1995 sind auch Bürger der Europäischen Union wahlberechtigt.

T3 Wer darf gewählt werden?

Zur Wahl dürfen sich alle Deutschen und EU-Bürger stellen, die mindestens 18 Jahre alt sind und seit mindestens drei Monaten am Wohnort gemeldet sind. Für das Amt eines (Ober-)Bürgermeisters kann man erst mit dem 23. Lebensjahr kandidieren.

T4 Wahl des Bürgermeisters

Die Wahl des Bürgermeisters funktioniert nach den Prinzipien der Mehrheitswahl. Jeder Bürger hat eine Stimme. Der Bürgermeister ist gewählt, wenn er mehr als die Hälfte der gültigen Stimmen erhalten hat. Erhält keiner der Kandidaten mehr als 50 % der Stimmen findet eine Stichwahl zwischen den zwei Bewerbern mit den besten Stimmanteilen statt. Dann ist derjenige mit den meisten Stimmen gewählt.

M1 Bürger fordern die Entlastung der Dorfstraße

M2 Bürgerversammlung

1. Für wie viele Jahre wird der Gemeinderat / Stadtrat bzw. der Bürgermeister gewählt? (T1)

2. Was versteht man unter Kommunalwahlen? Wer darf bei Kommunalwahlen wählen? (T1, T2)

3. Wann ist ein Bürgermeister gewählt? (T4)

M3 Bürger beantragen und entscheiden

❞ Die Gemeindeverfassung in NRW legt genau fest, was bei der Wahl des Bürgermeisters oder des Stadtrates zu beachten ist. Selbstverständlich ist in der Gemeindeordnung noch sehr viel mehr geregelt. So bei-
5 spielsweise alles zum Verfahren des Bürgerbegehrens und des Bürgerentscheids:
§ 26 Bürgerbegehren und Bürgerentscheid
(1) Die Bürger können beantragen (Bürgerbegehren), dass sie an Stelle des Rates über eine Angelegenheit der
10 Gemeinde selbst entscheiden (Bürgerentscheid).

(4) Ein Bürgerbegehren muss in Gemeinden

bis 10 000 Einwohner von	10 %
bis 20 000 Einwohner von	9 %
bis 30 000 Einwohner von	8 %
bis 50 000 Einwohner von	7 %
bis 100 000 Einwohner von	6 %
bis 200 000 Einwohner von	5 %
bis 500 000 Einwohner von	4 %
über 5 000 000 Einwohner von	3 %

der Bürger unterzeichnet sein.

(8) Der Bürgerentscheid hat die Wirkung eines Ratsbeschlusses. Vor Ablauf von zwei Jahren kann er nur auf Initiative des Rates durch einen neuen Bürgerentscheid abgeändert werden. ❞

M4 Wird die Möglichkeit des Bürgerbegehrens in NRW eigentlich genutzt?

❞ Zwischen 1994 und 2000 gab es in Nordrhein-Westfalen 167 Bürgerbegehren. Tatsächlich kam es dabei aber nur zu 55 Bürgerentscheiden. Dies ist darauf zurückzuführen, dass für einen zulässigen Bürgerentscheid ein be-
5 stimmtes Mehrheitsverhältnis bzw. eine bestimmte Zahl von Wählern notwendig ist. In NRW waren die Begehren vor allem von Forderungen zu öffentlichen Einrichtungen (besonders Schulen und Schwimmbäder), Verkehrsfragen und Bauvorhaben dominiert. ❞

Lexikon

Bürgerversammlung
Einwohner können sich hier über Probleme und Vorhaben in der Gemeinde informieren, diskutieren und auch Fragen stellen. Kritik kann geäußert und Anregungen können vorgetragen werden.

T5 Die Wahl des Gemeinderates

Die Wähler in NRW haben eine Stimme, mit der sie gleichzeitig ihren Wahlkreiskandidaten und dessen Partei wählen. Die Hälfte der zu vergebenden Sitze wird an die Bewerber vergeben, die eine einfache Mehrheit der gültigen Stimmen erreicht haben. Die andere Hälfte der Sitze wird, mittels eines Verhältnisausgleichs, den Parteien und Wählergruppen zugewiesen.

T6 Weitere Mitbestimmungsmöglichkeiten

Bürgerinitiativen sind Zusammenschlüsse von Bürgern, die für und andere Menschen etwas politisch erreichen wollen. Sie entstehen aufgrund konkreter Anlässe und setzen sich zum Beispiel für mehr Kindergärten, Spielplätze oder für eine menschenfreundliche Lösung von Verkehrsproblemen ein. Wenn eine Bürgerinitiative – beispielsweise durch ein Bürgerbegehren bzw. einen Bürgerentscheid – ihr Ziel erreicht hat, löst sie sich in den meisten Fällen wieder auf. Bürgerinitiativen mobilisieren die Öffentlichkeit und üben so Druck auf die Behörden aus.

✱ **4.** Beschreibe in deinen Worten die Wahl des Gemeinderats. (T5)

✱ **5.** Gibt es Bürgerinitiativen an deinem Wohnort? Worum geht es? Sammelt Argumente beider Seiten (Bürgerinitiative und Gemeinderat). (M3, M4, T6)

✱ **6.** Überlegt euch ein mögliches Thema für eine Bürgerinitiative an eurem Wohnort. Gestaltet anschließend ein Flugblatt und/oder verfasst einen Leserbrief für und gegen diese Bürgerinitiative.

Kluge Köpfe sind gefragt

1. Experten gesucht

Finde die folgenden Umschreibungen. Die Buchstaben der markierten Spalte ergeben, von oben nach unten gelesen, eine Verordnung, nach der die Stadt regiert wurde.

1. Hier siedelten sich u. a. Kaufleute und Handwerker an.
2. Schutzwall um die Stadt.
3. Platz im Stadtzentrum.
4. Weil es dies in der mittelalterlichen Stadt nicht gab, konnten Krankheiten sich schnell verbreiten.
5. Anderes Wort für Vorrechte bzw. besondere Rechte einer Gruppe von Städtebürgern.
6. Eine Gruppe von Stadtbewohnern, die kein Bürgerrecht besaß.
7. Jedes Mitglied einer Zunft hatte sich danach zu richten.

8. Mittelalterlicher Handwerksberuf.
9. Hier trafen sich die Juden zum Gottesdienst.
10. Städtebund deutscher Kaufleute.
11. Hatte in der Stadt viel zu sagen.
12. In dieser Stadt waren die Fugger beheimatet.
13. Bekannte Freie Reichsstadt am Main.
14. Schiffstyp, mit dem die Hansekaufleute Handel trieben.

Wichtige Begriffe:

Handel

Städte

Markt

Zünfte

Pest

244

2. Weißt du es?

Ergänze die Sätze. Wähle dabei unter folgenden Begriffen aus:

Ämter, Gaukler, Getto, Kredite, Marktfrieden, Marktsiedlungen, Ratsverfassung, vergiftet.

– Mit der Zeit wurden aus den Märkten …
– Kein Bürgerrecht hatten die …
– Wer beim Handel auf dem Markt Streit anfing, brach den …
– Die Juden einer Stadt lebten in einem eigenen Stadtviertel, dem …
– Die jüdischen Mitbürger waren nicht zugelassen für öffentliche …
– Grundlage für die Entscheidungen der Ratsherren war die …
– In der mittelalterlichen Stadt waren viele Brunnen …
– Die Banken gewährten den Kaufleuten …

3. An den Zunftzeichen den Handwerksberuf erkennen

Ordne die folgenden Berufe den Zunftzeichen zu:
Bäcker, Barbier (Friseur), Böttcher, Fischer, Maurer, Metzger, Schmied, Schuster, Tuchmacher, Winzer.

Marco Polo

Kommunalwahl

Hanse

Bürgermeister

Fugger

Gemeinde

Methoden

1

Methode:
Lesen von geschichtlichen
Erzählungen, Seite 18/19

Wenn du eine geschichtliche Erzählung (Text über die Vergangenheit) in einem Sachbuch oder im
Schulbuch liest, dann solltest du
folgende Schritte beachten:

1. Welche Wörter verstehst du nicht?
Versuche ihre Bedeutung herauszufinden (Lexikon, Wörterbuch,
Nachfragen bei Mitschülerinnen
und Mitschülern oder Lehrerinnen
und Lehrern, Eltern etc.).

2. Überlege dir die wichtigsten
Punkte der Erzählung.

3. Lies nun den Text erneut.
Versuche ihn mit eigenen Worten
zusammenzufassen.

Methode:
Ein Gespräch führen, Seite 20/21

a) Bildet einen Sitzkreis.
Im Sitzkreis kann man gut
diskutieren.

b) Legt gemeinsam Gesprächs-
regeln fest.

2

Methode:
Eine Geschichtskarte
auswerten, Seite 28/29

1. Thema, Ort und Zeit
Kläre zunächst, um welches Thema
es bei dieser Karte geht: Oft hat die
Karte einen Namen, der weiter hilft.
Stelle nun fest, welche Gebiete der
Erde von der Karte erfasst werden. Die Frage nach der Zeit, um
die es geht, ist oft in der Kartenerläuterung (Legende) angegeben.

2. Einzelheiten erfassen
Eine Karte bietet oft viele Informationen. Aus der Kartenlegende
kannst du entnehmen, welche
Bedeutung die Zeichen, Farben und
andere Bezeichnungen haben.

3

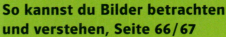

Methode:
So kannst du Bilder betrachten
und verstehen, Seite 66/67

1. Beschreiben:
Was wird dargestellt?
Wer oder was ist abgebildet?
Was geschieht auf dem Bild?

2. Untersuchen:
Wie wird das Geschehen dargestellt? Was steht im Mittelpunkt
des Bildes? Was sind wichtige, was
weniger wichtige Bildinhalte?
Wird etwas besonders groß, hell
oder farbig dargestellt? Welche Haltung nehmen die Personen ein?

3. Erklären:
Warum wird es so dargestellt? Wer
hat das Bild in Auftrag gegeben?
Wer sind die Betrachter? Was soll
mit dem Bild erreicht werden?

Methoden

4

**Methode:
Schriftliche Quellen
auswerten, Seite 86/87**

Fragen zum Text:
1. Worum geht es in dem Text?

2. Welche Daten, Orte, Personen oder Gruppen werden genannt?

3. Gibt es Wörter die du nicht verstehst? Schlage in einem Wörterbuch nach oder frage deine Lehrerin oder deinen Lehrer.

4. Schreibt der Verfasser über Dinge, die er selbst erlebt hat? Woher hat er sonst seine Informationen?

5. Kannst du erkennen, an wen er sich mit seinem Text wendet?

6. Mit welcher Absicht hat der Verfasser den Text wohl geschrieben?

*In Klammern gesetzt sind die Lebensdaten der jeweiligen Person.

Textquellen

S.13: M5 Plutarch, Marcus Cato, der ältere; Übersetzung von S. Tschirner; entnommen aus: Praxis Geschichte Heft 6 (1989), S. 17

S.43: M4 Peter Seeberg: Der Junge ohne Namen; Oktober 1990. aus dem Dänischen von Lothar Schneider. Zürich: Nagel & Kimche

S.55: M5 Zit. nach: Adolf Erman: Ägypten und ägyptisches Leben im Altertum, Hildesheim Gerstenberg 1987, S. 532), Bearb.: Ranke, Hermann

S.55: M6 Herodot, Historien II, Artemis Verlag, München, Übersetzer: Gerst, Hans M.

S.59: M5 zit. nach Sergio Donadoni (Hg.): Der Mensch des Alten Ägypten, Frankfurt/Main, 1997

S.59: M7 zit. nach Hellmut Brunner (Hg.): Altägyptische Weisheit. Lehren für das Leben, Zürich, München, 1988, S. 199 ff.

S.79: M2 Nach: Herodot, Historien 4, S. 150 ff., München 1977 (bearb. v. Verf.), Hrsg. Josef Feix, Übersetzer: Josef Feix, Heimeran Verlag

S.83: M3 Nach: Thukydides, Der Peleponnesische Krieg 2, 37 (bearb. v. Verf.)

S.85: M5 Zit. nach: Pausanias, 5, 16, 2 – 4; nach: Brigitte Löhr: Frauen in der Geschichte. Grundlagen – Anregungen – Materialien für den Unterricht, Tübingen 1994, Bd. 2, S. 77

S.86: M1 Zit. nach: Isokrates, Panegyrikon 43; nach: Erinnern und Urteilen, Bd. 6, Stuttgart 1991

S.86: M2 Nach: Lucianus (Lukian): Leibesübungen im alten Athen (Originaltitel: Anarchasis), übersetzt von Erwin. Steindl, Artemis Verlag Zürich/Stuttgart 1963 (bearb. v. Verf.)

S.89: M2 Nach: Arrian, Anabasis 5, 26, 1 ff; in Wolfgang Lautermann (Hg.), Geschichte in Quellen, Bd. 1, München 1965, S. 339 (bearb. v. Verf.)

S.101: M5 Nach: Tacitus, Germania, nach: Wolfgang Lautermann (Hg.), Geschichte in Quellen, Bd. 1, München 1965, S. 877 ff (bearb. v. Verf.)

S.105: M3 Nach: Frontinus, nach: Wolfgang Lautermann (Hg.), Geschichte in Quellen, Bd. 1, München 1965, S. 647 (bearb. v. Verf.)

S.111: M3 Zit. nach: Heinrich Pleticha (Hg.), Rom und der Osten, Völker und Staaten Europas und Asiens, Gütersloh 1988, S. 163f. Bertelsmann Lexikon Verlag, Autor: Paul Barz

S.115: M5 Zit. nach: Unicef Deutschland (Hg.), Kinder der Welt. Kinderarbeit – Die verratene Kindheit. Nr. 4/95, S. 3

S.115: M6 Vereinte Nationen, Menschenrechtserklärung, Art. 4, New York 1948

S.117: M4 Juvenalis, Satiren 10, 78 – 81 (übersetzt vom Verfasser)

S.117: M5 Z. 1 – 3 Zit. nach: Peter Conolly, Pompeji, Tessloff Verlag, Hamburg 1979, S. 72 Z. 4 Zit. nach: Robert Etienne, Pompeji, die eingeäscherte Stadt, Ravensburg 1991, S. 46, Übersetzung: Annette Fiebig

S.117: M6 Zit. nach: Robert Etienne, Pompeji, die eingeäscherte Stadt, Ravensburg 1991, S. 109

S.119: M6 Zit. nach: Marcus Junkelmann, Hollywoods Traum von Rom. „Gladiator" und die Tradition des Monumentalfilms, Mainz 2004, S. 256, von Zabern

S.121: M5 Zit. nach: Petronius 76; nach: Erinnern und Urteilen 6, Stuttgart 1994, S. 115

S.123: M4 Zit. nach: Strabon, Geographie, 5.3; nach: Praxis Geschichte 6/1993, Braunschweig 1993, S. 43, M 10.2

S.125: M3 Nach: Wolfgang Lautermann (Hg.), Geschichte in Quellen Bd. 1, München 1965, S. 652 (bearb. v. Verf.)

S.125: M4 Time-Life Bücher, Spektrum der Weltgeschichte: Großreiche der Antike: 400 v.Chr. – 200 n.Chr., Amsterdam 1988, S. 118, Autor: Stephen G. Hyshop

S.136: M2 Zit. nach: Sigrid Hunke, Allahs Sonne über dem Abendland, Frankfurt/M. 1990, S. 338

S.138: M2 Zit. nach: Adel Theodor Khoury. Der Koran. Übersetzung, 2. Auflage, Gütersloh 1992, S. 146

S.139: M6 Nach: A. Becker, Große Religionen der Welt. München 1987, S. 177 – 186

S.141: M5 Aus: Sigrid Hunke, Allahs Sonne über dem Abendland. Stuttgart 1967, S. 109f

S.142: M1 Aus: Wilhelm von Tyrus, Geschichten der Taten in Übersee 1, Kap. 15 – in Klett, erinnern und Urteilen, S. 6 – 19 (bearb. vom Verf.)

S.143: M5 Regine Pernoud: Die Kreuzzüge in Augenzeugenberichten. Düsseldorf 1961. S. 66 und 68. Aus: H. D. Schmid: Fragen an die Geschichte 2, Frankfurt/M. 1980, S. 62

S.145: M2 Zit. nach: Die Kreuzzüge aus arabischer Sicht, aus den arabischen Quellen ausgew. und übers. von F. Gabrieli. Zürich und München 1973, S. 49 f – (gekürzt) hier entnommen aus W. Hug Hg.: Geschichtliche Weltkunde Band 1 Quellenlesebuch, Frankfurt/M 1981, S. 238 f.

S.145: M3 Zit. nach: Die Kreuzzüge aus arabischer Sicht, aus den arabischen Quellen ausgew. und übers. von F. Gabrieli. Zürich und München 1973, S. 49 f – entnommen aus W. Hug Hg.: Geschichtliche Weltkunde Band 1, Quellenlesebuch Frankfurt/M 1981, S. 238 f

S.147: M3 Fulcher von Chartres. In: Fischer Weltgeschichte, Bd. 11. S. 142 f – hier aus H. D. Schmid: Fragen an die Geschichte Band 2, Frankfurt/Main, 1980, S. 63, Q 13

S.147: M4 Zit. nach: Regine Pernoud (Hg.): Die Kreuzzüge in Augenzeugenberichten. 5. Aufl., München 1980, S. 131

S.157: M4 Zit. nach: Walter Arend, Altertum, München 1978, S. 833.

S.157: M5 MGH Ep IV, S. 137, übers. von Wolfram von den Steinen, (bearb. vom Verf.)

S.159: M6 Zit. nach: Deutsche Geschichte in Quellen und Darstellung. Band 1. Stuttgart: 1995. S. 54.

S.160: M1
a) Zit. nach: Geschichte in Quellen, Bd. 2. München 1970, S. 76 f
b) Zit. nach: Günther Franz (Hg.), Bauernschaft und Bauernstand, Limburg/Lahn 1975.

S.160: M2 Zit. nach: Geschichte in Quellen II, München 1970, S. 76.

S.163: M4 Ulrich von Hutten, Deutsche Schriften, München 1970, S. 324 f.

S.164: M2 Zit. nach: Gottfried von Straßburg: Tristan, in: Heinrich Pleticha, Ritter, Burgen und Turniere. Das Bildbuch von der hohen Zeit des Rittertums, Arena Verlag Würzburg, Bearbeitung: H. Pleticha

S.165: M5 Zit. nach: Leg. II, S. 363.

S.167: M3 Matthäus 4, 23 in: Deutsche Bibelgesellschaft: Gute Nachricht Bibel. Stuttgart 2000, Neues Testament. S. 7

S.168: M1 Aus dem Alten Rom: Ausgewählte Briefe. Übersetzt von Mauriz Schuster. Reclam Verlag Stuttgart 1953

S.173: M2 Zit. nach: Dorfrecht von Schöllbronn, Baden, 1485 nach: Bühler, Bauern, Bürger und Hansa, 1929, S. 82 ff.

S.173: M3 Zit. nach: D. Starke, Herrschaft und Genossenschaft im Mittelalter, Stuttgart 1971, S. 75.

S.173: M4 Zit. nach: ebenda.

S.173: M5 Rechtsammlungen aus dem Mittelalter, Sachsenspiegel, um 1300/1315 (bearb. vom Verf.)

S.175: M3 Acta Mursenia, hg. V. M. Kein, 1883. (Quellen z. Schweizer Gesch. 3) S. 68 – 71., Birkhäuser Basel, Hrsg: Allg. Geschichtsforschende Gesellschaft der Schweiz, 3 Briefe und Denkwürdigkeiten

S.177: M6 Zit. nach: Karl Martin Bolte, Mittelungen für Kieler Stadtgeschichte. Übers. Hedwig Sievert, Kiel 1953 (bearb. v. Verf.)

S.179: M2 MGH Capitularia 1, Nr. 128.

S.179: M4 MGH, Bd. I, hrsg. von Boretius, Hannover 1883

S.181: M3 Zit. nach: Geschichte in Quellen. Bd. 3 bearb. Fritz Diekmann, Renaissance – Glaubenskämpfe – Absolutismus, S. 144 f., Bayer. Schulbuchverlag 1976

S.182: M1 Martin Luther, Ermahnung zum Frieden. In: Geschichte in Quellen, Bd. 3, München 1966, S. 145 ff.

S.182: M3 Martin Luther: Wider die mordischen und reubischen Rotten der Bauern. In: Ebenda, S. 149 ff., S. 154 f.

S.183: M2 Zit. nach: Der deutsche Bauernkrieg 1524 – 1526, hg. v. H. D. Schmid und W. Sommer, Stuttgart 1984, S. 50., Übersetzung: Paul Wietzorek, Joachim Kettel

S.185: M5 Aelfric's Colloquy, ed. by. G. N. Grmonsway, exeter 1978, nach: Spurensuche Geschichte 2, Stuttgart 1991, S. 12 (bearb. vom Verf.)

S.187: M3 Anna Sticker, Friederike Fliedner und die Anfänge der Frauendiakonie, Neukirchen 1961, S. 329 (bearb. vom Verf.)

S. 189: M 3 Deutsche Übersetzung in: G. Franz, Quellen zur Geschichte des deutschen Bauernstandes, Darmstadt 1967, Nr. 19.

S. 189: M 4 Zit. in: 2000 Jahre Christentum. Illustrierte Kirchengeschichte in Farbe, hg. von Günter Stemberger, Erlangen 1989, S. 354.

S. 193: M 2 Dictatus papae, nach: Wolfgang Lautemann (Hg.), Geschichte in Quellen, Bd. II, München 1978, S. 291 f.

S. 193: M 4 Briefe Heinrichs IV., Nr. 12, nach: Quellen zur Geschichte Kaiser Heinrichs IV., Franz-Josef Schmale, Darmstadt 1968, S. 64 ff.

S. 194: M 1 Dante Alighieri, Diviana Commedia. Rom 1993. S. 229 f. – 34. Gesang (übersetzt vom Verfasser)

S. 197: M 3 Zit. nach: H. Junghanns, Die Reformation in Augenzeugenberichten. Düsseldorf 1967, S. 43

S. 199: M 3 Johannes Cochläus, Historia Martini Lutheri, Ingolstadt 1582 (bearb. v. Verf.)

S. 201: M 4 Bernd Moeller: Deutschland im Zeitalter der Reformation (Deutsche Geschichte, Bd. 4, hg. v. Joachim Leuschner), 3. Aufl., Göttingen 1988, S. 57 f.

S. 201: M 5 Heinz Schilling: Aufbruch und Krise. Deutschland 1517 – 1648 (Siedler Deutsche Geschichte), Berlin 1994, S. 185 f.

S. 203: M 2 Gedichte des Barock, hrsg. v. U. Maché und V. Meid, 1980, S. 140 f; Abgedruckt in: Geschichte betrifft uns Heft 1 (2000).

S. 203: M 4 Zit. nach: W. Menzel, Geschichte der Deutschen, Bd. 2, o. O. 1885, S 32

S. 206: C Sachße, Christoph/Tennstedt, Florian: Geschichte der Armenfürsorge in Deutschland. Bd. 1. Stuttgart 1980. S. 64 – 66.

S. 207: B Geremek, Bronisław: Geschichte der Armut. Elend und Barmherzigkeit in Europa. München 1991. S. 60.

S. 207: F Simon-Muscheid, Katharina: Ein rebmesser hat sine frowe versetzt für 1 ß brotte. Armut in den oberrheinischen Städten des 15. und 16. Jahrhunderts. In: Arme – ohne Chancen? Hg. v. H. Bräuer. Leipzig 2004. S. 39 – 70, S. 65.

S. 207: E Sachße, Christoph/Tennstedt, Florian: Geschichte der Armenfürsorge in Deutschland. Bd. 1. Stuttgart 1980. S. 29

S. 209: M 3 G. Kraft u. a. (Hg.): Kursbuch Religion 2000. 7/8. Stuttgart 1998. S. 208.

S. 209: M 4 Koran, Sure 112 in: Hrsg. Unter Leitung von Hazrat Mirza Tahir Ahmad Imam und Oberhaupt der Ahmadiyya Muslim Jamaat. Verlag der Islam, Frankfurt. o. J. (bearb. vom Verf.)

S. 215: M 2 Die Gründungsurkunde von Freiburg im Breisgau wurde zum Vorbild für viele Städte im 12. Jahrhundert: Zit. nach: Dieter Starke, Herrschaft und Genossenschaft im Mittelalter, Stuttgart 1971, S. 86 ff. (bearb. v. Verf.).

S. 215: M 5 Mit folgendem Eid wurden Stadtbewohner um das Jahr 1355 in die Bürgerschaft Kölns aufgenommen: Zit. nach: D. Starke: Herrschaft und Genossenschaft im Mittelalter, 1982, S. 88.

S. 217: M 4 Aus der Marktordnung der Stadt Landshut aus dem Jahr 1526: Zit. nach: Bürck/Dietrich, Weltgeschichte im Aufriss. Band II. Frankfurt 1971, S. 73 f.

S. 219: M 4 Aus dem Zunftbrief der Schmiede der Stadt Nördlingen: Zit. nach: Karl Otto Müller, Nördlinger Stadtrechte des Mittelalters, 1933, S. 244 f.

S. 221: M 4 Zit. nach: H. Maas, Nürnberg – Geschichte und Geschichten für jung und alt, Nürnberg 1992, S. 46/47 f.

S. 221: M 3 Zusammengestellt nach: M. Spindler, Handbuch der bayerischen Geschichte, Bd 3, München 1971, S. 60.

S. 223: M 3
a) Monumenta Judaica. 2000 Jahre Geschichte und Kultur der Juden am Rhein, Köln 1963, S. 96 ff.
b) Zit. in: A. Fremantle, Kaiser, Ritter und Scholaren. Hohes und spätes Mittelalter. Rohwolt Life 34, Reinbek bei Hamburg 1973, S. 136 f.

S. 223: M 4 Zit. nach: Julius Höxter, Quellenlesebuch zur jüdischen Geschichte und Literatur, III Teil, Frankfurt/Main 1927, S. 28 f.

S. 231: M 3 Marco Polo: Die Wunder der Welt. Die Reise nach China an den Hof des Kublai Khan, Frankfurt 2003

S. 233: M 2 Zit. nach: Max Jansen, Jakob Fugger der Reiche, Leipzig 1910, S. 248 f., (bearb. vom Verf.)

S. 235: M 2
a – c) vgl.: Bergdolt, K.: Der schwarze Tod in Europa. Die große Pest und das Ende des Mittelalters, München 1995, S. 25, 27.
d) vgl.: Solleder, Fidolin.: München im Mittelalter, München/Oldenbourg 1938, S. 395.

S. 235: M 4 Zit. nach: E. L. Ehrlich, Geschichte der Juden in Deutschland, Düsseldorf 1961. S. 29

S. 236: M 1 Zit. nach: A. Kuhn (Hg.) und P. Ketsch, Frauen im Mittelalter, Bd. 2, Düsseldorf 1984, S. 171.

S. 236: M 2 Ruodlieb von Fritz P. Knapp, Stuttgart 1977, S. 69.

S. 236: M 3 Zit. in: A. Kuhn (Hg.) und P. Ketsch, a. a. O., S. 172.

S. 236: M 4 Zit. in: Ebenda, S. 187.

S. 237: M 6 Aus dem Mühlhäuser Reichsrechtsbuch, 1224/30 über das Erbrecht (bearb. vom Verf.)

S. 237: M 8 Zit. nach: P. Ketsch, Frauen im Mittelalter, Bd. 1, Nr. 242.

S. 239: M 3 Gottfried Guggenbühl, Otto Weiss (Hg.), Quellen zur allgemeinen Geschichte des Mittelalters, Zürich 1946, Nr. 103, S. 232.

S. 239: M 4 zit. aus: Zeiten Menschen Kulturen 2. Zürich 1985, S. 38, (bearb. v. Verf.)

S. 243: M 3 Gemeindeordnung für das Land NRW vom 14. Juli 1994.

S. 243: M 4 vgl. Kost, A. 2003: Kommunalpolitik in Nordrhein-Westfalen. In: Kost, A./Wehling, H. G. [Hrsg.]: Kommunalpolitik in den deutschen Ländern. S. 197 – 219, Bonn.

Bildquellen

Cover, oben: Klett-Archiv (Reinke, Kamen), Stuttgart
Cover, unten: Picture-Alliance (dpa), Frankfurt;
S. 6, 1: Klett-Archiv (Hans Günter Wieting), Stuttgart;
S. 6, 2: Global Pictures (Pandis Media), München;
S. 7, 3: AKG (Erich Lessing), Berlin;
S. 7, 4: Corbis (Roger Wood), Düsseldorf;
S. 8, 1: Picture-Alliance, Frankfurt;
S. 8, 2: AKG (Amelot), Berlin;
S. 9, 3: AKG, Berlin;
S. 10, 1: Landesdenkmalamt Baden-Württemberg, Gaienhofen-Hemmenhofen;
S. 10, 2: RMN, Paris;
S. 10, 3: Federseemuseum, Bad Buchau;
S. 10, u.: Klett-Archiv (Hans Günter Wieting), Stuttgart;
S. 11, 1: BPK (Gerhard Kiesling), Berlin;
S. 11, 2: Klett-Archiv (Karthaus), Stuttgart;
S. 12, M 1: Landesdenkmalamt, Gaienhofen-Hemmenhofen;
S. 12, M 2: RMN, Paris;
S. 13, M 3: Novartis AG, Kunstmuseum Basel, Martin Bühler;
S. 13, M 4: AKG, Berlin;
S. 14, M 1: BPK (Gerhard Kiesling), Berlin;
S. 15, M 2: Picture-Alliance, Frankfurt;
S. 15, M 4: Picture-Alliance (Gero Breloer), Frankfurt;
S. 20, o.: Klett-Archiv (Karthaus), Stuttgart;
S. 22, M 1: BPK, Berlin;
S. 22, M 3: Klett-Archiv (Pries), Stuttgart;
S. 23, M 4: Klett-Archiv (Reinke, Kamen), Stuttgart;
S. 24, 1: Hessisches Landesmuseum, Darmstadt;
S. 24, 2: Reinhard-Tierfoto, Heiligkreuzsteinach;
S. 24, 3: Klett-Archiv (Marion Lidolt), Stuttgart;
S. 24, 4: Klett-Archiv (Matthias Geuther, Rötha), Stuttgart;
S. 24, u.: Global Pictures (Pandis Media), München;
S. 25, 1: Klett-Archiv (Aribert Jung), Stuttgart;
S. 25, 2: AKG, Berlin;
S. 25, 3: Klett-Archiv (Hungreder, Rudolf), Stuttgart;
S. 25, 4: Archäologische Staatssammlung, München;
S. 26, M 2: Musée de l'Homme (M.N.H.N.-L. Bessol), Paris;
S. 26, M 3: Thomas Stephan, Munderkingen;
S. 27, M 4: Hessisches Landesmuseum, Darmstadt;
S. 27, M 5: Hessisches Landesmuseum, Darmstadt;
S. 27, M 6: Klett-Archiv (Jochen Heise), Stuttgart;
S. 30, M 1: Klett-Archiv (Andreas Piel), Stuttgart;
S. 30, M 2: Klett-Archiv (Andreas Piel), Stuttgart;
S. 31, M 3: Dr. Hartmut Thieme, Niedersächsisches Landesamt für Denkmalpflege, Hannover;
S. 31, M 4: Pott, Dr. Eckart, Stuttgart;
S. 32, M 3: Schmudlach, Dieter, Kasendorf;
S. 33, M 4: Klett-Archiv (Rudolf Hungreder), Stuttgart;
S. 35, M 2: Landschaftsmuseum Obermain Kulmbach;
S. 36, M 1: ullstein bild (Archiv Gerstenberg), Berlin;
S. 36, M 2: AKG, Berlin;
S. 38, M 1: Landesdenkmalamt Baden-Württemberg, Esslingen am Neckar;
S. 38, M 2: Kurt Benesch, Auf den Spuren großer Kulturen, Lexikothek Verlag, Göttingen;
S. 39, M 4: Landesdenkmalamt Baden-Württemberg, Gaienhofen-Hemmenhofen;
S. 39, M 5: Pfahlbaumuseum Unteruhldingen, Uhldingen-Mühlhofen;
S. 40, M 1: Global Pictures (Pandis Media), München;
S. 41, M 2: Landschaftsverband Rheinland / Rheinisches Landesmuseum Bonn;
S. 41, M 3: Wolfram Schmidt Fotografie, Regensburg;
S. 42, M 1: Prof. Dr. Dr. h.c. I. Eibl-Eibesfel, Starnberg;
S. 42, M 2: FOCUS (Steinmetz), Hamburg;
S. 43, M 3: Franca Speranza SRL, Mailand;
S. 43, M 5: Nagel & Kimche, Zürich;
S. 45, M 2: Erwin Böhm, Mainz;
S. 45, M 3: Klett-Archiv, Stuttgart;

S. 48, 1: Klett-Archiv (Reinke, Kamen), Stuttgart;
S. 48, 2: AKG (Werner Formann), Berlin;
S. 48, 3: Prof. Dr. Fouad N. Ibrahim, Wunstorf;
S. 48, 4: BPK (RMN), Berlin;
S. 48, u.: AKG (Erich Lessing), Berlin;
S. 49, 1: Lotos Film, Kaufbeuren;
S. 49, 3: Klett-Archiv (Lutz-Erich Müller), Stuttgart;
S. 49, 4: Klett-Archiv (Lutz-Erich Müller), Stuttgart;
S. 49, 5: Klett-Archiv (Lutz-Erich Müller), Stuttgart;
S. 49, 6: STUDIO X (Boutin), Limours;
S. 49, 7: BPK, Berlin;
S. 50, M 1: RMN, Paris;
S. 50, M 2: AKG (Werner Formann), Berlin;
S. 51, M 3: Klett-Archiv, Stuttgart;
S. 51, M 4: Klett-Archiv, Stuttgart;
S. 51, M 5: Klett-Archiv, Stuttgart;
S. 52, M 1: Klett-Archiv (Matthias Geuther, Rötha), Stuttgart;
S. 52, M 2: Klett-Archiv, Stuttgart;
S. 53, M 3: BPK, Berlin;
S. 53, M 4: FOCUS (Bernheim), Hamburg;
S. 54, M 1 o.: Klett-Archiv, Stuttgart;
S. 54, M 1 u.: Klett-Archiv, Stuttgart;
S. 54, M 2: Klett-Archiv, Stuttgart;
S. 55, M 4: BPK, Berlin;
S. 56, M 1: Klett-Archiv, Stuttgart;
S. 57, M 2: AKG, Berlin;
S. 57, M 3: Rijksmuseum van Oudheden, Leiden;
S. 57, M 4: PA-Photo Archive Ancient Art / Jürgen Liepe, Berlin;
S. 57, M 5: Römer- und Pelizaeus-Museum, Hildesheim;
S. 57, M 6: PA-Photo Archive Ancient Art / Jürgen Liepe, Berlin;
S. 58, M 1: AKG (Musée du Louvre / Werner Formann), Berlin;
S. 58, M 2: BPK, Ägyptisches Museum und Papyrussammlung, Staatliche Museen zu Berlin, Foto: Margarete Büsing;
S. 58, M 3: PA-Photo Archive Ancient Art / Jürgen Liepe, Berlin;
S. 59, M 4: AKG, Berlin;
S. 59, M 6: AKG (Werner Formann), Berlin;
S. 60, M 1: STUDIO X (Boutin), Limours;
S. 64, M 1: Lotos Film, Kaufbeuren;
S. 65, 3 l.: Klett-Archiv (Lutz-Erich Müller), Stuttgart;
S. 65, 3 m.: Klett-Archiv (Lutz-Erich Müller), Stuttgart;
S. 65, 3 r.: Klett-Archiv (Lutz-Erich Müller), Stuttgart;
S. 65, M 2: Römer- und Pelizaeus-Museum (Sh. Shalchi), Hildesheim;
S. 66, M 1: Art Archive / British Museum, London;
S. 68, M 1: AKG (Erich Lessing), Berlin;
S. 69, M 2: Wooden statue of Metjetji, Egyptian, 2371 – 2350 B.C.E. Gessoed and painted wood, with copper alabaster, and odsidian inlays, 31 5/8 x 6 3/8 x 1 5/16 inches (80.33 x 16.19 x 38.89 cm). The Nelson-Atkins Museum of Art, Kansas City, Missouri. Purchase: Nelson Trust, 51-1. Photography by E.G. Schempf.
S. 69, M 3: BPK (Bayerisches Nationalmuseum Mücnhen), Berlin;
S. 69, M 4: Bridgeman Art Library (Lee Bolton Picture Library), London;
S. 69, M 5: British Museum, London;
S. 71, M 2: AKG (Erich Lessing), Berlin;
S. 71, M 4: AKG (Erich Lessing), Berlin;
S. 71, M 5: British Museum, London;
S. 74, 1: Klett-Archiv (Foto Geuther), Stuttgart;
S. 74, 3: BPK, Berlin;
S. 74, u.: Corbis (Roger Wood), Düsseldorf;
S. 75, 1: Dream Maker Software (RF), Colorado;
S. 75, 2: MEV, Augsburg;
S. 75, 3: Corbis (Sygma), Düsseldorf;
S. 75, 4: American School of Classical Studies at Athens: Agora Excavations;
S. 75, 5: Scala, Antella (Firenze);
S. 75, 6: Klett-Archiv, Stuttgart;
S. 75, u.: Corbis (Roger Wood), Düsseldorf;
S. 77, M 2: British Museum, London;
S. 78, M 1: Klett-Archiv, Stuttgart;
S. 79, M 3: Ancient Art & Architecture Collection, Pinner
S. 80, 1: Klett-Archiv, Stuttgart;
S. 80, 2: Klett-Archiv, Stuttgart;

S. 80, 3: Klett-Archiv, Stuttgart;
S. 80, 4: Klett-Archiv, Stuttgart;
S. 80, 5: Klett-Archiv, Stuttgart;
S. 80, 6: Klett-Archiv, Stuttgart;
S. 81, 1: Klett-Archiv, Stuttgart;
S. 81, 2: Klett-Archiv, Stuttgart;
S. 81, 3: Klett-Archiv, Stuttgart;
S. 81, 4: Klett-Archiv, Stuttgart;
S. 81, 5: Klett-Archiv, Stuttgart;
S. 81, 6: Klett-Archiv, Stuttgart;
S. 81, 7: Klett-Archiv, Stuttgart;
S. 82, M 1: American School of Classical Studies at Athens: Agora Excavations;
S. 83, M 2: Corbis, Düsseldorf;
S. 83, M 4: Klett-Archiv (Rudolf Hungreder), Stuttgart;
S. 84, M 1: (c) Archaeological Receipts Fund/Olympia Museum;
S. 85, M 2: Badisches Landesmuseum, Karlsruhe;
S. 85, M 2: Badisches Landesmuseum, Karlsruhe;
S. 85, M 4: Scala, Antella (Firenze);
S. 85, M 4: Scala, Antella (Firenze);
S. 86, M 3: Foto Marburg, Marburg;
S. 87, M 4: BPK, Berlin;
S. 88, M 1: Klett-Archiv, Stuttgart;
S. 89, M 3: BPK, Berlin;
S. 90, M 1 o.: Klett-Archiv, Stuttgart;
S. 90, M 1 u.: Klett-Archiv, Stuttgart;
S. 90, M 2: Corbis (Sygma/ex machine/Gedeon), Düsseldorf;
S. 91, M 3: MEV (RF), Augsburg;
S. 91, M 4: Scala, Antella (Firenze);
S. 91, M 4: Scala, Antella (Firenze);
S. 92, M 2: BPK, Berlin;
S. 93, M 3: Klett-Archiv (Rudolf Hungreder), Stuttgart;
S. 93, M 4: BPK (Scala), Berlin;
S. 95, M 2: Scala, Antella (Firenze);
S. 97, M 3: Scala, Antella (Firenze);
S. 98, M 1: British Museum, London;
S. 98, M 2 l.: Römisch-Germanisches Zentralmuseum, Mainz;
S. 98, M 2 r.: Römisch-Germanisches Zentralmuseum, Mainz;
S. 99, 5: Klett-Archiv (Matthias Geuther, Rötha), Stuttgart;
S. 99, M 3: AKG (Erich Lessing), Berlin;
S. 99, M 4: RMN/Louvre, Paris;
S. 100, M 1: Archäologisches Freilichtmuseum, Oerlinghausen;
S. 100, M 2 l.: Tuch + Technik Textilmuseum Neumünster, Neumünster;
S. 100, M 2 r.: Tuch + Technik Textilmuseum Neumünster, Neumünster;
S. 102, M 1 l.: Klett-Archiv (Rudolf Hungreder), Stuttgart;
S. 102, M 1 m.: Klett-Archiv (Hungreder, Rudolf), Stuttgart;
S. 102, M 1 r.: Klett-Archiv (Hungreder, Rudolf), Stuttgart;
S. 103, l o.: Klett-Archiv (Rudolf Hungreder), Stuttgart;
S. 103, l u.: Klett-Archiv (Rudolf Hungreder), Stuttgart;
S. 103, M 2: Klett-Archiv (Rudolf Hungreder), Stuttgart;
S. 103, M 3: Limesmuseum Aalen, Aalen;
S. 103, r.: Limesmuseum Aalen, Aalen;
S. 104, M 1: Klett-Archiv, Stuttgart;
S. 107, M 3: laif (Huber), Köln;
S. 109, M 2: Limesmuseum Aalen, Aalen;
S. 110, M 1: Interfoto (Bildarchiv Hausmann), München;
S. 111, 5: dpa, Frankfurt;
S. 111, M 2: AKG (Erich Lessing), Berlin;
S. 111, M 4: AKG (Erich Lessing), Berlin;
S. 112, M 1 l.: Zimmermann, Alexander, Pliezhausen;
S. 112, M 1 r.: AKG, Berlin;
S. 112, M 2: laif (Baltzer/Zenit), Köln;
S. 113, M 4: Deutsches Rotes Kreuz, Berlin;
S. 113, M 5: FOCUS (Jean-Marc Loubat), Hamburg;
S. 114, M 1: BPK (Alfredo Dagli Orti), Berlin;
S. 114, M 2: British Museum, London;
S. 115, 1: Rugmark, Köln;
S. 115, 2: gepa, Wuppertal;
S. 115, 3: TransFair e.V., Köln;
S. 115, M 4 l.: Picture-Alliance (dpa), Frankfurt;
S. 115, M 4 r.: Corbis (JP Laffont/Sygma/COR), Düsseldorf;

S. 116, M 1: ullstein bild, Berlin;
S. 117, M 2: AKG (Erich Lessing), Berlin;
S. 117, M 3: AKG, Berlin;
S. 118, M 1: Museen im Rittergut Bangert, Bad Kreuznach;
S. 118, M 2: Corbis (Sygma), Düsseldorf;
S. 119, M 3: Corbis (Sygma), Düsseldorf;
S. 119, M 4: AKG (Peter Connolly), Berlin;
S. 119, M 5: Picture-Alliance (kpa), Frankfurt;
S. 120, M 1: Mauritius (Hetz), Mittenwald;
S. 121, M 4: AKG, Berlin;
S. 122, M 1: Mauritius, Mittenwald;
S. 123, M 2: Foto: Deutsches Museum, München;
S. 123, M 3: Burkhardt, Dr. Martin, Heidenheim;
S. 124, M 1: AKG (Erich Lessing), Berlin;
S. 126, M 1: Goscinny u. Uderzo: Asterix als Gladiator, Ehapa Verlag, Stuttgart 1969;
S. 127, M 2: Goscinny u. Uderzo: Asterix als Legionär, Ehapa Verlag, Stuttgart 1971;
S. 127, M 3: Goscinny u. Uderzo: Asterix und Cleopatra, Ehapa Verlag, Stuttgart 1968;
S. 127, M 4: Goscinny u. Uderzo: Die goldene Sichel, Ehapa Verlag, Stuttgart 1969;
S. 128, M 1 l.: Picture-Alliance (Bildagentur Huber/Gräfenhain), Frankfurt;
S. 128, M 1 r.: Corbis (Zefa/Haenel), Düsseldorf;
S. 129, M 4: Picture-Alliance, Frankfurt;
S. 129, M 6: AKG (Erich Lessing), Berlin;
S. 129, M 7: Klett-Archiv, Stuttgart;
S. 131, 5: Klett-Archiv, Stuttgart;
S. 131, 6: Klett-Archiv, Stuttgart;
S. 132, 1: Getty Images (Brand X Pictures), München
S. 132, 2: Klett-Archiv (Dr. Frank Usarski), Stuttgart;
S. 132, 3: Editions Aimery Somogy, Paris;
S. 132, u.: Picture-Alliance, Frankfurt;
S. 133, 1: Das Fotoarchiv (Sabine Weiß), Essen;
S. 133, 2: Klett-Archiv (Wolfram Fritz), Stuttgart;
S. 133, 3: Klett-Archiv, Stuttgart;
S. 133, 4: AKG (Erich Lessing), Berlin;
S. 133, 5: AKG, Berlin;
S. 136, M 1: AKG (Erich Lessing), Berlin;
S. 138, M 1: AKG (Erich Lessing), Berlin;
S. 138, M 3: Das Fotoarchiv (Sabine Weiß), Essen;
S. 139, M 4: AKG (Erich Lessing), Berlin;
S. 139, M 5: Klett-Archiv (Dr. Frank Usarski), Stuttgart;
S. 140, M 1: art archive (University Library Istanbul/Dagli Orti), London;
S. 140, M 2: Deutsches Museum, München;
S. 141, M 4: Burgerbibliothek, Bern 8;
S. 143, M 3: AKG (Erich Lessing), Berlin;
S. 143, M 4: By permission of The British Library, London;
S. 144, M 1: AKG, Berlin;
S. 145, M 4: Getty Images RF (RF Brand X Pictures), München;
S. 146, M 1: AKG (Hedda Eid), Berlin;
S. 146, M 2: AKG, Berlin;
S. 147, M 5: aus: Neil Grant: Das Mittelalter, Tessloff Verlag, Nürnberg;
S. 147, M 6: Klett-Archiv (Wolfram Fritz), Stuttgart;
S. 149, M 2: AKG (Erich Lessing), Berlin;
S. 149, M 3: ullstein bild (AP), Berlin;
S. 151, 1: Klett-Archiv, Stuttgart;
S. 151, 2: Corel Corporation, Unterschleissheim;
S. 151, 3: KNA-Bild (Ciric), Bonn;
S. 151, 4: stocktogo.com (RF/Wendy Kaveney), New York, NY;
S. 154, 1: Verlag Kraphol;
S. 154, 2: KNA-Bild, Bonn;
S. 154, 3: Photoarchiv Lammerhuber, Baden;
S. 154, 4: Interfoto (Kurt F. Scholz), München;
S. 154, 5: AKG (Erich Lessing), Berlin;
S. 154, u.: AKG (Amelot), Berlin;
S. 155, 1: EPD (Norbert Neetz), Frankfurt;
S. 155, 3: Cinetext, Frankfurt;
S. 155, 4: AKG, Berlin;
S. 155, 5: BPK, Berlin;

Ur- und Frühgeschichte

vor etwa 4,5 Mio. Jahren
Die Vormenschen entwickeln sich.
Um 3,5 v. Chr. lebte „Lucy".

vor etwa 1,5 Mio. Jahren
Die Altsteinzeit beginnt.

um 600 000 v. Chr.
Die ersten Frühmenschen kommen nach Europa.

um 9 000 v. Chr.
Die Menschen beginnen Getreide anzubauen und Vieh zu züchten.

um 5 000 v. Chr.
Diese neue Lebensweise breitet sich auch in Europa aus.

um 4 000 v. Chr.
In Mitteleuropa beginnt die Metallzeit.
Zunächst werden Geräte aus Kupfer, dann aus Bronze, schließlich aus Eisen hergestellt.

Griechen und Römer

um 1 000 v. Chr.
Die Griechen leben in vielen Kleinstaaten auf dem griechischen Festland, auf den Inseln im Mittelmeer und in Kleinasien.

um 1 000 v. Chr.
Die Stadt Rom entsteht am Fluss Tiber.

um 500 v. Chr.
In Athen wird die Demokratie eingeführt.

27 v. Chr.
Augustus ist der erste Kaiser in Rom. Mit ihm wird aus der römischen Republik ein Kaiserreich.

117 n. Chr.
Das Römische Reich reicht im Norden bis an den Rhein und nach England.

Europa im Mittelalter

  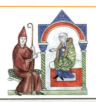

532 – 537
Die berühmte Kirche Hagia Sophia in Konstantinopel wird unter Kaiser Justinian I. erbaut.

800
Karl der Große wird vom Papst in Rom zum fränkischen Kaiser gekrönt.

1077
Nach dem Streit um die Macht bittet König Heinrich IV. Papst Gregor VII. auf der Burg Canossa, um Vergebung.

1524/1525
In vielen deutschen Gebieten kämpfen die Bauern im Bauernkrieg um mehr Gerechtigkeit.